Osho

SEXO

EM BUSCA DA PLENITUDE

Tradução
DENISE DE C. ROCHA DELELA

EDITORA CULTRIX
São Paulo

Título do original: *Sex Matters.*

Este livro contém vários trechos de palestras, incluindo as publicadas originalmente no livro *Do Sexo à Supraconsciência.*

Para maiores informações, visite o *site*: www.osho.com

O primeiro número à esquerda indica a edição, ou reedição, desta obra. A primeira dezena à direita indica o ano em que esta edição, ou reedição, foi publicada.

Edição	Ano
1-2-3-4-5-6-7-8-9-10-11	03-04-05-06-07-08-09-10

Direitos de tradução para o Brasil
adquiridos com exclusividade pela
EDITORA PENSAMENTO-CULTRIX LTDA.
Rua Dr. Mário Vicente, 368 — 04270-000 — São Paulo, SP
Fone: 272-1399 — Fax: 272-4770
E-mail: pensamento@cultrix.com.br
http://www.pensamento-cultrix.com.br
que se reserva a propriedade literária desta tradução.

Impresso em nossas oficinas gráficas.

Sumário

Prólogo

***P**: Por que o sexo é um assunto que deixa as pessoas tão pouco à vontade? Por que ele é um tabu?*

R: Simplesmente porque as pessoas, há séculos, têm uma vida sexual reprimida. Elas aprenderam, com os profetas, messias e salvadores de todas as religiões, que sexo é pecado.

No meu entender, o sexo é a nossa única energia, é energia vital. O que você faz com ela só depende de você. Ela pode vir a ser pecado como também pode ser o ponto culminante da sua consciência. Tudo depende de como você usa essa energia.

Existiu um tempo em que não fazíamos nem idéia de como usar a eletricidade. Ela sempre existiu — na forma de raios e relâmpagos —, chegando inclusive a matar pessoas, mas hoje ela está à nossa disposição. Faz tudo o que queremos que ela faça. O sexo é bioeletricidade. A questão é como usá-la. E o primeiro princípio é não condenar essa energia. No momento em que condenamos alguma coisa, já não podemos mais usá-la.

O sexo precisa ser aceito como uma coisa normal e natural da vida — assim como o sono, a fome e tudo mais.

Além disso, o sexo precisa ser aliado à meditação. Depois que isso é feito, todo o seu caráter se transforma.

O sexo sem meditação só pode gerar bebês. O sexo com meditação pode nos proporcionar um renascimento, pode fazer de nós seres humanos diferentes.

***P**: Você quer dizer fazer sexo enquanto meditamos?*

R: Isso mesmo. Ou, melhor dizendo, meditar enquanto fazemos amor, pois essa pequena mudança faz uma enorme diferença...

Dois monges estavam conversando num mosteiro — pois toda noite eles têm uma ou duas horas para meditar ou conversar. Eles estavam debatendo se não haveria mal em fumar, porque não havia nada que os proibisse, mas mesmo assim eles tinham receio. Então concluíram que seria melhor perguntar ao abade.

No dia seguinte, um dos monges estava muito chateado e, quando viu o outro fumando, mal pôde acreditar. Ele disse: — O que aconteceu? Eu perguntei ao abade se podíamos fumar enquanto meditávamos e ele disse: "De forma alguma!" E ficou muito zangado. Mas você está fumando. Não perguntou a ele?

O outro monge respondeu: — Também perguntei, mas minha pergunta foi a seguinte: "Posso meditar enquanto fumo?" e ele respondeu: "Ótima idéia! Por que perder tempo? Se puder meditar enquanto fuma, será muito bom. Faça isso!"

Portanto, não direi para que você faça sexo enquanto medita. Direi: enquanto faz amor, medite. Esse é um dos estados de mais paz, silêncio e harmonia que existe — em nenhum outro estado é tão fácil meditar. Quando você está se aproximando da experiência do orgasmo, seus pensamentos cessam, você se torna muito mais uma energia, muito mais fluido e vibrante. É esse o momento de ficar alerta — independentemente do que esteja acontecendo, dessa vibração, da aproximação do orgasmo, você sabe que existe um ponto de onde não é possível voltar. Apenas observe. Essa é a mais íntima e secreta das observações. Se você conseguir observar esse momento, será capaz de observar qualquer coisa na vida, pois o sexo é a experiência mais íntima e absorvente deste mundo.

Eu escrevi apenas um livrinho. O nome dele é *Do Sexo à Supraconsciência*, mas ninguém presta a mínima atenção à supraconsciência, somente ao sexo; e as pessoas que o lêem são monges, freiras — de todas as religiões! Já escrevi 400 livros sobre todos os assuntos, sobre temas de extrema importância para pessoas como os monges, que estão em busca da verdade. Mas o problema é que elas estão sofrendo e esse sofrimento é causado pela sexualidade reprimida.

***P**: Você estava dizendo que o sexo, isoladamente, só serve para gerar mais e mais crianças, mas o que você gera quando alia o sexo à meditação?*

R: Você gera a si mesmo outra vez. Descobre que você, do jeito que está, não é um ser completo. Sua inteligência, sua consciência, têm níveis mais elevados; à medida que começa a alcançar esses níveis mais elevados de inteligência e de consciência, você se surpreende: seu interesse pelo sexo começa a diminuir, pois ele passa a gerar algo muito maior do que a vida; passa a produzir consciência. A vida é uma coisa inferior, enquanto a consciência é algo superior. Quando você passa a ser capaz de gerar consciência, deixam de existir barreiras que lhe digam para não fazer amor, mas o sexo começa a ficar muito sem graça. Além de não proporcionar nenhuma satisfação, ele vai lhe parecer pura perda de energia. Você vai preferir usar sua energia para criar em si mesmo pirâmides cada vez mais altas de consciência, até conseguir chegar no último estágio, que eu chamo de iluminação.

***P**: Então, você diria que qualquer coisa sem consciência é pecado?*

R: Na verdade, a palavra *pecado* (*sin*, em inglês) significava originalmente "esquecimento" e isso é muito bom lembrar.

Consciência significa lembrança, percepção consciente, e pecado significa inconsciência, esquecimento.

Mas eu não usaria a palavra *pecado*, porque ela tem sido usada e deturpada por todas as religiões. Eu simplesmente diria inconsciência, esquecimento — que é o sentido original dessa palavra.

***P**: E o que é virtude?*

R: Virtude é consciência, mais percepção consciente.

***P**: Consciência de tudo?*

R: De tudo. Depois que você está plenamente alerta, toda a sua vida é uma virtude; tudo o que fizer terá um sabor de pureza, uma fragrância do divino.

PARTE I

DO SEXO À SUPRACONSCIÊNCIA

· 1 · Em Busca de Amor

O que é amor?

Sentir e conhecer o amor é muito fácil, mas defini-lo é realmente difícil. É o mesmo que perguntar a um peixe o que é o mar; ele dirá: — É tudo o que está ao meu redor. Só isso. Mas se você insistir para que ele o defina, em vez de apenas mostrar o que ele é, você criará um problema para o pobre do peixe.

Da mesma forma, na vida dos seres humanos, tudo o que é bom, belo e verdadeiro só pode ser vivido e conhecido por meio da experiência, mas dificilmente pode ser descrito ou definido. O problema maior é que, nos últimos cinco ou seis mil anos, os seres humanos têm se limitado a falar sobre algo que eles deveriam estar vivendo intensamente — que, na realidade, existe para ser vivido: o amor. O amor é tema de conversas e discussões, é cantado em prosa e verso, é entoado em hinos de louvor. Mesmo assim, não existe espaço para ele na vida do homem.

Se sondarmos profundamente a alma humana, veremos que nenhuma palavra usada pelo homem é tão falsa quanto "amor". O maior infortúnio na vida dele é a crença que tem de que aqueles que, na verdade, tornaram o amor uma farsa, bloquearam todas as correntes do amor, são a fonte desse sentimento. As religiões falam de amor — mas esse tipo de amor que envolveu os homens como uma maldição só serviu até agora para fechar todas as portas para o amor verdadeiro na vida deles.

Com respeito a isso, não existe nenhuma diferença básica entre Oriente e Ocidente, entre a Índia e os Estados Unidos. O rio do amor ainda não flui na vida do homem. E a culpa por isso atribuímos ao próprio homem ou à mente. Dizemos que os seres humanos são cruéis, que a mente humana é um veneno e que é por isso que o amor não flui na nossa vida. Mas a mente não é um veneno, não é perversão; são justamente aqueles que dizem isso que, na realidade, perverteram o amor e não deixaram que ele se manifestasse. Nada neste mundo é veneno. Nada em toda a existência é veneno; tudo é néctar. Foram os seres humanos que transformaram todo o néctar em veneno. E os maiores culpados são os chamados professores, os considerados santos, os supostos homens de religião.

É importante entender isso muito bem; do contrário, não existe nenhuma possibilidade para o amor na vida de qualquer ser humano — nem futuramente.

Continuamos usando como alicerce para o crescimento do amor exatamente aquilo que o tem impedido de brotar nos seres humanos. Princípios absolutamente equivocados são repetidos e reiterados há séculos e não conseguimos ver suas falhas estruturais justamente por causa dessa repetição. Enquanto isso, o ser humano é condenado por não ser capaz de cumprir as exigências desses mesmos princípios.

A humanidade de hoje é produto de uma cultura de cinco, seis, dez mil anos. Mas é o ser humano que é acusado de estar errado, não a cultura. Ele está definhando e a cultura continua sendo louvada. Nossa grande cultura! Nossa grande religião! Tudo é visto como algo grandioso. Mas veja os frutos disso!

Isso ninguém consegue enxergar. O homem está errado e tem de mudar, é isso o que todos dizem. Ninguém ousa se pôr de pé e questionar se o erro não estaria justamente nessa cultura e nessa religião que, em dez mil anos, não foram capazes de preencher o ser humano com amor. E, se o amor não evoluiu nos últimos dez mil anos, qual é a chance de que ele venha a preencher o coração do homem no futuro, se tomarmos por base essa mesma cultura e essa mesma religião? Se isso não foi possível nos últimos dez mil anos, por que seria nos próximos dez? O ser humano de hoje será o mesmo de amanhã. A humanidade sempre foi e sempre será igual e, no entanto, nós continuamos elogiando nossa cultura e nossa religião e beijando os pés dos santos. Não estamos nem sequer prontos para considerar a possibilidade de que nossa cultura e nossa religião estejam equivocadas.

O que eu estou afirmando aqui é que elas estão equivocadas. E o ser humano de hoje é a maior prova disso. Que outra prova pode haver? Se plantamos uma semente e os frutos são amargos e venenosos, o que isso prova? Prova que a semente era amarga e venenosa. Sem dúvida é difícil prever se uma semente dará frutos amargos ou não. Você pode examiná-la com cuidado, pressioná-la ou abri-la ao meio, mas não pode adivinhar se seus frutos serão doces ou amargos. Plante uma semente e o broto rasgará a terra. Anos se passarão, a árvore crescerá, seus galhos se estenderão em direção ao céu e ela produzirá frutos. Só então será possível descobrir se a semente era boa ou não.

O ser humano de hoje é o fruto das sementes da cultura e da religião que foram plantadas há dez mil anos e vêm sido regadas desde então. O fruto é amargo; está cheio de ódio e de conflitos. Mas nós continuamos a louvar essas sementes e a achar que o amor germinará a partir delas.

Quero dizer a você que isso não acontecerá, pois o potencial básico para que o amor brote foi aniquilado pelas religiões. Elas o corromperam. Existe mais amor entre os pássaros, os animais e as plantas, que não têm nenhuma religião ou cultura, do que entre os seres humanos. O amor é mais evidente nas tribos que vivem embrenhadas na selva — e que supostamente não têm nenhuma religião, civilização ou cultura — do que nos povos considerados progressivos, cultos e civilizados.

Por que os seres humanos ficam cada vez mais áridos de amor à medida que vão se tornando mais cultos e civilizados, à medida que se sujeitam à influência das religiões e que freqüentam mais templos e igrejas para rezar? Certamente existem razões para isso e eu quero comentar aqui sobre duas. Se elas forem entendidas, as correntes do amor deixarão de ser represadas e poderão fluir novamente.

Existe amor dentro de cada ser humano. Não é preciso importá-lo de outro lugar, nem sair à procura dele. O amor está no interior do homem. Ele é a vontade de viver que existe dentro de cada um de nós. É a fragrância da vida que se espalha dentro de cada pessoa. Mas esse amor está cercado por grandes muralhas e não consegue se manifestar. Ao redor dele só existem rochas e a corrente não pode fluir.

A busca pelo amor, a disciplina do amor não é algo que você possa aprender na escola.

Um artista estava esculpindo um bloco de pedra. Um visitante que viera saber como se fazia uma escultura não viu nenhum vestígio de estátua, só pedra sendo talhada aqui e ali, com um martelo e um cinzel. — O que você está fazendo? — perguntou o visitante. — Não vai fazer uma estátua? Vim para ver como se faz uma estátua e só vejo você talhando uma pedra!

O artista respondeu: — A estátua já está escondida aí dentro. Não é preciso fazê-la. Só é preciso tirar a camada inútil de pedra que existe em torno da estátua para que ela possa se mostrar. A estátua não é feita, ela é descoberta. É preciso descobri-la, trazê-la à luz.

O amor também está oculto nos seres humanos; só é preciso deixá-lo vir à luz. A questão não é gerar amor, mas descobri-lo. Nós nos cobrimos de algo que não deixa o amor vir à superfície.

Tente perguntar a um médico o que é saúde. Por mais estranho que pareça, nenhum médico do mundo sabe dizer o que é saúde! Com toda a medicina preocupada com a saúde, ninguém é capaz de dizer o que ela é. Se perguntar aos médicos, eles só irão discorrer sobre doenças e sintomas. Eles sabem os termos técnicos que servem para descrever cada doença, mas e a saúde? Sobre saúde, eles nada sabem. Só podem afirmar que a saúde é o que resta quando não existe nenhuma doença. Isso porque a saúde está oculta dentro dos seres humanos. Ela está além da nossa capacidade de defini-la.

A doença vem de fora; por isso, pode ser definida. A saúde vem de dentro; portanto, não pode ser definida. Só podemos dizer que a saúde é a ausência de doenças. Mas isso não é uma definição, pois não diz nada com respeito diretamente a ela. A verdade é que a saúde não precisa ser criada. Ela é encoberta pela doença e se revela quando a doença é curada. A saúde está dentro de nós. Ela faz parte da nossa natureza.

O amor está dentro de nós. Ele também faz parte da nossa natureza. Por isso não faz sentido esperar que os seres humanos cultivem o amor. A questão não é cultivar o amor, mas investigar e descobrir por que ele não consegue se manifestar. Qual é o impedimento? Qual é a dificuldade? Onde está a barreira para a sua manifestação?

Se não existem barreiras, o amor se manifesta naturalmente. Não há necessidade de ensiná-lo ou explicá-lo às pessoas. O coração de todos seria repleto de amor não fossem as barreiras da falsa cultura e dos condicionamentos impostos. O amor é um sentimento inevitável, ninguém pode deixar de senti-lo. Ele faz parte da nossa natureza.

O Ganges nasce no Himalaia. É natural que ele flua; ele está vivo, é feito de água, simplesmente flui até encontrar o mar. Ele não precisa perguntar a um guarda ou a um padre como tem de fazer para chegar ao mar. Você já viu um rio parado num cruzamento, perguntando a um guarda como chegar ao mar? Não, a busca pelo mar está oculta em seu próprio ser. Ele tem um impulso interior, portanto, abrirá fendas nas montanhas, cruzará planícies e chegará ao mar. Por mais distante que o mar possa estar, por mais oculto que ele esteja, o rio certamente encontrará o caminho. Ele não tem nenhum guia ou mapa que indique por onde passar... mas é certo que chegará ao seu destino.

Mas suponhamos que se construa uma barragem que impeça o rio de seguir o seu caminho. Suponhamos que se construam diques em torno dele. O que acontecerá? O rio pode vencer barreiras naturais, mas, se o homem construir diques para represá-lo, é possível que ele não consiga chegar ao mar.

É importante entender essa diferença. Nenhuma barreira natural é de fato uma barreira; é por essa razão que o rio consegue chegar ao mar. Transpondo montanhas, ele chega ao mar. Mas, se os seres humanos constroem barreiras, tomam providências para contê-lo, eles podem impedir que o rio chegue ao mar.

Na natureza, existe uma harmonia, uma unidade fundamental. Os obstáculos naturais, as obstruções aparentes encontradas na natureza são talvez desafios para despertar energia; elas servem como estímulos para invocar o que está latente no ser. Quando plantamos uma semente, parece que a camada de terra jogada sobre ela a pressiona para baixo, dificultando o seu crescimento. Mas isso não é verdade; sem essa camada de terra, a semente não conseguiria germinar. Embora pareça que a terra sufoca a semente, na realidade, ela a pressiona para que possa amadurecer, desintegrar-se e transformar-se num broto. Externamente, é como se o solo a impedisse de brotar, mas ele é só um amigo; está ajudando a semente a crescer.

A natureza é uma sinfonia harmoniosa, cadenciada. Mas a artificialidade que os seres humanos têm imposto à natureza, as coisas que eles têm construído sobre ela e os artifícios mecânicos que têm lançado sobre a corrente da vida criaram obstáculos. Muitos rios deixaram de correr e depois foram culpados por isso. Mas não há nenhuma necessidade de se culpar a semente. Quando ela não germina, dizemos que a terra talvez não seja propícia, que a rega não foi suficiente ou que a semente recebeu pouca luz. Mas, se a flor do amor não desabrocha na vida de uma pessoa, nós a culpamos por isso. Ninguém pensa que talvez o solo não fosse propício ou que talvez não houvesse água e calor suficientes para que a planta crescesse e pudesse dar flores.

As obstruções básicas são responsabilidade do homem, são criadas pelo próprio ser humano. Do contrário, o rio do amor poderia fluir e chegar ao mar da vida. O ser humano está aqui para que seu amor possa fluir e chegar à divindade.

Quais são esses obstáculos criados pelo homem? Em primeiro lugar, o fato de que toda a cultura humana é até hoje contra o sexo, contra a paixão. Essa barreira, essa negação, acabou com a possibilidade de que o amor nasça entre os seres humanos.

A verdade pura e simples é que o sexo é o ponto de partida de todas as jornadas para o amor. O início da jornada para o amor — o Gangotri do amor, a fonte, a origem do Ganges do amor — é o sexo. E todo mundo é inimigo dele — todas as culturas, todas as religiões, todos os gurus, todos os santos têm atacado o próprio Gangotri, a própria fonte, represando o rio: "Sexo é pecado... é anti-religioso... é um veneno!" E nunca compreendemos que é a energia sexual que acaba por se transformar e se transmudar em amor.

A evolução do amor nada mais é que energia sexual transformada. Diante de um pedaço de carvão, nunca ocorre a você que ele poderia se transformar num diamante. Não existe nenhuma diferença básica entre o diamante e o carvão. Os elementos que os compõem são os mesmos. Depois de passar por um processo que leva milhares de anos, o carvão vira um diamante.

Mas o carvão não é considerado um artigo valioso. Quando estocado em casa, ele é mantido longe dos olhos das visitas. Os diamantes são usados em volta do pescoço ou sobre o peito, de modo que todos possam vê-lo. O diamante e o carvão são a mesma coisa, mas não parece existir nenhuma relação visível entre eles, nenhuma consciência de que eles não passam de dois pontos da jornada de um mesmo elemento. Se você for contra o carvão — o que é bem provável, pois à primeira vista ele nada mais é do que fuligem preta —, a possibilidade de que ele se transforme em diamante cai por terra. Mas o carvão pode vir a ser um diamante.

É a energia sexual que se transforma em amor. Mas todo mundo é contra ela, é inimiga dela — até mesmo aqueles considerados pessoas de bem. Essa oposição não permite que a semente germine e o palácio do amor é destruído em seus alicerces. O carvão nunca se transforma em diamante porque a aceitação necessária para que ele evolua, para que se transforme, está fora de cogitação. Como algo considerado nosso inimigo, contra o qual só demonstramos oposição e estamos permanentemente em guerra, pode ser transformado?

Estão jogando o homem contra a sua própria energia. Ele está sendo levado a lutar contra sua energia sexual. Na superfície, espera-se que o homem se livre de todos os seus conflitos, lutas e batalhas. Mas, no fundo, ele é levado a lutar: "A mente está corrompida, portanto, lute contra ela — é preciso combater essa corrupção. O sexo é pecado, portanto, lute contra ele". Espera-se que o homem fique livre de todos os conflitos! Os próprios ensinamentos que são a base dos seus conflitos interiores exigem que ele se livre de todos esses conflitos! De um lado, levam o homem à loucura; de outro, constroem sanatórios para tratá-lo. Disseminam os germes da doença e ao mesmo tempo constroem hospitais para tratá-la.

É fundamental entender uma coisa: o ser humano não pode ser separado do sexo. O sexo é a própria fonte da vida; ela nasce do sexo. A existência aceitou a energia do sexo como o ponto de partida da criação, e os santos a consideram pecaminosa... algo que a própria existência não considera um pecado! E se você pensa em Deus como o criador e se Ele considerasse o sexo um pecado, não haveria maior pecador neste mundo, neste universo, do que Ele próprio!

Veja uma flor desabrochando — já lhe ocorreu que o desabrochar de uma flor é um ato sexual? O que acontece quando a flor desabrocha? As borboletas pousam na flor e carregam seu pólen, seu esperma, para outra flor. Um pavão dança em toda a sua glória — os poetas cantarão essa glória, os santos se encherão de alegria ao vê-lo. Mas será que eles não têm consciência de que essa dança é uma expressão patente de paixão; que, antes de tudo, trata-se de um ato de conotação sexual? O pavão dança para seduzir a fêmea. Sua dança é um chamado. O pássaro canta, o pavão dança, o menino vira adolescente, a menina cresce e se torna uma linda mulher — todas essas são expressões da energia sexual. Trata-se de manifestações diferentes da mesma energia. Toda vida, toda expressão, todo florescimento é, basicamente, energia sexual. E é por causa dessa energia que as religiões e as culturas corromperam a mente do homem. Elas estão tentando fazer com que o homem lute contra ela. Estão envolvendo o homem nessa batalha contra sua própria energia básica e o estão deixando fraco, patético, mentiroso, desprovido de amor e de humanidade.

Não se deveria lutar contra o sexo, mas sim fazer dele um aliado e elevar às alturas a corrente da vida.

Enquanto abençoava um casal, um sábio seguidor dos Upanixades disse à noiva: "Que você possa ser mãe de dez crianças e seu marido se torne seu décimo primeiro filho". Quando a paixão é transformada, a esposa se torna mãe; quando a luxúria é transformada, o sexo se torna amor. Somente a energia sexual pode florescer em energia de amor.

Mas temos bombardeado os seres humanos com antagonismos com respeito ao sexo. Em conseqüência disso, não só o amor deixou de florescer dentro deles — pois o amor é uma evolução da energia sexual e só pode surgir quando a aceitamos —, como a mente passou a ficar cada vez mais erótica graças a essa oposição ao sexo. Todas as canções, todos os poemas, todas as pinturas e obras de arte, todos os templos e imagens que eles ostentam giram, direta ou indiretamente, em torno do sexo. Nossa mente gira em torno do sexo. Nenhum animal deste mundo é tão sexual quanto o ser humano. O homem é sexual o tempo todo — quando acorda, quando dorme, quando senta, quando caminha. O sexo passou a ser tudo para ele. Por causa dessa inimizade contra o sexo, dessa oposição e repressão, o sexo é como uma úlcera em seu ser.

O ser humano não pode se livrar de algo que é a raiz da sua própria vida. Mas, em função desse constante conflito interior, todo o seu ser pode ficar doente — e está doente. As chamadas religiões e culturas são as maiores responsáveis pela sexualidade excessiva que é tão evidente no gênero humano. Os responsáveis por isso não são considerados pervertidos, mas santos e pessoas de bem. Até que toda a raça humana se livre dos erros e crueldades desses líderes religiosos e dessas "pessoas de bem", não haverá nenhuma possibilidade de que o amor brote no coração do homem.

Lembro-me de algo que aconteceu:

Um homem santo estava um dia saindo de casa para ver um conhecido quando deparou, no portão, com um amigo de infância. Ao vê-lo, deu-lhe as boas-vindas e perguntou: — Onde você esteve todos esse anos? Entre! Eu prometi encontrar uns amigos e seria difícil adiar a visita agora, mas entre e descanse em minha casa. Eu voltarei dentro de uma hora, mais ou menos, e então poderemos conversar bastante. Há muito tempo que eu quero vê-lo.

O amigo contestou: — Não seria melhor se eu fosse com você? Minhas roupas estão sujas, mas se você me emprestar algumas limpas, eu posso me trocar e acompanhar você.

Alguns dias antes, um homem abastado havia dado ao santo algumas roupas caras e ele as guardara para uma ocasião especial. Com satisfação ele as emprestou ao amigo, que logo vestiu o elegante casaco, o turbante e os belos sapatos. Ele parecia um rei! Olhando para o amigo, o homem santo ficou enciumado, pois perto dele ele próprio parecia um simples criado. Então achou que tinha sido um erro emprestar ao outro suas melhores roupas e começou a se sentir inferior. Agora todo mundo só prestaria atenção no seu amigo, ele pensou, e ele pareceria um criado. As roupas lhe pertenciam, mas aos olhos dos outros ele pareceria um mendigo.

Ele tentou acalmar a mente, lembrando a si mesmo que era um homem de Deus, que falava com Ele, e pensando o tempo todo em coisas nobres. Afinal de contas, que importância tinha um casaco elegante ou um caro turbante? Que diferença poderiam fazer? Mas quanto mais ele tentava se convencer, mais obcecado ficava com o casaco e o turbante.

Ele tentava conversar com o amigo sobre outros assuntos, mas, por dentro, não pensava em outra coisa além do casaco e do turbante. No caminho, embora andassem lado a lado, as pessoas só prestavam atenção ao amigo dele; ninguém o notava. O homem começou a ficar deprimido.

Então chegaram à casa das pessoas que iam visitar e ele apresentou seu acompanhante: — Este é Jamaal, um amigo de infância. É um homem encantador! E, sem poder se conter, soltou: — Quanto às roupas, são minhas!

O amigo ficou chocado. E os anfitriões também; que tipo de comportamento era esse? O pobre homem então percebeu que o comentário fora inoportuno, mas já era tarde demais. Arrependeu-se da besteira que fizera e reprimiu-se ainda mais.

Ao sair da casa dos amigos, ele se desculpou.

O amigo respondeu: — Fiquei pasmo. Como pôde dizer uma coisa daquelas?

O homem santo respondeu, constrangido: — Sinto muito, foi sem querer.

Mas as pessoas nunca dizem nada que não queiram. Às vezes, elas deixam escapar alguma coisa, mas nada em que já não tivessem pensado antes. Ele disse: — Perdoe-me, não sei como pude falar uma coisa dessas. — Mas ele sabia muito bem que o pensamento tinha surgido em sua mente.

Dirigiram-se então para a casa de outro amigo. O homem santo não parava de repetir a si mesmo que não deveria mencionar que as roupas eram dele; mais uma vez ele tentou controlar seus pensamentos. Quando chegaram ao portão da casa que visitariam, ele tomou a firme resolução de que não diria nada sobre as roupas.

O pobre homem não percebia que, quanto mais resolvido estava de que não deveria dizer nada, mais crescia dentro dele a consciência de que todos deveriam saber que as roupas eram dele. Afinal, quando se toma uma resolução como essa? Quando alguém toma uma firme resolução, como um voto de celibato, por exemplo, isso só significa que sua sexualidade está pressionando desesperadamente para poder se expressar. Caso contrário, por que essa pessoa precisaria tomar uma resolução tão firme? Se uma pessoa decide comer menos ou fazer um jejum, isso significa que ela tem uma vontade incontrolável de comer mais. Esses esforços sempre acabam gerando um conflito interior. Estamos combatendo nada mais nada menos que as nossas próprias fraquezas. O conflito interior é, portanto, uma conseqüência natural.

Assim, travando essa batalha interior, o homem santo entrou na casa do outro amigo. Ele começou a apresentar o amigo com muita cautela, mas percebeu que ninguém prestava atenção nele. Todos olhavam para o outro e para as roupas que usava. Isso mexeu com ele: *Este casaco é meu, assim como o turbante!*, pensou ele, mas lembrou-se a tempo de que resolvera não falar das roupas. *Ricas ou pobres, todas as pessoas têm roupas de um tipo ou de outro. Essa é uma questão trivial, todo esse mundo é maya, é ilusão*, ele dizia a si mesmo. Mas as roupas oscilavam em frente aos seus olhos como um pêndulo, de um lado para o outro.

Ele decidiu abreviar as apresentações: — Este é um amigo de infância. Um honrado cavalheiro. E as roupas... são dele, não são minhas!

As pessoas ficaram surpresas. Nunca tinham ouvido uma apresentação como essa: "As roupas são dele, não minhas!"

Quando foram embora, ele se desculpou profusamente: — Que bela asneira eu disse! — Agora nem sabia direito o que fazer ou deixar de fazer: *Eu nunca dei nenhuma importância a roupas antes. O que está acontecendo comigo?* O pobre sujeito não sabia que a estratégia que usava consigo mesmo nunca daria certo.

O amigo, agora totalmente indignado, disse então que não o acompanharia mais a lugar nenhum. O suposto homem de Deus agarrou o braço do outro e implorou: — Por favor, fique! Eu serei infeliz pelo resto da vida por ter tratado um amigo dessa maneira. Juro que não mencionarei as roupas novamente. De todo o coração, juro por Deus que não direi mais nada sobre as roupas.

Mas sempre se deve desconfiar daqueles que juram, pois obviamente existe dentro deles algo mais profundo que o juramento que fazem — e contra o qual tiveram de jurar. O juramento ou a resolução acontecem num nível superficial, exterior. São feitos pela mente consciente. Mas aquilo contra o qual a resolução foi tomada encontra-se nas profundezas, nos labirintos da mente subconsciente. Se a mente fosse dividida em dez frações, somente uma delas, a mais exterior, comprometer-se-ia com o juramento; as outras nove ficariam contra ela. O voto de celibato, por exemplo, é feito por uma parte da mente, enquanto o resto dela, as outras nove partes, está implorando à existência por ajuda, está implorando por aquilo que a própria existência implantou nos seres humanos.

Eles foram então à casa de outro amigo. O homem santo procurava se conter, com medo até de respirar.

As pessoas controladas são muito perigosas, pois um vulcão ativo ferve dentro delas; só externamente são firmes e controladas. Nunca se esqueça de que tudo que é controlado requer tanto esforço e energia que é impossível manter esse controle por muito tempo. Uma hora você vai ter de relaxar, de descansar. Por quanto tempo consegue ficar com o punho cerrado? Vinte e quatro horas? Quanto mais força você fizer para cerrá-lo mais rápido se cansará e mais depressa terá de abri-lo. Tudo requer um esforço e, quanto maior ele for, mais rápido ele cansa e produz um efeito contrário. Sua mão pode permanecer sempre aberta, mas não pode ficar cerrada o tempo todo. Nada que exija esforço pode ser espontâneo, tornar-se uma parte natural da vida. Se exige esforço, também exige descanso. Portanto, quanto mais controlado for um santo, mais perigoso ele é — pois chegará um momento em que terá de relaxar e afrouxar esse controle. Depois de passar 24 horas se controlando, ele terá de descansar por uma ou duas horas, e nesse período haverá um tal levante de "pecados" reprimidos que a vida dele virará um inferno.

Então o homem santo e seu convidado foram para a casa de outro amigo. O primeiro vigiava-se o tempo todo para não falar nada sobre as roupas. Imagine a situação! Se você é uma pessoa pelo menos um pouco religiosa, pode ter uma idéia dessa situação. Se já jurou não fazer algo ou fez algum voto de que se controlaria, você sabe muito bem o estado lamentável da mente de uma pessoa nessas condições.

Quando entraram na casa, o homem santo sentia tamanho tumulto interior que não parava de suar. O amigo também ficou preocupado ao vê-lo tão tenso.

Devagar, escolhendo cada palavra com todo cuidado, ele fez as apresentações: — Este é um amigo meu. Um velho amigo, um homem muito bom... Por um momento, ele vacilou. E, como se um impulso furioso viesse de dentro dele, varrendo para longe todo seu autocontrole, ele falou abruptamente: — Quanto às roupas, vocês vão me desculpar, mas eu jurei não falar nada sobre elas!

O que aconteceu a esse homem acontece com toda a humanidade quando o assunto é sexo. Por ser condenado, ele passou a ser uma obsessão, uma doença, uma ferida. Foi corrompido.

Desde cedo, a criança aprende que sexo é pecado. Meninos e meninas aprendem que sexo é pecado. Eles crescem, chegam à adolescência, então se casam e a jornada rumo ao mundo do sexo se inicia com a forte convicção de que sexo é pecado. Na Índia, também ensinam às meninas que o marido é seu deus. Como elas podem reverenciar como um deus alguém que as toma em pecado? Como isso é possível? Ao rapaz, eles dizem: — Esta é sua esposa, sua companheira para toda a vida, sua cara-metade. Mas ela o está levando para o inferno — pois as escrituras dizem que a mulher é a porta para o inferno. Ele então pensa: "Essa porta para o inferno é a minha companheira para toda a vida? Minha cara-metade? Essa é a minha esposa? O limiar do inferno, um ser orientado para o pecado?" Como poderá haver harmonia na vida desse casal?

Esses ensinamentos têm destruído a vida conjugal de pessoas do mundo inteiro. Quando a vida do casal é destruída dessa maneira, deixa de haver qualquer possibilidade de amor. Afinal, se marido e mulher não podem se amar livremente — quando o fogo da paixão é mais espontâneo e natural —, então quem pode amar a quem? Esse mesmo amor entre marido e mulher pode ser elevado às alturas, pode atingir dimensões tão sublimes que ponha abaixo todas as barreiras e se expanda cada vez mais. Isso é possível. Contudo, se ele for cortado pela raiz, se for reprimido, corrompido, não haverá mais nada para crescer, nada para se expandir.

O grande místico Ramanuja estava acampado numa aldeia. Um homem se aproximou e disse a ele que gostaria de conhecer Deus.

Ramanuja lhe perguntou: — Você já amou alguém?

— Não, nunca me importei com uma coisa mundana como essa — o homem respondeu. — Nunca me rebaixei a esse ponto; quero conhecer Deus.

Ramanuja perguntou mais uma vez: — Você nunca deu nenhuma importância ao amor?

O buscador foi enfático: — Estou dizendo a verdade!

O pobre homem estava sendo honesto. Aos olhos da religião dessa época, amar alguém era uma desqualificação. O homem estava certo de que, se dissesse que já amara alguém, o místico o mandaria se livrar desse amor, renunciar aos seus apegos e deixar de lado todas as emoções mundanas, antes de pedir orientação. Por isso, mesmo que já tivesse amado alguém, ele nunca admitiria.

Mas será possível encontrar alguém que nunca tenha amado, nem sequer um pouco? Ramanuja então perguntou pela terceira vez: — Diga-me uma coisa. Mas pense muito bem antes de responder. Você nem sequer gostou um pouco de alguém? Nunca sentiu nem ao menos um amor passageiro por alguém?

O aspirante ficou intrigado: — Perdoe-me, mas por que você me faz tantas vezes a mesma pergunta? Eu nunca cheguei nem mesmo perto de amar alguém. Quero conhecer Deus!

Em vista disso, Ramanuja replicou: — Então você vai ter de me desculpar. Peço que procure outra pessoa. Por experiência própria posso dizer que, se você tivesse amado alguém, qualquer pessoa que fosse, se tivesse tido ao menos um vislumbre do amor, esse amor poderia ter se expandido a ponto de chegar a Deus. Mas, se você nunca amou, então não existe nada em você que possa crescer, expandir-se. Você não tem a semente que possa se transformar numa árvore. Vá e peça ajuda a outra pessoa.

Se não houver nenhum amor entre marido e mulher — se a mulher não amar o marido e o marido não amar a esposa —, não pense que eles serão capazes de amar os filhos. A mulher só é capaz de amar o filho na mesma proporção em que ama o marido, pois essa criança é um reflexo dele. Se ela não ama o marido, como pode haver amor para a criança? E se a criança não recebe amor — criar e alimentar um filho não é o mesmo que amá-lo —, como você pode esperar que essa criança ame o pai e a mãe? Essa unidade vital chamada "família" tem sido corrompida pelo fato de condenarmos o sexo e de o considerarmos um pecado. E o mundo nada mais é que uma família ampliada. Então reclamamos de que não existe amor neste mundo! Nessas circunstâncias, como você espera encontrar amor em algum lugar?

Todo mundo diz que ama. Mães, esposas, pais, irmãos, irmãs, amigos — todos afirmam que amam. Mas, se você olhar para a vida em sua coletividade, não conseguirá ver amor em lugar nenhum. Se tantas pessoas amam, o mundo devia estar repleto de amor; flores de amor deveriam brotar em todos os lugares; a chama do amor deveria brilhar em cada lar, iluminando o mundo inteiro! Em vez disso, sentimos em todo canto uma atmosfera de ódio, de raiva, de hostilidade. Não é possível encontrar nem sequer uma centelha de amor aonde quer que se vá.

Dizer que todo mundo ama é uma mentira. E se continuarmos acreditando nessa mentira, não conseguiremos iniciar a jornada que tornará o amor uma realidade. Neste mundo, ninguém ama ninguém. Até que as pessoas aceitem de coração que o sexo é uma coisa natural, ninguém amará ninguém.

O que eu quero dizer a você é que o sexo é divino. A energia do sexo é uma energia divina, uma energia que vem de Deus. É por isso que essa energia é capaz de gerar vidas. Ela é a força mais grandiosa e misteriosa que existe neste mundo.

Deixe de lado esse antagonismo com relação ao sexo. Se você quer que o amor floresça em sua vida, renuncie a esse conflito com o sexo. Aceite-o com alegria. Reconheça seu caráter sagrado. Reconheça a bênção que ele é. Continue explorando o sexo cada vez mais e você ficará surpreso ao constatar que ele se torna cada vez mais sagrado à medida que você aceita sua sacralidade. E quanto mais conflito você tiver com ele, quanto mais pecaminoso e sujo ele parecer aos seus olhos, mais feio e pecaminoso ele será.

Quando um homem se aproxima da esposa, ele deve ter em si um sentimento de reverência, como se estivesse se dirigindo a um templo. E quando a esposa estiver com o marido, ela deve sentir em si a mesma reverência, o mesmo respeito reverente que sente quando se dirige a um deus. Quando um casal se aproxima do momento do sexo, quando vai fazer amor, ele está, na realidade, dirigindo-se a um templo. Essa intimidade tem um caráter sagrado, pois é a força criativa da vida que está em ação.

No meu entender, o ser humano teve seu primeiro vislumbre do despertar, da meditação, no momento da experiência sexual — e em nenhum outro. Foi nesse momento que os seres humanos perceberam, pela primeira vez, que é possível sentir tamanha bem-aventurança. Aqueles que meditaram sobre essa verdade, que refletiram profundamente sobre o fenômeno do sexo, do ato de fazer amor, perceberam que, no momento desse ato, no momento do clímax, a mente se esvazia de pensamentos. Por um momento, todos os pensamentos desaparecem. E esse vazio mental, essa ausência de pensamentos, causa uma explosão da mais pura alegria. Eles descobriram o segredo.

Também descobriram que, se a mente ficar livre de pensamentos, é possível sentir essa mesma alegria por outros meios além do sexo. Foi a partir dessa idéia que surgiram os sistemas da Ioga e da Não-mente, dos quais se originou a meditação. A experiência sexual é a raiz da meditação. Assim, os seres humanos constataram que, por meio da meditação, a mente pode ser aquietada, pode ficar livre de pensamentos, de modo a suscitar a mesma bem-aventurança do ato sexual, mas *sem* que se precise praticá-lo.

Além do mais, o sexo é sempre uma experiência momentânea, pois implica dissipação e perda de energia, ao passo que a meditação pode ser praticada continuamente.

O que estou tentando dizer é que o praticante de meditação sente, o tempo todo, a mesma bem-aventurança que um casal sente no momento do orgasmo. Não existe nenhuma diferença básica entre a bem-aventurança que essas duas experiências proporcionam. O sábio que diz que *vishayanand* e *brahmanand* — a bem-aventurança decorrente da entrega aos sentidos e a decorrente da entrega ao sagrado — são irmãos gêmeos está de fato falando a verdade. Eles nasceram do mesmo útero, nasceram da mesma experiência. Esse sábio está certo.

Assim, o primeiro princípio que quero apresentar a você é o seguinte: se você quer conhecer o fenômeno chamado amor, precisa primeiro aceitar o caráter sagrado e divino do sexo — com o coração aberto. E você ficará espantado ao perceber que quanto maior e mais sincera for essa aceitação, mais livre você estará dele. Quanto menos aceitá-lo, mais fortes serão os grilhões que o prendem a ele. Você será como o homem santo que vira escravo de suas roupas. Quanto maior a aceitação, mais livre você fica. A aceitação total da vida, de tudo o que é natural na vida, eu chamo de religiosidade. E é justamente essa religiosidade que liberta a pessoa.

Considero irreligiosos aqueles que negam o que é natural da vida. "Isto é ruim, pecaminoso, libidinoso. Livre-se disto, livre-se daquilo!" Aqueles que falam de renúncia são pessoas irreligiosas.

Aceite a vida como ela é, em tudo o que ela tem de natural, e viva-a em sua plenitude. Essa mesma plenitude elevará você, dia após dia, um pouco de cada vez. O próprio fato de aceitar a vida o elevará a ponto de um dia você perceber que deixou de existir qualquer traço de sexo. Se o sexo é o carvão, é certo que um dia o diamante do amor também se manifestará a partir dele. Essa é a primeira chave.

O segundo ponto fundamental refere-se ao que a civilização, a cultura e a religião têm, até o momento, fortalecido dentro de nós: o ego, o sentimento do "eu sou". Esse é também um fator muito importante, porque, embora o primeiro princípio transforme a energia sexual em energia de amor, o ego bloqueia a energia do sexo como um muro, não deixando que ela flua.

Nas pessoas irreligiosas, esse ego é muito forte, mas, naquelas consideradas boas e religiosas, ele também se manifesta de modo até mais alarmante. É claro que, nesse caso, ele se mostra de uma forma totalmente diferente. Essas pessoas dizem, "Eu quero ir para o céu; quero conseguir a salvação, a libertação; eu quero isto, eu quero aquilo" — mas esse "eu" está sempre presente dentro delas.

Quanto mais forte for o "eu" da pessoa, menor será a sua capacidade de se unir a alguém. O "eu" serve como uma barreira entre ela e o outro. Ele anuncia a si mesmo, dizendo "Eu sou eu e você é você. Existe uma distância entre nós". Assim, não importa o quanto esse "eu" o ame, não importa o quanto ele se aproxime de você, vocês ainda serão dois seres, e não um. Não importa o quanto vocês estejam próximos um do outro, sempre haverá uma lacuna separando vocês — eu sou eu, você é você. É por isso que nem as experiências mais íntimas conseguem aproximar as pessoas. Os corpos podem estar perto um do outro, mas as pessoas continuam separadas. Enquanto houver um "eu" dentro delas, não será possível acabar com essa separação.

Sartre disse uma vez algo extraordinário: "O inferno são os outros". Mas ele não explicou por que os outros são os "outros". Os outros só são os "outros" porque eu sou "eu". E, enquanto eu for "eu" o mundo ao redor será o "outro" — algo separado, à parte. Enquanto houver essa separação, não poderá haver nenhuma experiência de amor.

O amor é a experiência da unidade.

A experiência de amar só é possível quando todos os muros vêm abaixo e as duas energias se fundem, formando uma unidade. A experiência do amor só acontece quando se desmoronam os muros entre duas pessoas e elas se encontram, fundem-se e se tornam um único ser. Essa experiência entre duas pessoas, eu chamo de amor. Quando ela acontece entre uma pessoa e o todo, eu a chamo de comunhão com o divino.

Se você e outra pessoa passarem juntos por essa experiência — em que todas as barreiras vêm abaixo, fazendo com que, num nível mais profundo, vocês se tornem uma só pessoa, uma só melodia, um único fluxo, um único ser —, então isso será amor. E, se o mesmo acontecer entre uma pessoa e o todo — fazendo com que ela se dissolva e funda-se com o todo —, então essa experiência será uma comunhão com o divino. Por isso eu digo que o amor é a escada, e tornar-se um deus é o destino final da nossa jornada.

Como é possível acabar com a separação entre o "eu" e o "outro" sem que esse "eu" se dissipe e desapareça? O "outro" é criado a partir do meu "eu". Quanto mais alto eu grito "eu", mais forte é a existência do "outro". O "outro" é o eco do meu "eu".

Mas o que é esse "eu"? Você alguma vez já pensou nisso? São as suas pernas, as suas mãos, a sua cabeça ou o seu coração que você chama de "eu"? Do que se constitui esse "eu"? Se você se sentar calmamente por um momento e mergulhar em si mesmo à procura desse "eu", ficará surpreso. Por mais que o procure, você não conseguirá encontrá-lo em lugar nenhum. Quanto mais profunda for essa busca interior, mais profundo será o vácuo e o silêncio que você encontrará. Não haverá nenhum ego, nenhum "eu" ali.

O monge Nagsen foi chamado pelo imperador Milind, para tomar parte da sua corte.

O mensageiro procurou Nagsen e disse: — Nagsen, o imperador gostaria de vê-lo. Estou aqui para convidá-lo.

Nagsen respondeu: — Se você quer que eu vá, eu irei. Mas, perdoe-me, não existe nenhum Nagsen aqui. Esse é só um nome, um rótulo útil.

O cortesão contou ao imperador que Nagsen era um homem muito estranho; ele dissera que viria, mas que não havia nenhum Nagsen ali, que esse nome era apenas um rótulo útil.

— Estranho — comentou o imperador. — Mas, se ele diz que vem, então virá.

Nagsen chegou pontualmente, na carruagem real, e o imperador o recebeu nos portões do palácio.

— Bhikshu Nagsen, seja bem-vindo! — exclamou o imperador.

Ao ouvir isso, o monge começou a rir: — Aceito sua hospitalidade como Nagsen, mas peço que não se esqueça de que não há nenhum Nagsen aqui.

— Você fala por enigmas — retrucou o imperador. — Se você não está aqui, então quem chegou ao meu palácio? Quem está aceitando minhas boas-vindas? Quem está falando comigo?

Nagsen olhou para trás e perguntou: — Não foi essa a carruagem, imperador Milind, que me trouxe até aqui?

— Sim, foi essa mesma.

— Por favor, soltem os cavalos.

Os cavalos foram então soltos.

Apontando para os cavalos, o monge perguntou: — Eles são a carruagem?

— Como os cavalos podem ser a carruagem? — perguntou, por sua vez, o imperador.

A um sinal do monge, os cavalos foram levados, assim como as peças que os atrelava à carruagem.

— Essas peças são a carruagem?

— É claro que não, são as peças de atrelagem, não são a carruagem.

Em seguida as rodas foram removidas e Nagsen perguntou: — Por acaso as rodas são a carruagem?

— Essas são as rodas, não a carruagem — respondeu o imperador.

O monge continuou, mandando que removessem, uma a uma, as outras peças da carruagem, fazendo sempre a mesma pergunta ao imperador. A resposta era sempre a mesma: "Essa não é a carruagem".

Quando não restava nada da carruagem, o monge perguntou: — Onde está a carruagem agora? Cada vez que uma peça era retirada você dizia "Essa não é a carruagem". Diga-me, então, onde está agora a carruagem?

A revelação surpreendeu o imperador. Não havia ali carruagem nenhuma e, à medida que as partes eram removidas, não se podia dizer que alguma delas fosse a carruagem.

— Você me compreendeu? — continuou o monge. — A carruagem era apenas um acúmulo, um amontoado de coisas. A carruagem não existe por si mesma, não tem um ego; ela é só uma combinação.

Procure dentro de você: onde está o seu ego? Onde está o seu "eu"? Você não encontrará esse "eu" em parte alguma. Ele é só uma combinação de muitas energias; só isso. Continue buscando cada parte que o compõe, cada aspecto desse "eu", e você não encontrará nada. No final, nada restará.

O amor nasce desse nada — pois só um vazio é capaz de se fundir com outro vazio; só o vácuo pode se incorporar a outro vácuo. Só dois vazios podem se encontrar, nunca duas pessoas, pois entre dois vazios não existe nenhuma barreira. As pessoas sempre levantam muros em torno de si.

Portanto, lembre-se, quando a personalidade se desvanece, o "eu" como indivíduo deixa de existir. Só o todo permanece. Quando isso acontece, todas as barreiras, todos os muros desmoronam e o Ganges do amor, oculto interiormente, volta a fluir. Ele está sempre pronto, dentro de você, para se tornar um vácuo e retomar seu curso.

Nós cavamos um poço. A água já está dentro dele; não precisamos trazê-la de outro lugar. Só é preciso retirar a terra e as pedras. O que estamos fazendo quando cavamos um poço? Criamos um vazio para que a água que está debaixo da terra possa vir à tona, tenha um espaço onde possa se mostrar. Ela já está ali dentro, esperando um espaço para se manifestar. Ela anseia por um vazio que não está encontrando. O poço está cheio de areia e de pedras, portanto, quando retiramos todo esse entulho, a água pode jorrar.

Do mesmo modo, o amor já está no interior dos seres humanos; ele só precisa de espaço, de um vazio onde possa aflorar. Mas nós estamos cheios de ego, todo mundo anda por aí se vangloriando do próprio "eu". Lembre-se, enquanto o seu ser estiver gritando "eu", você está cheio de entulho e a corrente subterrânea do amor não tem como vir à superfície — você ainda não cavou o poço.

Li uma bela história chamada *The Giving Tree*, da autoria de Shel Silverstein. Existiu certa vez uma árvore muito antiga e majestosa, com galhos que se estendiam para o céu. Quando ela florescia, borboletas de todas as formas, cores e tamanhos dançavam à sua volta. Quando ela dava frutos, pássaros vinham de longe para se empoleirar em seus galhos. Eles eram como braços abertos ao vento, à espera dos que procuravam sua sombra.

Havia um garotinho que costumava brincar todos os dias sob essa árvore e ela passou a cultivar uma grande afeição por ele. O grande, o ancião, pode se afeiçoar ao pequeno e jovem se não tiver consciência de que é grande. A árvore não tinha essa consciência — só os seres humanos têm esse tipo de conhecimento —, no entanto, afeiçoou-se ao garoto. O ego sempre tenta amar o que é grande, sempre procura se relacionar com o que é maior que ele. Mas, para o amor, ninguém é grande ou pequeno. Ele abraça qualquer um que esteja por perto.

Assim, a árvore nutriu um grande amor por esse menino que costumava brincar perto dela. Seus galhos eram altos, mas ela os curvava e os inclinava para baixo, de modo que ele pudesse colher suas flores e comer de seus frutos. Ao contrário do ego, o amor está sempre pronto a se curvar. Se alguém tenta se aproximar do ego, ele procura se elevar ainda mais, esticando-se ao máximo para que não seja possível alcançá-lo. Todo aquele que é acessível, ele considera pequeno. Mas o que não se deixa atingir, o que está no trono do poder, ele considera grandioso.

O garotinho vinha brincar e a árvore curvava seus galhos. Quando ele colhia suas flores, a árvore ficava radiante, todo o seu ser era preenchido com a alegria do amor. O amor sempre fica feliz quando pode dar alguma coisa; o ego só fica satisfeito quando consegue algo para si.

O menino cresceu. Às vezes ele dormia sob a árvore, às vezes comia seus frutos e outras vezes fazia uma coroa com suas flores e fingia que era o rei da selva. Qualquer um de nós vira rei quando está cercado pelas flores do amor, mas tornamo-nos pobres e miseráveis quando os espinhos do ego ferem a nossa pele. Ver o garoto usando a coroa de flores e dançando ao redor dela, enchia a árvore de alegria; ela balançava de amor e cantava ao sabor da brisa. O menino cresceu mais ainda e virou um rapaz. Ele começou a subir na árvore e a se balançar em seus galhos. A árvore sentia imensa alegria quando ele descansava em seus galhos. O amor fica feliz quando dá conforto a alguém; o ego só fica feliz quando tira o conforto de alguém.

À medida que o tempo passava, o rapaz começou a ter outras tarefas e obrigações. Sua ambição aumentou; ele tinha de passar nas provas, tinha amigos a quem superar e por isso deixou de visitar a árvore com tanta freqüência. Mas a árvore continuou esperando por ele ansiosamente. Chamava-o com toda a sua alma: — Venha, venha! Estou esperando você! — O amor sempre espera pela pessoa amada. O amor é uma espera. A árvore ficava triste quando o rapaz não vinha. O amor só tem uma tristeza: quando não pode ser compartilhado; o amor se entristece quando não pode se entregar; mas, quando pode se render totalmente, o amor é extremamente feliz.

O rapaz ficou mais velho e quase não vinha mais visitar a árvore. Todos os que crescem e se tornam grandes no mundo da ambição têm cada vez menos tempo para o amor. O rapaz era agora ambicioso e só encontrava tempo para assuntos mundanos: "Árvore? Que árvore? Por que eu deveria visitá-la?"

Um dia, quando ele passava, a árvore o chamou: — Ouça! Estou esperando-o, mas você nunca vem. Espero por você todos os dias!

— Por que você acha que eu tenho de ver você? O que você tem para me dar? — retrucou o rapaz. — Estou atrás de dinheiro. — O ego sempre tem uma motivação. — O que você tem a me oferecer? Só vou vê-la se receber algo em troca. — O ego sempre quer um motivo, um propósito. O amor não precisa de motivos nem propósitos. Poder amar é a sua maior recompensa.

Chocada, a árvore disse: — Você só virá se eu lhe der algo em troca? Eu só posso dar o que tenho. — Aquele que nega não ama. O ego nega, o amor dá incondicionalmente. — Mas eu não tenho dinheiro. Isso é uma invenção humana. Nós, árvores, não temos essa doença e somos felizes assim. Flores brotam em nós. Frutos pendem de nossos galhos. Oferecemos uma sombra refrescante. Dançamos com a brisa e cantamos canções. Pássaros inocentes empoleiram-se nos nossos galhos e gorjeiam porque não temos dinheiro algum. No dia em que nos preocuparmos com dinheiro, também passaremos a ser fracas e miseráveis como os seres humanos, que freqüentam templos e ouvem sermões sobre como conquistar a paz, como encontrar o amor... Não, nós não temos dinheiro nenhum.

— Então por que eu deveria vir aqui? — perguntou o rapaz. — Eu tenho de ir aonde há dinheiro. Eu preciso de dinheiro. — O ego quer dinheiro porque dinheiro é poder. O ego precisa de poder.

A árvore refletiu profundamente e então teve uma idéia: — Faça o seguinte. Colha os meus frutos e coloque-os à venda. Assim você ganhará dinheiro!

Os olhos do rapaz brilharam. Ele subiu na árvore e colheu todos os frutos, até mesmo os que estavam verdes. A violência dele fez com que galhos se quebrassem e folhas fossem arrancadas, mas a árvore ficou feliz e satisfeita. Mesmo a dor traz felicidade ao amor. Mas o ego, mesmo quando ganha algo, não fica feliz.

O rapaz nem sequer se voltou para agradecer à árvore. Mas ela nem notou. Sentia-se grata só pelo fato de o rapaz aceitar sua oferta de amor: colher e vender seus frutos.

O rapaz ficou muito tempo sem aparecer. Ele ganhara dinheiro e estava ocupado tentando fazer com que ele se multiplicasse. Esquecera totalmente da árvore. Anos se passaram. A árvore ficou triste. Ela esperava ansiosamente que ele voltasse, como a mãe que procura o filho perdido, com os seios repletos de leite. Todo o seu ser anseia pela criança, busca desesperadamente encontrá-la para que possa sentir algum alívio. Assim era o choro interior da árvore. Todo o seu ser estava em agonia.

Depois de muitos anos, o rapaz, já adulto, voltou para ver a árvore.

— Aproxime-se, venha me abraçar — pediu a árvore.

— Que bobagem é essa?! — respondeu o homem. — Não sou mais criança. — O ego considera o amor uma bobagem, uma fantasia infantil.

Mas a árvore lhe fez um convite: — Venha, balance nos meus galhos. Venha dançar comigo!

— Pare com essa conversa fiada! — replicou o homem. — Quero construir uma casa. Você pode me dar uma casa?

— Uma casa?! — exclamou a árvore. — Eu não preciso de uma casa para viver.

Só os seres humanos vivem em casas. Nenhum outro ser deste mundo vive numa casa, a não ser o homem. E veja as condições em que ele está! Em que condição está esse homem que vive confinado entre quatro paredes? Quanto maior a casa, mais insignificante o homem se torna.

— Nós não precisamos de casas para morar — disse a árvore. — Mas você pode cortar meus galhos e construir com eles uma casa.

Sem perder tempo, o homem foi buscar um machado e cortou todos os galhos da árvore. A árvore se tornou apenas um tronco nu. Mas ela estava feliz assim. O amor fica feliz mesmo quando seus membros são mutilados pelo ser amado. Amor é doação; o amor está sempre pronto para compartilhar.

O homem não se deu ao trabalho de agradecer à árvore. Construiu sua casa. Os dias se passaram e se transformaram em anos.

O tronco não se cansou de esperar. Ele queria chamar o homem, mas não tinha nem galhos nem folhas que lhe dessem uma voz. O vento soprava, mas ele não tinha como chamá-lo. Mas, em sua alma, ainda ressoava um único apelo: — Venha, venha meu bem-amado. Venha!

Um longo tempo se passou e o homem foi ficando velho. Certa vez, ele estava passando pela árvore e resolveu parar.

— O que mais posso fazer por você? — perguntou a árvore. — Faz tanto tempo que você não vem!

— O que pode fazer por mim? — perguntou o velho. — Meu desejo é viajar por terras distantes e ganhar mais dinheiro. Mas para isso preciso de um barco.

Alegremente, a árvore disse: — Corte meu tronco e faça com ele um barco. Ficarei muito feliz em ser um barco e em ajudá-lo a ganhar mais dinheiro em terras distantes. Só não deixe de tomar cuidado e de voltar logo. Estarei esperando a sua volta.

O homem trouxe uma serra, cortou o tronco, fez um barco e se pôs a navegar.

Agora a árvore era apenas um toco. Ela esperava pela volta do seu amado. Nunca se cansava de esperar. No entanto, já não tinha nada a oferecer. Talvez o homem nunca voltasse; o ego só vai aonde possa ter alguma vantagem. Ele nunca vai aonde não há nada a ganhar.

Uma noite, eu estava descansando perto do toco da árvore. — Aquele amigo meu não voltou ainda — ela sussurrou para mim. — Estou muito preocupada, pois ele pode ter se afogado ou se perdido. Pode estar perdido num daqueles países distantes. Pode ser que nem esteja vivo. Como eu gostaria de ter notícias dele! Meu fim está próximo e eu ficaria satisfeita se, ao menos, tivesse notícias dele. Assim eu poderia morrer feliz. Mas ele não viria mesmo que eu pudesse chamá-lo. Não tenho mais nada para lhe dar e ele só entende a linguagem do pegar e tomar.

O ego só entende a linguagem do pegar e tomar; o amor só entende a linguagem do dar.

Não há mais nada a dizer. Se a vida pudesse se transformar nessa árvore e seus galhos se espalhassem em todas as direções, para poder oferecer a todos a sua sombra, então conseguiríamos compreender o que é o amor. Não existem escrituras, definições ou doutrinas para o amor. O amor não se resume a princípios.

Quando cheguei para dar essa palestra, eu estava tentando imaginar o que poderia dizer sobre o amor. O amor é algo tão difícil de descrever! Tudo o que eu poderia fazer era vir e me sentar aqui — se o amor pudesse chamejar em meus olhos, talvez ele pudesse; ou se pudesse ser sentido nos gestos que faço com as mãos, então vocês poderiam compreender e dizer: *Isto é amor.*

Mas o que é o amor? Se ele não puder ser visto em meus olhos ou sentido no movimento das minhas mãos, então certamente nunca poderá ser compreendido por meio de palavras.

Estou grato por terem me ouvido de modo tão terno e silencioso. E agora, para acabar, eu me curvo diante do deus que mora dentro de todos vocês. Por favor, aceitem meus respeitos.

· 2 · A Atração Básica

Certo dia, antes do amanhecer, um pescador foi até a beira de um rio. Na margem, ele pisou em alguma coisa e descobriu que era um saquinho de pedras. Ele o pegou e, deixando sua rede de lado, sentou-se para esperar o sol nascer. Ele esperava que o dia amanhecesse para que pudesse iniciar seu dia de trabalho. Preguiçosamente, ele pegou uma pedra do saquinho e jogou-a na superfície cristalina do rio. Depois apanhou outra e mais outra. Agradava-lhe o barulho das pedras mergulhando na água em meio ao silêncio da manhã e ele continuou jogando as pedras, uma a uma.

Vagarosamente, o sol nasceu e iluminou o dia. A essa altura, ele já havia jogado todas as pedras no rio, exceto uma; a última pedra ficou em sua mão. Quando ele viu, à luz do dia, o que segurava na mão, seu coração quase parou. Era um diamante! Ele havia jogado fora um saco cheinho deles; só lhe restava uma pedra. O pescador chorou, gritou de frustração. Havia jogado fora uma fortuna incalculável. Na escuridão, sem perceber, desperdiçara sua sorte.

De certa forma, o pescador ainda teve sorte — restava-lhe um diamante; o dia havia amanhecido antes que ele atirasse no rio o último diamante. Em geral, as pessoas não têm tanta sorte. Sua vida inteira passa, sem que o sol apareça, sem que amanheça o dia. A luz nunca chega e elas acabam jogando fora todos os diamantes da vida, achando que não passavam de pedregulhos.

A vida é um imenso tesouro, mas nós não fazemos nada além de gastá-lo, desperdiçá-lo, esbanjá-lo. Quando descobrimos o que a vida significa, o tempo já passou. Nossa vida chega ao fim antes que possamos descobrir o que ela oculta — seus segredos, seu mistério, seu paraíso, sua graça, sua redenção.

Quero falar um pouco sobre os tesouros da vida. Mas é muito difícil convencer as pessoas que vêem a vida como um saco de pedras a abrir os olhos e perceber que essas pedras são diamantes. E aquelas que desperdiçaram a vida, jogando fora essas pedras, ficam aborrecidas quando lhes dizemos que essas pedras eram diamantes. Elas ficam zangadas, não porque não acreditem no que dizemos, mas porque isso revela o quanto são tolas e as faz perceber os imensos tesouros que jogaram fora.

Mas não importa quantos tesouros foram desperdiçados; se ainda restar um minuto de vida, ainda será possível salvar alguma coisa. Ainda é possível aprender alguma coisa ou obter algum ganho. Na busca da verdade, nunca é tarde demais. Sempre existe uma esperança.

Contudo, nas trevas da nossa ignorância, estamos convencidos de que, na vida, não existe nada além de pedregulhos. Aqueles que vivem de acordo com essa idéia aceitam a derrota antes mesmo de empreender qualquer busca.

Para começar, quero deixar uma coisa bem clara com respeito a esse fatalismo, essa ilusão de derrota inevitável. A vida não é um monte de areia e pedras. Ela é muito mais do que isso, pois existem muitos tesouros ocultos debaixo dessas pedras. Quem tiver olhos para ver, descobrirá que a escada para a divindade está apoiada nesta vida que vivemos agora.

Dentro deste corpo de sangue, carne e ossos, está escondido algo que está além de tudo isso, que não tem nenhuma relação com esse sangue, com essa carne e com esses ossos. Nesse mesmo corpo, que nasce hoje e morre amanhã, virando pó, vive algo que é eterno, que nunca nasce nem nunca morre. Na forma vive o informe, no visível mora o invisível. Em meio à neblina da morte, oculta-se a chama do eterno. Em meio à neblina da mortalidade, oculta-se a chama da imortalidade, a luz que nunca se apaga. Mas, ao ver a neblina, damos meia-volta e deixamos de encontrar a chama; aqueles um pouco mais corajosos seguem até mais adiante, mas se perdem na neblina e não conseguem chegar onde está a chama.

Como podemos fazer essa viagem rumo à chama que está além da neblina? Para o eu que vive no interior do corpo? Para o divino que se oculta na natureza? Como é possível conseguir tudo isso?

Em primeiro lugar, desenvolvemos tantos pontos de vista com respeito à vida, temos tantas idéias com respeito a ela, inventamos tantas filosofias sobre esse tema que não conseguimos mais ver a vida como ela realmente é. Já chegamos às nossas próprias conclusões a respeito dela — sem empreender nenhuma busca, sem nenhum questionamento ou percepção interior. Só compreendemos algumas idéias preconcebidas sobre a vida. Durante milhares de anos, só nos ensinaram uma única coisa, repetidamente como um mantra: a vida não tem sentido, a vida é inútil, a vida é um vale de lágrimas, viver não vale a pena. Essa repetição constante faz com que tudo isso se solidifique dentro do nosso ser, como uma rocha. Em decorrência disso, a vida passa a ser sofrimento e parecer inútil. Ela deixa de ter alegria, amor, beleza. O homem passa a ser uma coisa feia, um feixe de misérias.

Depois que aceitamos a idéia de que a vida é inútil e sem sentido, não é de surpreender que os nossos esforços para lhe dar significado acabem em nada. Se você concorda em que a vida é feia, por que tentaria ver a beleza dela? E se você acredita piamente que viver não vale a pena, então para que se daria ao trabalho de enfeitá-la, aprimorá-la, embelezá-la ou torná-la melhor?

Nossa atitude diante da vida não é diferente da atitude que as pessoas têm na sala de espera de uma estação de trem. Elas sabem que só estão lá de passagem, que logo irão embora. Para que se preocuparem com a sala de espera? Que valor ela tem? Então elas jogam lixo no chão, cospem, emporcalham tudo, são totalmente descuidadas; elas não dão a mínima para a sala de espera — afinal de contas, não ficarão ali por muito tempo.

Da mesma forma nos comportamos na vida — como se ela fosse um abrigo temporário. Para que, então, empreender uma busca, para que procurar pela beleza e pela verdade?

No entanto, quero enfatizar que, embora *esta* vida seja de fato passageira, nós nunca conseguiremos fugir dela. Podemos deixar esta morada, podemos partir deste lugar, mas a essência da vida permanecerá conosco — nós somos a vida. O lugar muda, a casa muda, mas e a vida? A vida continuará conosco. Não existe nenhum jeito de nos vermos livres dela.

E o essencial não é saber apenas que poderíamos ter embelezado o lugar onde estávamos, que poderíamos ter criado uma atmosfera de amor à nossa volta, que poderíamos ter entoado uma canção de alegria enquanto vivíamos. O essencial é saber que a pessoa que canta uma canção de alegria aumenta a possibilidade de sentir mais alegria. A pessoa que enfeita sua casa aumenta sua capacidade de encontrar belezas ainda maiores. A pessoa que se cerca de amor, mesmo naqueles poucos momentos que passa na sala de espera, ganha o privilégio de receber um amor ainda maior.

Somos aquilo que fazemos. São as nossas ações que nos fazem o que somos. As nossas atitudes aos poucos passam a configurar a nossa vida e a nossa alma. O que fazemos na vida determina a forma como criamos a nós mesmos. Nosso comportamento define a direção que a nossa alma tomará, os caminhos que ela percorrerá, os novos mundos que explorará.

Se tivermos consciência de que é a nossa atitude na vida que define quem somos, talvez a crença de que a vida é inútil e sem sentido comece a parecer absurda; talvez a idéia de que a vida é um vale de lágrimas comece a parecer equivocada; talvez toda atitude que seja contra a vida comece a parecer irreligiosa; mas, até que se tome essa consciência, a religião nos ensina a negar a vida. A religião em geral é voltada para a morte, não para a vida. Para ela o importante é o que vem depois da morte, não o que vem antes. O ponto de vista da religião sempre foi reverenciar a morte, não a vida. Em lugar nenhum se vê reverência às flores da vida; só se vê elegias e reverências às flores mortas, às flores murchas, às flores que já estão sob sete palmos de terra.

Até agora, o foco de todo tipo de reflexão religiosa sempre foi saber o que havia depois da morte — o céu, a salvação, o nirvana, como se o que viesse antes não tivesse nenhuma importância. Mas se você não é capaz de pensar no que acontece antes da morte, como poderá enfrentar o que vem depois dela? Se o que existe aqui, nesta vida, é considerado sem sentido, você nunca será capaz de encontrar sentido no que vem depois da morte. É durante a vida que temos de nos preparar para a morte. Se existe outro mundo depois da morte, ali confrontaremos somente com o que criamos e vivemos durante *esta* vida. Mas até agora a única coisa que se diz por aí é: ignore a vida, renuncie ao mundo.

Não existe nenhum Deus que não seja a própria vida. Não pode haver. O empenho para aperfeiçoar a arte de viver é também o empenho para aperfeiçoar a arte da religiosidade. Compreender a verdade suprema nesta vida é o primeiro passo para se chegar ao supremo. A pessoa que desperdiça *esta* vida certamente deixará escapar todo o resto.

Contudo, até hoje a tendência das religiões é o extremo oposto. Elas dizem para renunciarmos à vida, para renunciarmos a este mundo. Não nos aconselham a buscar a verdade nesta vida, a procurar aprender a arte de viver. Não nos dizem que, se a nossa vida é boa ou ruim, isso depende do modo como a vemos. Se a sua vida tem sido miserável é porque você a vive do modo errado. Ela pode se tornar um mar de rosas, caso você aprenda a vivê-la da forma apropriada.

Chamo de religião a arte de viver. A verdadeira religião não é renunciar à vida, a religião é uma escada que nos leva para as profundezas da vida. A verdadeira religião não é voltar as costas para a vida, é encarar a vida com os olhos bem abertos. A religião não é uma forma de fugir da vida, é aceitar a vida em sua plenitude. É a realização total da vida.

Talvez seja por causa justamente dessa incompreensão básica que só as pessoas idosas mostrem algum interesse pela religião. Você vai aos templos, às igrejas, aos *gurudwaras* e só encontra velhos ali, não vê nenhum jovem. Por quê? Só há uma explicação para isso: até hoje, as religiões são feitas para pessoas idosas, para pessoas que estão se aproximando da morte, para aqueles que agora são perseguidos pelo medo da morte e estão preocupados em saber o que acontece ou no que existe depois dela.

Como uma religião pautada na filosofia da morte pode influenciar a vida como um todo? Como uma religião que só contempla a morte pode fazer deste mundo um mundo religioso? Não é possível! Mesmo depois de cinco mil anos de ensinamentos religiosos, o mundo continua afundando num pântano de irreligiosidade. Embora não faltem templos, mesquitas, igrejas, sacerdotes, professores e ascetas neste mundo, as pessoas ainda não conseguiram ser religiosas. E nunca conseguirão, pois as próprias bases da igreja estão erradas. A religião está alicerçada na morte, não na vida. Seu alvo de atenção não são botões que desabrocham, são sepulturas. Não é de admirar que religiões voltadas para a morte não sejam capazes de fazer pulsar o coração da vida.

Quem é o responsável por isso tudo?

Durante alguns dias, comentarei sobre a religião da vida. E isso significa que precisamos, em primeiro lugar, entender um ponto-chave.

Até hoje, tudo fizemos para esconder, reprimir e esquecer a verdade básica da vida, em vez de tentarmos investigá-la e entendê-la. E os efeitos danosos causados pelos esforços para negar essa verdade básica assolam o mundo todo.

Qual é o elemento central da vida do homem comum? É Deus? A alma? A verdade? Não. O que existe no âmago do ser humano? O que está nas profundezas do coração humano, de alguém que nunca tenha empreendido nenhuma busca espiritual, que nunca tenha trilhado nenhum dos caminhos da busca espiritual, que nunca tenha nem sequer iniciado essa busca? A prece? A devoção? Nada disso. Se observarmos a energia vital do ser humano comum, se observarmos a nossa própria energia vital, não veremos nem Deus, nem devoção, nem prece, nem adoração, nem meditação. Veremos algo totalmente diferente. Algo que sempre foi reprimido e considerado tabu, em vez de ser conhecido e investigado.

E o que é isso que será descoberto se explorarmos e analisarmos o âmago dos seres humanos? Mesmo se deixarmos os seres humanos um pouco de lado e pensarmos no reino animal e vegetal, o que vemos no âmago de todas as coisas? Se observarmos a atividade de uma planta, o que encontramos? O que essa planta basicamente faz? Toda a sua energia está concentrada na produção de novas sementes. Todo o seu ser, toda a sua força vital está ocupada com a tarefa de produzir novas sementes, de criar novas sementes.

O que fazem os pássaros? O que os animais fazem? Se observarmos a natureza de perto, veremos que só há um processo, um único processo em curso. E esse processo é o da criação, da procriação, da ressurreição contínua da vida em formas renovadas. As flores estão produzindo sementes, os frutos estão produzindo sementes. E o que fará a semente? Ela crescerá e se tornará uma outra planta, uma outra flor, um outro fruto... Se prestarmos atenção, veremos que a vida é um processo infinito e interminável de procriação. A vida é uma energia que está constantemente ocupada com a tarefa de procriar.

O mesmo acontece com os seres humanos. No homem, esse processo constante de procriação recebeu o nome de sexo. E esse rótulo fez com que essa energia passasse a ser encarada como uma coisa feia, uma condenação; ele suscitou nos seres humanos um sentimento condenatório. Todavia, nos seres humanos, esse impulso constante de procriação também está presente — sob o nome de sexo, energia sexual. Mas o que é energia sexual?

Desde tempos imemoriais, as ondas do mar quebram na praia. As ondas vêm, rebentam na areia e retrocedem. Fazem isso inúmeras vezes. A vida também, ao longo de milhares de anos, manifesta-se na forma de infinitas ondas. A vida parece querer se avolumar. As ondas do oceano, as ondas da vida, parecem querer se elevar acima de algo, mas só conseguem rebentar na praia e se dispersar. Outras ondas se avolumam, rebentam e retrocedem. Esse oceano de vida tem quebrado na praia há bilhões de anos — ele luta, avoluma-se e retrocede todos os dias. Qual é o propósito disso? Parece haver um esforço constante para atingir alturas maiores. Parece haver um desejo intenso de mergulhar cada vez mais nas profundezas. Nesse processo constante de vida, existe certamente um esforço para se conquistar uma existência melhor.

Não faz muito tempo — apenas alguns milhares de anos — que os seres humanos surgiram na face da terra. Antes disso, só havia animais. E também não fazia muito tempo que os animais existiam. Antes disso, houve um tempo em que não havia animais, só plantas. E, antes disso, houve uma época em que nem plantas existiam neste planeta. Só havia rochas, montanhas, rios e oceanos.

E pelo que ansiava esse mundo de rochas, montanhas, rios e oceanos? Ele se esforçava para produzir plantas. Aos poucos, bem aos poucos, as plantas começaram a aparecer. A energia vital se manifestou de uma nova forma. Então a terra se cobriu de vegetação. As flores desabrocharam.

Mas as plantas também não se contentaram consigo mesmas; elas também tinham um anseio interior por algo mais elevado; ansiavam por produzir animais e pássaros. Então os pássaros e os animais passaram a existir e ocuparam o planeta por muitas eras, mas os seres humanos ainda não existiam. E, contudo, o ser humano sempre esteve neste planeta, inerente aos animais e aos pássaros, lutando para romper a barreira e nascer. Assim, no devido tempo, ele passou a existir.

E o ser humano? Ele está constantemente empenhado em criar novas vidas. Chamamos essa tendência de sexo; também damos a ela o nome de paixão, de luxúria. Mas qual é o verdadeiro significado dessa luxúria?

Ela significa apenas que os seres humanos não querem desaparecer sem deixar frutos; eles querem gerar novas vidas. Mas qual é a razão disso? Será que a própria alma dos seres humanos está tentando dar à luz um ser humano melhor, uma forma superior de si mesmo, um super-homem? É certo que sim. A alma dos seres humanos está certamente em busca de um ser humano melhor e superior. De Nietzsche a Aurobindo, de Patanjali a Bertrand Russell, todos eles acalentaram uma fantasia que está presente no fundo do coração de todo ser humano, como um sonho: dar à luz um ser humano superior.

Mas como será possível gerar esse ser humano melhor? Há milhares de anos que não temos feito outra coisa senão condenar o impulso de procriação. Em vez de respeitar o sexo, nós o insultamos. Temos medo até de falar sobre esse tema. Tentamos fingir que ele não existe, como se não houvesse lugar para ele na nossa vida. Na verdade, não existe na vida humana nada que seja tão importante quanto esse impulso. No entanto, ele é oculto e reprimido. O ser humano não se livrou dele só porque o ocultou e reprimiu; pelo contrário, ele ficou ainda mais obcecado pelo sexo. A repressão causou o efeito contrário.

Alguns de vocês talvez já tenham ouvido algo sobre a lei do cientista francês Emil Coué: a Lei do Efeito Inverso. Há casos em que fazemos algo de tal forma que produzimos o efeito contrário do que esperávamos. Alguém está aprendendo a andar de bicicleta. A estrada é grande e larga, só há uma pequena pedra no acostamento. O ciclista fica com medo de colidir com ela. Existe uma chance em cem de que isso aconteça — até um cego teria possibilidade de passar sem tropeçar nela. Mas, por causa do medo, o ciclista não pensa em outra coisa senão na pedra. Na cabeça dele, a pedra fica enorme e o resto da estrada simplesmente desaparece. A pessoa é hipnotizada pela pedra, é atraído para ela e acaba colidindo com ela. Ela acaba colidindo justamente com aquilo que tentou a todo custo evitar.

A estrada era grande e larga, então por que o ciclista se acidentou?

Coué diz que nossa mente é governada pela Lei do Efeito Inverso. Nós colidimos com tudo aquilo que tentamos evitar, pois nossa consciência se concentra na causa do nosso medo.

Nos últimos cinco mil anos, os seres humanos vêm tentando se livrar do sexo. O resultado disso é que, em todo lugar, em cada canto que vá, o homem se confronta com ele. A Lei do Efeito Inverso fez prisioneira a alma coletiva dos seres humanos.

Você já reparou que a mente é atraída e hipnotizada por qualquer coisa que queira evitar? Aqueles que ensinaram o homem a ser contra o sexo só fizeram com que ele ficasse obcecado por sexo. A preocupação que o ser humano tem com a sexualidade é resultado de ensinamentos equivocados.

Atualmente, temos receio de falar sobre sexo. Por que temos tanto medo de falar sobre esse assunto? Porque achamos que os seres humanos podem ficar até mais obcecados por sexo se falarem muito sobre ele. Essa idéia não tem nenhum fundamento; ela é totalmente falsa. O mundo só se livrará do sexo quando formos capazes de falar sobre esse tema com naturalidade.

Só quando compreendermos o sexo em todos os seus aspectos é que seremos capazes de transcendê-lo. É possível que o celibato venha a predominar neste mundo, que o ser humano possa prescindir do sexo, mas isso só acontecerá quando conseguirmos entendê-lo plenamente, quando nos familiarizar com ele. O ser humano só se verá livre dessa força quando for capaz de compreender todo o seu significado, seus canais e toda a sua estrutura. Você não pode se livrar de um problema enquanto se nega a olhar para ele. Só um louco pode achar que seu inimigo desaparecerá se ele fechar os olhos. O avestruz que vive no deserto age dessa forma. Ele enterra a cabeça na areia e, como não enxerga mais o inimigo, acha que ele não está mais ali. Esse tipo de lógica é compreensível no caso do avestruz, mas no homem é imperdoável.

Com respeito ao sexo, o ser humano não tem se comportado melhor que o avestruz. As pessoas acham que, fechando os olhos, ignorando o sexo, ele deixará de existir. Se as coisas deixassem de existir só porque não olhamos para elas, a vida seria muito mais fácil. Mas não é isso o que acontece. Pelo contrário, essa é a prova de que, quando tememos algo, não importa o que seja, isso se torna mais forte que nós. Por sentirmos que não podemos vencer o sexo, fechamos os olhos para ele.

Esse impulso de fechar os olhos é um sinal de fraqueza. E, com relação ao sexo, toda a humanidade seguiu esse mesmo impulso. Ela não só fechou os olhos para o sexo, como travou todo tipo de batalha contra ele. Os resultados devastadores dessa guerra contra o sexo são muito bem conhecidos no mundo todo: 98 por cento das doenças mentais nos homens são causadas pela repressão sexual; 99 por cento das mulheres que sofrem de histeria e de doenças afins têm distúrbios sexuais. Se existe tanta inquietação, ansiedade, tristeza e sofrimento, é porque as pessoas deram as costas para uma energia vital poderosa, sem tentar nem ao menos entendê-la. O resultado disso é justamente o oposto do que elas queriam.

Se analisarmos atentamente a literatura... se extraterrestres chegassem à terra, vindos do espaço sideral, e dessem uma olhada na nossa literatura, conhecessem nossos livros e nossa poesia, contemplassem nossas obras de arte, eles ficariam surpresos. Iriam se perguntar por que toda a nossa arte e literatura giram em torno do sexo. Por que todos os poemas, romances e histórias do homem são tão cheios de sexo? Por que existe uma mulher nua em todas as capas de revista? Por que todos os filmes mostram um ser humano nu? Eles ficariam intrigados: Por que os seres humanos não fazem outra coisa senão pensar em sexo?

Eles ficariam ainda mais intrigados se encontrassem um homem e conversassem com ele, pois ele falaria da alma, de Deus, do céu e da salvação, mas não diria uma palavra sobre sexo — embora toda a sua personalidade e o ambiente em que ele vive estivessem impregnados de sexo e de sexualidade. Eles ficariam imaginando por que o homem inventou mil e um truques para satisfazer um desejo do qual ninguém fala.

Nós fizemos do homem um ser pervertido e isso também em nome da religião. Falamos de celibato, mas nunca fizemos nenhum esforço para primeiro entender a energia sexual humana — e depois tentar transformá-la.

Sem primeiro entender a energia básica da vida, os esforços e os ensinamentos para reprimi-la e discipliná-la só servirão para levar as pessoas à loucura, à insanidade e à doença. Mas ainda não nos demos conta disso. O homem nunca esteve tão doente, tão neurótico, tão desesperado, tão infeliz e tão corrompido quanto está hoje.

Se observarmos os seres humanos, veremos o quanto isso é verdade. Eles acumularam muito veneno dentro deles. A razão principal desse acúmulo de veneno é o fato de não aceitarmos nossa natureza. Tentamos reprimir e desintegrar a nossa natureza à força. Nenhuma tentativa se fez para transformar a energia humana, para aprimorá-la. Em vez disso, teimamos em abafar essa energia, enquanto interiormente ela ferve como lava incandescente. Ela está sempre borbulhando, pronta para extravasar, e pode nos dominar a qualquer momento. E você sabe qual a primeira coisa que acontece a você quando ela tem a mais leve oportunidade?

Suponhamos que haja um acidente de avião. Você está por perto e corre para o local. Qual a primeira pergunta que lhe ocorre ao ver um corpo entre os escombros?

"Será que é um hindu ou um muçulmano?" Não, não é isso o que você pergunta. "Será que é um indiano ou um chinês?" Também não é isso. Numa fração de segundo, você pergunta antes de mais nada se aquele corpo é de um homem ou de uma mulher.

Você tem consciência da razão por que essa é a primeira pergunta que lhe vem à cabeça? É por causa do sexo reprimido. É a repressão do sexo que o deixa tão consciente da diferença entre um homem e uma mulher. Você pode esquecer o nome, o rosto, a nacionalidade de uma pessoa — se encontrar alguém, você pode se esquecer do nome, do rosto, da casta, da idade, da posição social, de tudo sobre essa pessoa, mas você nunca se esquecerá de que sexo ela é. Ninguém esquece de que sexo uma pessoa é.

Por quê? Se você pode se esquecer de tudo acerca de uma pessoa, por que não consegue apagar também esse aspecto da sua memória? É porque a consciência do sexo está tão enraizada na sua mente, nos seus processos mentais, que ele está sempre presente, sempre ativo.

Este planeta, este mundo nunca será saudável enquanto se fizer essa distinção entre homens e mulheres. E este mundo nunca ficará em paz enquanto reprimirmos esse fogo que queima dentro de nós. Temos de lutar todo dia, o dia inteiro, para mantê-lo reprimido. Esse fogo nos queima e faz com que a nossa vida vire cinzas. Mas, mesmo assim, ainda não estamos preparados para encará-lo de frente e descobrir o que ele é.

Eu afirmo que, se você passar a conhecer esse fogo, ele deixará de ser um inimigo. Será um aliado. Se você se interessar em conhecê-lo, ele não queimará mais você. Ele poderá aquecer a sua casa no inverno, poderá cozinhar os seus alimentos, poderá ser muito útil, além de ser seu amigo por toda a vida.

A eletricidade faiscava no céu há milhões de anos. Às vezes ela matava pessoas, mas ninguém imaginou que um dia essa mesma energia faria circular as hélices do nosso ventilador e iluminaria a nossa casa. Ninguém podia imaginar essas possibilidades. Mas hoje essa eletricidade tornou-se nossa amiga. Como? Tivéssemos fechado os olhos para ela e nunca desvendaríamos seus segredos, nunca seríamos capazes de usá-la; ela continuaria a ser encarada como um inimigo. Mas nós assumimos uma postura amigável com ela. Tentamos entendê-la, conhecê-la e, muito lentamente, firmou-se uma amizade duradoura. Hoje, seria difícil imaginar como seria a nossa vida sem ela.

A energia sexual nos seres humanos é ainda mais poderosa que a eletricidade. A energia sexual nos seres humanos é mais poderosa que a energia atômica. Mas você já pensou em como transformar essa energia? Um pequeno átomo de matéria aniquilou cem mil pessoas na cidade de Hiroshima. Mas um átomo da energia sexual humana pode criar uma outra vida, uma outra pessoa! E essa pessoa pode ser alguém como Mahatma Gandhi, Mahavira, Gautama Buda, Cristo, Einstein ou Newton. Um átomo infinitamente pequeno da energia sexual humana tem, oculta dentro dele, uma personalidade do calibre de Mahatma Gandhi.

No entanto, não estamos prontos nem mesmo para entender o sexo. Não somos capazes de reunir coragem suficiente nem para falar sobre a energia sexual. Que tipo de medo é esse que nos atormenta a ponto de não estarmos preparados nem ao menos para entender a energia do qual se origina toda a vida? Que medo é esse? Por que ela causa tanto embaraço?

Um grande constrangimento pairou no ar quando eu disse algumas coisas sobre sexo na minha palestra anterior, em Bombaim. Recebi muitas cartas dizendo: "Não fale sobre esse tipo de coisa, simplesmente não trate de questões como essa." Eu fiquei pasmo — por que eu não deveria falar sobre esse assunto? Se essa energia faz parte de nós, por que eu não deveria falar sobre ela? Por que não deveríamos saber mais sobre ela, reconhecê-la? Sem conhecê-la, sem saber como ela se comporta, como podemos ter a esperança de que um dia ela ascenda a um plano superior? Se compreendermos essa energia, poderemos transformá-la, conquistá-la, aprimorá-la. A menos que isso aconteça, morreremos sem conseguir escapar de suas garras, morreremos sem nunca termos nos livrado dela.

Quero deixar claro que as pessoas que proíbem qualquer diálogo sobre sexo são as mesmas que empurram a humanidade para um abismo com relação ao sexo. Aquelas que se assustam com o sexo e acham que esse assunto não diz respeito à religião são loucas e estão fazendo com que o mundo inteiro fique do mesmo jeito.

A religião diz respeito à transformação da energia humana. A religião de verdade quer que tudo o que esteja oculto na individualidade do homem se manifeste plenamente. Ela quer que a vida do homem seja uma peregrinação do inferior para o superior, da matéria para a divindade.

Mas esse desejo só pode se realizar por meio do entendimento. Mais importante do que conhecer nosso destino é conhecer nosso ponto de partida, pois é nesse ponto que estamos e é nele que começa nossa jornada. O sexo é um fato. É a realidade da vida do homem. Mas e Deus? Deus está muito longe. Só poderemos chegar à verdade de Deus conhecendo o ponto de partida; do contrário não avançaremos nem um centímetro. Só andaremos em círculos como o boi que move o moinho.

Quando eu disse certas coisas na minha palestra anterior, percebi que não estamos preparados para entender nem os fatos da vida. Então o que mais pode se esperar de nós? O que mais nos resta? Então toda essa conversa sobre Deus e sobre a alma é só uma espécie de compensação, não significa nada. As verdades nuas e cruas da vida, não importa o quanto possam ser abomináveis, precisam ser entendidas.

A primeira coisa que é preciso entender é o fato de que o homem nasce do sexo. Toda a fisiologia do homem é formada de átomos de energia sexual. Todo o seu ser é repleto de energia sexual. A energia da própria vida é a energia do sexo.

O que é essa energia sexual? Por que ela exerce tanto poder sobre a nossa vida? Por que ela influencia a nossa vida dessa maneira? Por que a nossa vida inteira gira em torno do sexo? Por que ele nos atrai tanto? Há milhares de anos sábios e profetas o proíbem, mas parece que o homem ainda não se convenceu disso. Há várias eras, sábios e profetas pregam que devemos voltar as costas para o sexo, que temos de banir qualquer desejo ou pensamento a esse respeito, que temos de nos livrar de todos os sonhos de cunho sexual. Mas esses sonhos ainda atormentam os seres humanos — não será dessa forma que nos livraremos deles.

Uma coisa me deixa perplexo — sempre que deparo com prostitutas, elas nada me perguntam sobre sexo. Elas indagam sobre a alma e sobre Deus. Também encontro muitos ascetas, monges e homens santos — e, mesmo que fiquemos a sós, eles nunca me fazem nenhuma pergunta sobre sexo. Foi uma surpresa descobrir que os ascetas e os chamados saniasins, que estão sempre fazendo pregações contra o sexo, parecem confusos e obcecados por sexo. Em público, eles fazem sermões sobre a alma e sobre Deus, mas, por dentro, eles têm o mesmo problema que todos os outros homens.

Isso é inevitável, até natural, pois nunca tentamos entender esse problema. Nunca tentamos conhecer os fundamentos dessa energia e nunca perguntamos por que o sexo atrai tanto as pessoas.

Quem lhe ensina sobre sexo? Todo mundo é *contra* a educação sexual. Os pais fazem tudo para que os filhos não saibam nada sobre sexo e os professores concordam com eles. As escrituras fazem a mesma coisa. Não existe nenhuma escola, nenhuma universidade que ensine sobre sexo, mas um belo dia a pessoa descobre que todo o seu ser clama por sexo. Como isso pode ser? Como isso acontece sem que nunca tenham lhe ensinado nada a respeito? Ensina-se sobre a verdade, ensina-se sobre o amor, mas eles parecem não existir em lugar nenhum. Então que impulso poderoso é esse? Que atração natural é essa?

Existe certamente um mistério em torno disso e primeiro é preciso desvendá-lo. Talvez então possamos ir além dele.

Primeiro é preciso entender que a atração que o ser humano tem pelo sexo não é absolutamente uma atração por sexo. O desejo sexual que existe no âmago dos seres humanos, na verdade, não é um desejo sexual. É por isso que, depois do ato sexual, ficamos deprimidos, tristes, cheios de remorso. Pensamos em como nos livrar do sexo, pois o ato sexual não é algo que nos preencha.

Talvez a atração seja por outra coisa, por algo que tenha um profundo significado religioso. A verdade é que, em seu cotidiano, as pessoas só conseguem chegar às profundezas do próprio ser por meio da experiência sexual. Na rotina do dia-a-dia, elas passam por uma variedade de experiências — fazem compras, trabalham, ganham a vida, fazem sucesso —, mas só a experiência do ato sexual as leva para as profundezas do próprio ser. Lá no fundo, dentro delas, duas coisas acontecem.

Primeiro: no momento do orgasmo, o ego desaparece e surge um estado de não-ego. Por um momento, ele deixa de existir; por um momento, deixa de haver qualquer traço do "eu sou". Você sabia que o "eu" também se desvanece completamente na experiência suprema da religião? Sabia que na religião, o ego também se dissolve no nada? No ato sexual, o ego se desvanece temporariamente; a pessoa esquece se está ali ou não está e o sentimento de "existir" por um instante desaparece.

Segundo: por uma fração de segundo, o tempo deixa de existir. A atemporalidade emerge. Jesus Cristo falou o seguinte sobre a iluminação: "Não haverá mais tempo". Na experiência da iluminação, não existe tempo nenhum. Essa experiência está além do tempo. Não existe passado nem futuro; só existe presente. Essa é a segunda coisa que acontece na experiência sexual — não existe passado, nem futuro; o tempo também se desvanece por um instante.

Essas duas coisas são os elementos mais importantes da experiência religiosa: a ausência de ego e a ausência de tempo. E esses dois elementos são responsáveis pelo impulso desvairado dos seres humanos em direção ao sexo. O desejo do homem não é pelo corpo da mulher, assim como o da mulher não é pelo corpo do homem. O desejo é por alguma coisa além — é por sentir a ausência do tempo e do ego. Mas por que esse desejo pela atemporalidade e pela falta de ego? Porque, no instante em que o ego desaparece, tem-se um vislumbre da alma; no instante em que o tempo desaparece, tem-se um vislumbre da divindade. Por trás do desejo sexual, existe uma experiência religiosa, uma experiência espiritual. Se tomarmos consciência dessa experiência, poderemos transcender o sexo. Do contrário, viveremos e morreremos dominados por ele.

Se conseguirmos entender essa experiência... Relâmpagos faiscando na escuridão da noite. Se notarmos os relâmpagos e pudermos entendê-los, poderemos até acabar com a escuridão da noite. Mas, se partirmos do pressuposto de que os relâmpagos são causados por essa escuridão, só continuaremos a nos empenhar mais para escurecer a noite, de modo que os relâmpagos possam brilhar ainda mais. Relâmpagos faiscam na escuridão que cerca o fenômeno do sexo — mas eles se originam muito além do sexo, eles transcendem o sexo, vêm de muito além dele. Se pudermos compreender essa experiência transcendente, conseguiremos nos elevar acima do sexo — caso contrário, jamais conseguiremos.

Aqueles que se opõem cegamente ao sexo nunca serão capazes de compreender essa experiência transcendente. Eles nunca serão capazes de analisar e entender a causa desse desejo insaciável, dessa ânsia profunda por sexo que existe em todos nós.

Quero destacar o fato de que essa atração forte e insistente por sexo é, na verdade, o anseio de passar pela experiência momentânea do estado de samadhi, de não-mente; é o anseio pela supraconsciência que esse estado proporciona. E você só vai se ver livre do sexo no dia em que aprender a chegar a esse estado de samadhi, ou não-mente, *sem precisar* do sexo. Desse dia em diante, você estará livre do sexo.

Se mostrassem a uma pessoa, disposta a pagar um preço alto por um objeto, onde ela poderia conseguir esse mesmo objeto de graça, ela não estaria em seu juízo perfeito se insistisse em pagar por ele. Se a experiência pela qual você passa por meio do sexo pode ser obtida por outros meios, você interromperá automaticamente essa busca pelo sexo e começará a seguir numa outra direção.

É por isso que eu digo que os seres humanos passam pela sua primeira experiência de samadhi, de não-mente ou de supraconsciência, por meio da experiência sexual. Mas, além de essa experiência ter um preço alto, muito alto, ela não dura mais que um instante; depois de um clímax momentâneo, voltamos ao mesmo estado de antes. Por uma fração de segundo, elevamo-nos a um plano diferente; por uma fração de segundo, atingimos profundezas incalculáveis, passamos por uma experiência culminante, somos alçados às alturas. Mas, mal chegamos lá e já estamos de volta. É como uma onda que se ergue em direção ao céu: mal sobe um pouco — mal se ergue, mal começa seu diálogo com o vento — e já começa a cair. O mesmo acontece com a experiência sexual. Mais de uma vez a energia se acumula e aspiramos a nos elevar. Mas, mal começamos a nos elevar a um reino superior, a um domínio mais profundo, e toda a onda se arrebenta na praia. Voltamos para o mesmo estado em que nos encontrávamos antes, mas com menos poder e energia ainda.

Contudo, se a onda do mar congelasse, tornando-se um bloco de gelo, ela não mais se desfaria. Enquanto a nossa mente fluir na liqüidez da energia sexual, ela continuará, a vida toda, elevando-se e caindo vezes sem conta. Mas o motivo verdadeiro dessa atração pelo sexo é a experiência do não-ego: "Que o ego, de alguma forma, desapareça, para que eu possa conhecer a alma. Que o tempo, de algum modo, se desvaneça, para que eu possa conhecer o eterno, o atemporal, de modo que eu possa conhecer aquilo que está além do tempo e que não tem começo nem fim". E, na ânsia de passar por essa experiência, o mundo todo gira em torno do eixo do sexo.

Todavia, o que acontecerá se continuarmos a nos opor a esse fenômeno? Atingiremos a experiência da qual temos um mero vislumbre durante o sexo? Não. Quando negamos o sexo, ele se torna o foco da nossa consciência. Em vez de nos livrarmos dele, tornamo-nos seus escravos. A Lei do Efeito Inverso entra em ação e ficamos sujeitos a ela. Tentamos fugir do sexo, mas quanto mais corremos mais presos ficamos a ele.

Os seres humanos começaram uma guerra contra o sexo e é difícil até calcular quantas perversões resultaram dessa guerra. Quanto mais civilizada uma sociedade, maior a quantidade de prostitutas. Você já tentou imaginar quando foi que surgiu a prostituição? É possível encontrar uma prostituta nas regiões montanhosas onde vivem as sociedades tribais? Não. Essas sociedades nem sequer podem imaginar que existam mulheres que vendem o próprio corpo, a própria honra, que fazem sexo em troca de dinheiro. Mas, quanto mais uma civilização avança, mais prostitutas aparecem. Por quê? E ficaríamos até mais atônitos se enumerássemos aqui as outras perversões sexuais que existem neste mundo.

Quem é responsável pelo atual estado das coisas? A responsabilidade é daqueles que ensinaram o homem a reprimir o sexo, a lutar contra ele em vez de entendê-lo. Por causa dessa repressão, a energia sexual humana se manifesta da maneira errada. Toda sociedade humana sofre dessa doença. Se essa sociedade doente for transformada, passaremos a aceitar a energia e a atração sexual como uma coisa natural.

Por que temos atração pelo sexo? Se conseguirmos entender os fundamentos básicos dessa atração, conseguiremos elevar os seres humanos acima do domínio do sexo. Só quando o homem transcende o mundo do *kama*, o mundo do sexo, é que se inicia o mundo de Rama, o mundo da divindade.

Fui com um grupo de amigos a Khajuraho, na Índia, para visitar alguns templos. Os muros externos, a periferia do templo, são esculpidos e decorados com representações do ato sexual, com as mais variadas posições do coito. Meus amigos indagavam por que essas esculturas estariam ali, decorando um templo!

Expliquei a eles que os fundadores do templo eram pessoas de grande conhecimento. Eles sabiam que o sexo faz parte da vida e achavam que os que ainda estavam apegados ao sexo não tinham direito de entrar no templo.

Pedi então que entrassem comigo. Dentro do templo, não havia nenhuma estátua. Meus amigos ficaram surpresos ao não encontrar ali nenhuma obra de cunho sexual. Esclareci que só nas paredes externas, do lado de fora das paredes da vida, existe paixão e luxúria; ali dentro era o templo de Deus. Aqueles que ainda estavam enredados nas tramas da paixão e do sexo não tinham o direito de entrar no santuário; tinham de ficar perambulando pelos arredores do templo.

Os responsáveis pela criação desses templos eram pessoas de sabedoria. Esse era um templo de meditação, um centro de meditação. Eles costumavam aconselhar os aspirantes a primeiro meditar sobre o sexo, sobre as cenas retratadas nas paredes externas. E, quando tivessem compreendido o sexo e se certificado de que estavam livres dele, então poderiam entrar no templo. Só então conseguiriam encontrar seu deus interior.

Mas, em nome da religião, acabamos com toda a possibilidade de entender o sexo. Cultivamos com ele uma inimizade: "Não há necessidade nenhuma de se entender de sexo; feche os olhos para ele e entre depressa no templo, de olhos bem fechados". Mas será que alguém já conseguiu entrar no templo de Deus de olhos fechados? Mesmo que você consiga, não poderá ver Deus de olhos fechados. Em vez disso, você só verá aquilo do qual sempre fugiu e ao qual continua preso.

Ouça o que eu digo, talvez algumas pessoas achem que estou fazendo propaganda do sexo, que estou querendo propagá-lo. Se você conhece alguém desse tipo, por favor, avise essa pessoa que ela nunca ouviu de verdade o que eu disse.

Neste momento, é difícil encontrar na face da terra alguém que seja mais inimigo do sexo do que eu. Porque, se entenderem o que estou dizendo, os seres humanos conseguirão transcender o sexo. Não existe outro caminho. Os pseudopregadores que vocês consideravam inimigos do sexo, na verdade, não são inimigos dele coisa nenhuma. Eles criaram essa obsessão que o ser humano tem pelo sexo, em vez de libertá-lo dele; sua oposição veemente ao sexo gerou essa atração insana.

Um homem me disse que não vê graça nenhuma em fazer uma coisa que não seja proibida ou vista com desaprovação. Como todos sabemos, o fruto roubado é sempre mais doce do que o que compramos no mercado. É por essa mesma razão que a sua mulher não parece tão atraente quanto a mulher do vizinho. A mulher do outro é como o fruto roubado; é um prazer proibido. Criamos a mesma situação com respeito ao sexo. Criamos em torno dele tantas mentiras que essas paredes que o aprisionam o tornaram extremamente atraente.

Segundo escreveu Bertrand Russell, na era vitoriana, quando ele era criança, as mulheres jamais mostravam as pernas em público. Os vestidos arrastavam-se pelo chão, cobrindo completamente os pés. Se houvesse a menor chance de um homem ver a ponta dos dedos de uma mulher, isso já era suficiente para incitar nele o desejo sexual.

Russell também escreve que as mulheres de hoje andam por aí quase nuas, com as pernas à mostra, mas isso já não afeta os homens como acontecia no passado. De acordo com ele, isso prova que quanto mais ocultamos uma coisa mais provocamos uma atração pervertida em torno disso.

Para que o mundo fique livre da sexualidade, o primeiro passo é deixar que as crianças andem nuas pela casa sempre que possível. Também é aconselhável que meninos e meninas tenham permissão para brincar sem roupas, de modo que possam se familiarizar com o corpo uns dos outros. Isso evitará que, posteriormente, eles tenham de fazer esforços pervertidos para tocar o corpo do outro em meio à multidão. Não haverá mais necessidade de publicar figuras de corpos nus nos livros. Eles estarão tão acostumados com o corpo uns dos outros que qualquer atração pervertida pelo corpo desaparecerá.

Mas o que vemos por aí é exatamente o oposto. Não percebemos que as pessoas que nos incutiram a idéia de que devemos esconder o corpo são as mesmas que inadvertidamente criaram essa atração imensa que temos por ele, essa obsessão em nossa mente.

As crianças ainda têm de andar nuas e brincar nuas por muito tempo antes que meninos e meninas consigam olhar o corpo uns dos outros com naturalidade. Dessa forma, nenhuma semente dessa doença insana restará para atormentá-los pelo resto da vida.

Mas essa doença já existe e seus sintomas são encontrados por todo lugar. Todos os dias são criados novos meios de expressá-la. Livros obscenos são publicados. As pessoas os lêem, guardam-nos entre as capas do Bhagavad Gita e da Bíblia. Isso é pornografia. Então exigimos que essa pornografia seja banida, mas nunca paramos para pensar no que leva as pessoas a ler esse tipo de coisa. Protestamos contra as fotos de mulheres nuas, mas nunca questionamos quem são as pessoas que gostam de ver essas fotos. São homens que nunca tiveram a chance de ver o corpo feminino. E isso despertou dentro deles uma curiosidade doentia.

O corpo da mulher não é tão bonito quanto a roupa que o cobre nos faz crer. Em vez de ocultá-lo, a roupa serve para destacar suas formas e chamar mais atenção. Nosso jeito de pensar causou o resultado contrário do que esperávamos.

Se conseguirmos entender três coisas corretamente — o que o sexo significa, que atração é essa que sentimos por ele e a razão por que o pervertemos —, a mente poderá transcender o sexo. E ela precisa transcendê-lo. Mas todos os esforços para transcendê-lo só têm trazido maus resultados, pois declaramos guerra contra ele. Fizemos dele um inimigo, e não um aliado. Passamos a reprimi-lo, em vez de querer entendê-lo.

Só é preciso mais compreensão, não repressão. Quanto mais o homem compreendê-lo, mais alto ele voará. Quanto menos ele compreender o sexo, mais o reprimirá. A repressão nunca traz bons resultados.

O sexo é a maior energia da vida humana, mas ele não é um fim em si mesmo. O sexo tem de ser transmutado em supraconsciência. É preciso entendê-lo para que o celibato comece a ser praticado. Conhecer o sexo é o mesmo que se libertar dele, que transcendê-lo. Mas, nem ao longo de toda uma vida de experiências sexuais, as pessoas entendem que o ato sexual lhes proporciona uma breve experiência do samadhi, uma janela para a supraconsciência. Essa é a causa da grande atração que o sexo exerce sobre nós. Essa é a experiência que almejamos.

Você precisa procurar entender, por meio da reflexão, essa experiência momentânea que exerce tamanha atração sobre você. E existem outras maneiras mais fáceis de se passar por essa mesma experiência — a meditação, a prática da atenção correta, as práticas da yoga são, todas elas, meios de se alcançar essa experiência de samadhi. O fundamental é saber que é *essa* experiência que atrai você, e não a experiência sexual.

Um amigo me escreveu para dizer que achou embaraçoso ouvir-me falar de sexo. Perguntou-me se eu já imaginara o quanto era constrangedora a situação de uma mãe na platéia, acompanhada da filha ou do filho, ou de um pai, na companhia da filha. Disse-me ele que, na sua opinião, esse assunto não deveria ser discutido abertamente. Eu lhe respondi que suas objeções não tinham fundamento. Uma mãe que tivesse o mínimo de sensibilidade contaria à filha sobre suas próprias experiências sexuais, antes que esta saísse pelo mundo, ávida para saber mais sobre sexo; antes que ela se perdesse pelos caminhos tortuosos do sexo, sem compreendê-lo de forma madura. Um pai sábio e inteligente falaria aos filhos e às filhas sobre suas experiências pessoais, para evitar que eles se desencaminhassem e se perdessem.

Mas o mais irônico é que nem o pai nem a mãe tem uma experiência muito profunda nesse campo. Eles mesmos ainda não saíram do nível físico do sexo e, portanto, temem que os filhos fiquem enredados nesse mesmo ponto, caso ouçam alguma coisa sobre o assunto. Mas, pergunto eu, quem é o responsável por deixar você enredado nesse nível? Você mesmo! Seus filhos também se enredam por conta própria! Mas será que, se receberem a orientação certa, se aprenderem a pensar sobre esse assunto e a tomar consciência dele, eles não conseguirão evitar que essa energia se dissipe? Será que não conseguirão conservá-la e transformá-la?

Já vimos o carvão muitas vezes. Segundo afirmam os cientistas, num período de milhares de anos, o carvão se transforma em diamante, e que não existe nenhuma diferença entre o carvão e o diamante, do ponto de vista químico ou estrutural. O diamante é a manifestação transformada de um pedaço de carvão. O diamante não passa de carvão.

O sexo é o carvão e o celibato é o diamante, o estado transformado do carvão. O diamante não considera o carvão seu inimigo, ele é só a transformação do carvão. É uma jornada do carvão para uma nova dimensão. O celibato não está em oposição ao sexo; ele é uma transformação do sexo. A pessoa que vê o sexo como um inimigo nunca chegará à prática do celibato.

Se ela quiser chegar à dimensão do celibato... e é preciso chegar; afinal, qual o significado do celibato? O celibato significa que você atingiu o ponto em que seu comportamento e suas ações passaram a ser como os de um deus, em que a sua vida passou a ser como a de um deus. Significa que você atingiu a experiência da divindade. E você só atingirá essa experiência transformando as suas energias por meio da compreensão.

Nos próximos dias, pretendo esclarecer como a energia sexual pode ser transformada e tornar-se a experiência da supraconsciência. Espero que me ouçam com atenção, para que não me interpretem mal. Sejam quais forem as perguntas que lhes ocorram, peço que as façam. Mandem-nas por escrito para que eu possa respondê-las nos próximos dois dias. Não há necessidade de esconder qualquer pergunta. Não há razão para esconder a verdade da vida, nem para fugir de qualquer realidade. A verdade continua sendo a verdade, quer fechemos os olhos para ela ou não. Só digo uma coisa: somente aqueles que têm coragem de enfrentar a verdade da vida sem medo é que podem ser considerados pessoas religiosas. Os que são fracos, covardes e impotentes, os que não conseguem enfrentar os fatos da vida, nunca serão pessoas religiosas.

Nestes dias, eu lhes faço um convite para ouvir sobre esse tópico, pois não é algo que esperem ouvir de sábios e profetas. E vocês talvez não estejam acostumados a ouvir alguém falar sobre ele. Talvez sua mente se encha de medo. Mas eu espero, mesmo assim, que vocês ouçam com atenção. É possível que, ao compreender o sexo, vocês sejam levados ao templo da supraconsciência. É esse o meu desejo. Que a minha existência possa satisfazê-lo.

· 3 · Uma Nova Porta

Eu gostaria de começar com uma pequena história:

Séculos atrás, vivia num certo país um pintor. O sonho desse pintor era pintar um quadro majestoso, que refletisse a face de Deus e irradiasse uma paz infinita. Então ele saiu à procura de alguém cujo rosto expressasse um toque transcendental e além desta vida, além deste mundo.

O artista percorreu o país todo, passando de aldeia em aldeia, atravessando florestas, em busca dessa pessoa. Até que encontrou nas montanhas um pastor de olhos brilhantes e inocentes e feições que continham a promessa de um lar celestial. Bastou um olhar para que o pintor se convencesse de que Deus habitava os seres humanos.

O artista pintou um retrato do jovem pastor e milhares de cópias foram vendidas no mundo todo. As pessoas se sentiam abençoadas só por ter a chance de pendurar a gravura na parede.

Vinte anos depois, quando o artista já estava velho, outra idéia lhe ocorreu. Sua experiência de vida lhe mostrara que os seres humanos não eram criaturas angelicais; o mal também existia dentro deles. A idéia de pintar um quadro que refletisse esse mal o instigou. Uma pintura complementaria a outra, ele pensou, representando o ser humano em sua totalidade.

Embora já fosse um ancião, o pintor saiu em busca de um homem, mas desta vez de um que não fosse um homem, mas a encarnação do demônio. Ele freqüentou covis, tavernas e asilos de loucos. Essa pessoa teria de conter dentro de si o fogo do inferno, seu rosto teria de expressar tudo o que existe de mal, repugnante e sádico neste mundo. Ele queria encontrar a própria imagem do pecado. Já tinha feito um retrato da divindade, agora ele queria retratar o mal encarnado.

Depois de muito procurar, o artista finalmente encontrou um prisioneiro numa cadeia. O homem cometera sete assassinatos e fora condenado à forca. Sua sentença se cumpriria em poucos dias. O inferno incandescia os olhos desse homem; ele parecia a própria personificação do ódio. Não havia rosto mais feio do que o dele. O artista começou então a pintá-lo.

Quando acabou o retrato, ele trouxe o antigo e colocou os dois lado a lado para ver o contraste. Do ponto de vista artístico, era difícil decidir qual era o melhor; ambos eram verdadeiras obras de arte. O artista ficou ali parado, contemplando os dois retratos. E então ele ouviu um soluço. Ao voltar-se, deparou com o prisioneiro aos prantos. Surpreso, ele perguntou: — Meu amigo, por que está chorando? Esses retratos perturbam você?

— Passei o tempo todo tentando esconder algo de você, mas hoje não pude agüentar — respondeu o prisioneiro. — É óbvio que você não percebeu que o outro retrato também é meu. Eu sou o pastor que você encontrou vinte anos atrás, nas colinas. Não consegui conter as lágrimas ao ver o quanto decaí nesses vinte anos. Caí do céu para o inferno, de Deus para o demônio.

Não sei até que ponto essa história é verdadeira. Tanto pode ser fictícia quanto pode não ser, mas a questão é que a vida de todas as pessoas tem sempre dois lados. Em todos nós, Deus e o demônio convivem lado a lado; em todos nós, tanto o céu quanto o inferno são possíveis. Em todas as pessoas, as flores da beatitude podem crescer, assim como pântanos malignos podem se formar. Todo homem oscila o tempo todo entre esses dois extremos. Os seres humanos têm a chance de atingir todos os dois, mas a maioria tende para o mal. São poucos os afortunados que deixam o bem crescer dentro de deles.

Será que conseguimos deixar o bem crescer dentro de nós? Será que também podemos ficar como o retrato que irradiava a bondade divina? Como podemos fazer isso? Quero começar a palestra de hoje levantando essa questão. Como fazer da vida do homem um paraíso repleto de fragrância e beleza? Como fazer com que os seres humanos conheçam aquilo que é imortal? Como os seres humanos podem entrar no templo da divindade?

Na vida, parece acontecer justamente o oposto. Quando somos crianças, parece que vivemos no paraíso, mas, à medida que crescemos, passamos a viver num inferno. Parece que, passada a infância, começamos a mergulhar numa espiral descendente. O mundo da infância é cheio de inocência e pureza, mas aos poucos começamos a trilhar uma estrada pavimentada de hipocrisia e dissimulação. E, quando chegamos à velhice, estamos velhos não só fisicamente, mas espiritualmente também. Não só o corpo se torna fraco e cambaleante, como a alma também fica em ruínas. Mas achamos que a vida é assim mesmo e não pensamos mais nisso.

A religião quer levantar uma questão acerca disso. Ela não aceita essa situação; se começamos no céu e acabamos caindo no inferno é porque a nossa jornada pela vida tem alguma coisa errada. Deveria acontecer justamente o oposto. Essa jornada tinha de ser gratificante — deveria ir do sofrimento à bem-aventurança, da escuridão para a luz, da mortalidade para a imortalidade. Na realidade, esse é o único anseio do homem; é disso que sua alma tem sede. A única aspiração do ser é transcender a morte. Sua única busca é sair da escuridão e alcançar a luz, é fugir da mentira e chegar à verdade.

Mas para empreender essa viagem rumo à verdade, rumo ao Deus interior, precisamos de um reservatório de energia. Precisamos conservar nossa energia, captá-la e multiplicá-la, tornando-nos uma fonte inesgotável dessa energia; só assim chegaremos ao divino. O paraíso não é para os fracos. A verdade da vida não é para aqueles que esgotam a própria energia e ficam frágeis e débeis. Os que desperdiçam todas as energias da vida, ficam fracos e impotentes, não conseguem empreender essa grande jornada. É preciso muita energia para escalar essas alturas, para seguir nessa expedição.

Conservar energia é a chave da jornada espiritual. Temos de conservá-la até nos tornarmos um reservatório borbulhante. Mas somos uma geração fraca e doente, que perde cada vez mais energia. Continuamos a ficar cada dia mais debilitados, até que só reste um buraco vazio dentro de nós.

Como perdemos nossa energia?

A maior válvula de escape da energia é o sexo. Ninguém quer perder energia, mas no sexo temos um vislumbre de uma certa plenitude e é justamente por causa desse vislumbre que nos dispomos a perder energia. No momento do orgasmo passamos por uma determinada experiência que queremos repetir mesmo à custa da nossa energia.

Se tivéssemos outros meios de passar por essa mesma experiência, nunca mais nos disporíamos a perder energia por meio do sexo. Existe outro modo de passar por ela? Existe outro meio de entrar nos recessos mais profundos do ser e alcançar o pináculo supremo da vida, onde é possível ter um vislumbre da sua paz e bem-aventurança? Existe outro modo de mergulharmos dentro de nós? De alcançar o manancial de paz e felicidade que temos interiormente?

Depois que descobrimos esse outro meio, ocorre uma revolução na nossa vida. Damos as costas para o sexo e nos voltamos para a supraconsciência. Uma revolução interior se inicia e uma nova porta se abre.

Se não formos capazes de mostrar às pessoas essa nova porta, elas continuarão a se mover em círculos e a destruir a si mesmas. Mas os conceitos que temos sobre sexo não deixam que abramos outra porta que não seja o próprio sexo. Muito pelo contrário, eles criaram um verdadeiro caos. A natureza dotou o homem com uma porta, o sexo. Mas os ensinamentos transmitidos ao longo dos séculos só serviram para fechar essa porta e impedir que nenhuma outra se abra. Sem ter uma válvula de escape, a nossa energia começa a se mover em círculos. Se não houver uma válvula de escape, uma porta aberta, começam a se formar redemoinhos carregados de energia que podem enlouquecer a pessoa. Então essa pessoa não apenas forçará a porta natural do sexo, como sua energia também jorrará pelas paredes e janelas do seu ser. Portanto, ela escoará por caminhos que estão contra a natureza. Esse é um dos maiores infortúnios da espécie humana — nenhuma outra porta se abriu e a antiga já está fechada.

Por isso que sou absolutamente contra todos os ensinamentos impostos à humanidade sobre inimizade e repressão ao sexo. É por causa desses ensinamentos que a sexualidade não só se exacerbou no homem como também se perverteu. Qual a solução para isso? É possível abrir uma outra porta para essa energia?

Como eu disse, a experiência que ocorre no momento do orgasmo se compõe de dois elementos, a ausência de tempo e a ausência de ego. O tempo desaparece e o ego se dissolve. Quando isso acontece, a pessoa tem um vislumbre do seu próprio eu — do seu eu verdadeiro. Mas essa glória é momentânea; logo a seguir voltamos ao mesmo ponto em que estávamos. E nesse meio tempo, perdemos uma quantidade considerável de energia bioelétrica.

A mente anseia por esse vislumbre; ela sonha com o momento de tê-lo outra vez. E o próprio vislumbre é tão passageiro que, assim que surge, começa a se desvanecer. Não ficamos nem sequer com uma lembrança clara do que ele foi, da experiência pela qual passamos. Só permanece uma ânsia, uma obsessão, um anseio para que a experiência se repita. E as pessoas passam a vida toda buscando essa repetição, sem nunca conseguir um vislumbre que dure mais do que um único instante.

Também é possível ter esse vislumbre por meio da meditação.

Existem dois caminhos para se chegar à consciência — o sexo e a meditação. O sexo é a porta que a natureza nos abre, é o curso natural — seguido pelos animais, pelos pássaros, pelas plantas e pelos seres humanos. Enquanto utilizamos essa porta natural, não nos diferenciamos dos animais; não nos elevamos acima deles. O domínio humano começa no dia em que abrimos uma outra porta que não seja a do sexo. Antes disso, não podemos nos considerar seres humanos; somos humanos apenas no nome. Antes disso, nosso centro vital coincide apenas com o centro vital dos animais, da natureza. Até que nos elevemos acima disso, até que superemos essa condição, vivemos assim como os animais. Vestimo-nos como seres humanos, falamos a língua dos seres humanos, temos toda a aparência de um ser humano, mas, por dentro, nos níveis mais profundos da mente, não passamos de animais. Não podemos ser mais do que isso.

É por essa razão que o animal irrompe em nós na primeira oportunidade. Na época da formação da Índia e do Paquistão, foi possível constatar que uma besta-fera vive nas entranhas do homem. Ficamos sabendo do que são capazes as pessoas que rezam nas mesquitas e recitam o Gita nos templos. Elas eram capazes de saquear, de fazer chacinas, de estuprar, de fazer qualquer coisa. As mesmas pessoas que costumavam rezar nos templos e nas mesquitas eram vistas nas ruas roubando. O que aconteceu com elas?

Se ocorresse uma revolta ou motim agora mesmo, as pessoas teriam oportunidade de descartar sua humanidade e deixar vir à tona o animal que está sempre de prontidão dentro delas. Esse animal que existe dentro do homem está sempre ansiando por liberdade. Na multidão, num tumulto, o homem sempre encontra uma oportunidade de lançar fora seu disfarce de ser humano e se esquecer de si mesmo. Na multidão, ele reúne coragem para soltar o animal que procura manter sob controle. É por isso que, sozinho, o homem nunca comete crimes tão hediondos quanto os que comete em meio à multidão. A pessoa, quando está sozinha, sempre tem medo de ser vista, de sofrer oposição, de ser chamada de animal. Mas em meio a um grande grupo de pessoas, ela perde sua identidade; não se preocupa com a possibilidade de ser notada. Ela passa a fazer parte da massa; já não é mais uma pessoa com um nome; é só alguém na multidão. Ela faz o que as pessoas em volta estão fazendo.

E o que ela faz? Atira, saqueia. Como parte da multidão, ela tem oportunidade de libertar o animal oculto dentro dela. É por esse motivo que cinco, entre dez homens, têm sede de guerra, estão sempre esperando que estoure um motim. Se o pretexto for um conflito entre hindus e muçulmanos, está bem para ela. Se não, a causa gujarati-marathi também servirá. Se os gujaratis não quiserem entrar em conflito com os marathis, então pode ser um confronto entre os falantes de hindi e os não-falantes. Ela só precisa de uma desculpa para soltar a besta insaciável que existe dentro dela.

O animal que vive no homem se sente sufocado se fica muito tempo enjaulado; ele urra para sair. E esse animal só será vencido, só será destruído se a consciência do homem se elevar acima da porta que a natureza lhe abriu.

Nossa energia vital só tem uma válvula de escape natural, o sexo. Embora ele seja de natureza animal, esse canal, se fechado, causará problemas. É fundamental que se abra uma outra porta antes de se fechar a porta do sexo, pois assim a energia poderá fluir em outra direção. Embora seja possível, isso não foi feito ainda simplesmente porque a repressão parece muito mais fácil do que a transformação. É mais fácil encobrir uma coisa, abafá-la, do que transformá-la. Para transformar alguma coisa é preciso um método, e é preciso praticá-lo do começo ao fim. Por isso, temos optado pelo caminho mais fácil: reprimir o sexo.

Só nos esquecemos de que nada pode ser destruído por meio da repressão. Pelo contrário, a repressão só serve para fortalecer o que queremos destruir. Esquecemo-nos também de que sempre nos sentimos atraídos pelo que queremos reprimir. Aquilo que reprimimos passa a dominar as camadas mais profundas da nossa consciência. Podemos reprimir algo durante as horas da vigília, mas à noite ele se manifesta em nossos sonhos. Aquilo fica ali à espera, ansioso para vir à tona na primeira oportunidade.

A repressão não nos liberta de coisa nenhuma; pelo contrário, suas raízes penetram no nosso subconsciente e nos prendem numa armadilha ainda maior. Todo esforço para reprimir o sexo só levou a humanidade a ficar mais emaranhada e presa a ele.

É por essa razão que os seres humanos não têm um período de cio ou de acasalamento, assim como os animais. O homem é sexual o tempo todo, o ano inteiro. Não existe um único animal de qualquer espécie que seja sexual a esse ponto. Os animais têm um período específico para o acasalamento, uma época certa, que dura um determinado tempo. Depois desse período, ele não pensa mais no assunto. Mas veja o que acontece com os seres humanos. Aquilo que tanto queremos reprimir tomou conta da nossa vida a ponto de pensarmos nisso o tempo todo, o ano inteiro.

Já havia lhe ocorrido que os animais não pensam em se acasalar o tempo todo, em todas as situações, assim como acontece com as pessoas? A sexualidade lateja dentro do homem como se não existisse outra coisa na vida a não ser sexo. Como isso foi acontecer? Por que aconteceu com os seres humanos e não com os animais? Só existe uma causa para isso: os seres humanos tentaram reprimir o sexo e, em contrapartida, ele se espalhou pela nossa vida como um veneno.

E o que fizemos para reprimi-lo? Tivemos de condená-lo, desenvolver uma atitude insultuosa com relação a ele, degradá-lo, corrompê-lo. Tivemos de considerá-lo a porta do inferno; chamá-lo de pecado. Tivemos de dizer que tudo que diz respeito ao sexo precisa ser desprezado. Tivemos de inventar todos esses termos chulos para se referir a ele e assim justificar sua repressão. Só não tínhamos consciência plena de que todos esse abusos e condenações só serviriam para deixar a nossa vida cheia de veneno.

Nietzsche fez uma vez uma afirmação muito significativa. Ele disse que as religiões haviam tentado aniquilar o sexo depravando-o e, embora ele não tenha sido aniquilado, foi corrompido. Seria melhor que as religiões tivessem conseguido alcançar seu intento! Mas isso não aconteceu e as coisas ficaram ainda piores. O sexo sobreviveu, mas foi corrompido.

A "sexualidade" é o sexo corrompido. O sexo ainda existe no mundo animal, pois ele é a energia da vida, mas a "sexualidade" só existe entre os seres humanos. Não existe sexualidade entre os animais. Olhe nos olhos de um bicho; você não encontrará dentro deles o brilho da sexualidade. Mas, se olhar nos olhos de uma pessoa, você verá sexualidade e luxúria. Os animais, portanto, ainda têm sua beleza. Mas não existe limite para a feiúra daqueles que foram vítimas da repressão.

Como eu disse, para que o mundo ficasse livre da sexualidade, seria preciso aproximar meninos e meninas. Antes que a energia sexual dessas crianças amadurecesse, antes dos catorze anos, elas precisariam se familiarizar com o corpo umas das outras, para que essa luxúria simplesmente desaparecesse.

Em vez disso, as pessoas procuram vestir até mesmo os animais de estimação! Não querem que eles andem pelados pela rua. A idéia por trás disso é a de que as crianças poderiam se corromper ao olhar um animal nu em pêlo. Que coisa mais bizarra é achar que as crianças podem se corromper ao olhar animais sem roupas! Mas alguns moralistas já tentaram até mesmo proibir que os animais andem pelas ruas com as partes íntimas descobertas.

Veja quantas coisas se faz para salvar a humanidade! Esses que querem salvá-la são os mesmos que a estão destruindo. Você já observou como os animais são esplêndidos e belos em sua nudez? Mesmo nus eles são inocentes, simples e livres. Nem mesmo pensamos no fato de que os animais andam nus. Isso só acontece se ocultarmos em nós um medo doentio da nudez. As pessoas que têm esse medo tentarão tudo para compensar esse medo da nudez. É por causa de idéias como essa que a humanidade está decaindo dia após dia.

Na verdade, o que é preciso é que as pessoas se tornem tão simples que possam andar nuas por aí, despidas, inocentes e felizes — assim como Mahavira, o mestre jainista que optou por andar nu. As pessoas dizem que o fato de Mahavira andar nu era a prova de que ele renunciara ao hábito de usar roupas. Mas eu discordo. A meu ver, a consciência dele ficou tão cristalina, tão inocente — pura como a de uma criança — que ele simplesmente andava nu. Quando já não há mais nada para ocultar, a pessoa pode andar por aí nua. Caso contrário, ela se cobrirá. Mas, quando não há nada a esconder, nem mesmo as roupas são necessárias.

O que precisamos de fato é de um mundo em que todos sejam tão puros, inocentes e livres de culpa que sejam capazes de descartar as roupas. Qual o problema de se andar nu? Acontece que hoje as pessoas têm a consciência tão carregada de culpas que precisam se ocultar atrás das roupas. E, mesmo usando tanta roupa, elas ainda se sentem nuas. Existem até aquelas que não ficam nuas nem diante da própria nudez. A nudez é um estado de espírito. Com inocência, com uma mente pura, até a nudez adquire um significado sublime e passa a ser bela.

Contudo, até hoje só fomos alimentados com veneno e, aos poucos, esse veneno foi se espalhando e corrompendo a nossa vida — de um extremo a outro.

Na Índia, as mulheres são levadas a pensar no marido como se ele fosse um deus. Elas também aprendem, desde a infância, que o sexo é pecado, é uma porta para o inferno. Quando casam, como elas podem respeitar o marido, que as leva a praticar sexo e a arder no fogo do inferno? Dizem à mulher que o marido dela é um deus, mas toda a sua experiência lhe diz que esse pecador a fará arder no inferno.

Quando tratei desse tópico em Bombaim, uma senhora se aproximou de mim e falou: — Estou muito aborrecida. E muito zangada com você. Sexo é um assunto nojento, pecaminoso. Por que você falou tanto sobre isso? Eu realmente desprezo o sexo!

Veja, essa senhora é uma mulher casada, que tem marido e filhos. E ela despreza o sexo. Então como pode amar o marido que a leva a praticá-lo? Como pode amar os filhos que nasceram do sexo? O amor que ela tem no coração é cheio de veneno; ele sempre ocultará esse veneno. Por isso, é fatal que exista uma barreira entre essa mulher e o marido, entre ela e os filhos, pois ela tem uma atitude condenatória com relação ao sexo. Aos olhos dela, os filhos são fruto do pecado; o relacionamento entre ela e o marido é pecaminoso. Você conseguiria ter carinho por uma pessoa com a qual tem um relacionamento pecaminoso? Será que conseguiria viver em harmonia com o pecado?

Aqueles que difamam o sexo perturbam a vida conjugal de todo mundo. E, como resultado, as pessoas *não* conseguem transcendê-lo. O homem que cria uma barreira invisível de pecado entre ele e a esposa nunca se satisfaz com ela. Então ele procura outras mulheres; sai com prostitutas. Isso é inevitável! Todas as outras mulheres do mundo poderiam ser como irmãs ou mães para ele, mas essa insatisfação faz com que todas sejam esposas em potencial, alguém que pode vir a ser uma parceira sexual. Isso é natural; é inevitável que aconteça. Tudo porque esse homem encontra veneno, repulsa e condenações onde deveria encontrar alegria e contentamento. Isso o faz sair em busca de satisfação.

No entanto, o que nos passa despercebido é o fato de que a corrente natural, a fonte do amor, a fonte do sexo foi envenenada. E quando o sexo é encarado como um pecado, um veneno, quando existe certa hesitação entre marido e mulher, esse sentimento de culpa acaba com toda possibilidade de crescimento e de transformação que esse convívio poderia proporcionar.

Em contrapartida, se marido e mulher tentassem entender e praticar o sexo de forma harmoniosa, com amor um pelo outro, com um sentimento de alegria e sem uma atitude de condenação, aos poucos a relação entre eles poderia se transformar e se elevar. E, depois disso, seria possível que a mulher, essa mesma mulher, passasse a ser como uma mãe para o marido.

Por volta de 1930, Gandhi foi ao Ceilão. Kasturba, a mulher dele, acompanhou-o. Seus anfitriões pensaram que Gandhi viera com a mãe, pois ele a chamava de *ba*, que significa mãe. No discurso de boas-vindas, o anfitrião mencionou o quanto eles ficaram honrados por receber a mãe de Gandhi, a qual nessa ocasião o acompanhara e se sentara atrás dele. O secretário de Gandhi ficou muito nervoso, pois o erro era dele; os membros da comitiva deveriam ter sido apresentados aos organizadores. Mas então já era tarde demais: Gandhi já estava diante do microfone e começara o seu discurso. O secretário ficou preocupado, pensando no que Gandhi lhe diria mais tarde. Ele não tinha idéia de que Gandhi não estava nem um pouco zangado, pois muito poucos homens ali tinham o privilégio de poder chamar a esposa de mãe.

Gandhi disse: — Foi uma feliz coincidência que o amigo que nos apresentou tenha, por engano, falado a verdade. Nos últimos anos, Kasturba de fato tornou-se minha mãe. Houve um tempo em que ela era minha esposa, mas agora é minha mãe.

Isso é possível. Se marido e mulher se esforçarem um pouco para entender sua vida sexual, eles poderão se tornar amigos e companheiros na jornada rumo à transformação do sexo. E, quando eles conseguirem transformá-lo, um sentimento indescritível de gratidão surgirá entre eles. Mas nunca antes disso. Até que isso aconteça, não haverá nada mais que uma raiva e animosidade sutis entre eles. O casamento será uma batalha constante, não uma amizade tranqüila.

Essa amizade começa no dia em que eles se tornam companheiros e veículos para a transformação da energia sexual um do outro. A partir daí, nasce entre eles um sentimento de gratidão. Nesse dia, o homem se enche de respeito pela mulher, pois ela o ajudou a se livrar da luxúria. Nesse dia, a mulher sente uma gratidão incalculável pelo homem, por ajudar a libertá-la do desejo sexual. Desse momento em diante, eles vivem na amizade verdadeira do amor, não da sexualidade. Esse é o começo de uma jornada que leva o homem a se tornar um deus para a esposa e esta a se tornar uma deusa para o marido. Mas essa possibilidade teve sua raiz envenenada.

É por isso que eu disse que é muito difícil encontrar um inimigo maior do que o sexo. Isso não significa que eu recrimine o sexo ou o difame; eu apenas indico a direção para transformá-lo e transcendê-lo. Sou um inimigo do sexo na mesma medida em que sou a favor da transformação do carvão em diamante. Eu quero transformar o sexo.

Como é possível fazer isso? Que método usar? É preciso abrir outra porta.

O sexo não se manifesta assim que a criança nasce. Leva um tempo para que isso aconteça. O corpo ganha energia, as células se fortalecem e chega o dia em que o corpo fica pronto. A energia se acumula lentamente até que o corpo crie forças para abrir a porta que se manteve fechada nos primeiros catorze anos de vida — e para essa criança, esse é o início do mundo do sexo.

Depois que essa porta é aberta, fica difícil abrir outra, porque, depois que abre um caminho, a energia tende a fluir por ele; isso faz parte da natureza dela. Para a energia é mais fácil continuar fluindo por esse caminho. Depois que o Ganges estabelece seu curso, fica muito mais fácil seguir por ele; ele não estabelece um novo curso a cada dia. Água fresca pode jorrar todos os dias na nascente, mas ela segue sempre o mesmo curso. De modo semelhante, a energia vital do homem procura estabelecer um curso para si mesma e depois continua a fluir por ele.

Para que uma pessoa possa se libertar da sua sexualidade, é preciso criar uma nova porta para a energia sexual, antes que a porta do sexo se abra. Essa nova porta é a meditação. Todas as crianças deveriam ter aulas de meditação desde a mais tenra idade. Em vez disso, ensinamos as crianças a condenar o sexo, o que é pura bobagem. Não ensine as crianças a reprovar o sexo, ensine a elas algo positivo — como a meditação. E as crianças logo aprendem a meditar, pois, na infância, a porta para o sexo ainda não está aberta. Ela está fechada; a energia está guardada em segurança e pode bater em outra porta e abri-la. Posteriormente, essas mesmas crianças ficarão mais velhas e acharão muito mais difícil aprender a meditar. Um broto jovem e flexível se curva com muito mais facilidade em qualquer direção, mas, ao longo do tempo, seu caule enrijece. Se você tenta dobrá-lo, ele se quebra.

Não convém esperar até que as pessoas fiquem mais velhas para ensinar-lhes meditação. É muito melhor empreender todos os esforços para ensinar as crianças a meditar. Infelizmente, as pessoas só demonstram interesse em aprender isso quando já estão no fim da vida. Só então elas procuram saber o que é meditação, que tipo de disciplina espiritual é essa, o que elas podem fazer para sentir mais paz. Depois que toda a energia se esgota, que todas as possibilidades de progresso acabam — depois que a energia já estabeleceu um curso e perdeu toda a flexibilidade, tornando a transformação muito mais difícil —, as pessoas querem se transformar. Uma pessoa com um pé na cova pergunta o que pode fazer para aprender a meditar: "Existe uma maneira?" Isso é muito estranho, é uma verdadeira loucura. Esse planeta jamais poderá ter paz enquanto não transmitirmos a noção de meditação aos mais jovens. Não adianta nada incuti-la nas pessoas que já estão no crepúsculo da vida. É preciso um esforço tremendo para conquistar a paz nesse período da vida; isso seria muito mais fácil nos primeiros anos de vida.

Portanto, o primeiro passo para transformar o sexo é ensinar as crianças pequenas a meditar — ensiná-las sobre a paz, sobre a ausência de pensamentos e sobre o silêncio. Em comparação aos adultos, toda criança já é silenciosa e tranqüila, mas, se elas aprenderem algo sobre o silêncio e a serenidade e forem conduzidas na direção certa, nem que seja um pouquinho a cada dia, uma nova porta já estará aberta na época em que fizerem catorze anos, quando chegam à maturidade sexual. A energia amadurecerá e começará a fluir pela porta que já está aberta. Elas terão experiências de paz, graça, atemporalidade e ausência de ego muito antes da experiência sexual. Isso evitará que a energia comece a fluir por canais errados e a conduzirá pelo caminho apropriado.

Em vez de ensinar a tranqüilidade da meditação, ensinamos as crianças a condenar o sexo. "Sexo é pecado!", "O sexo é sujo!", nós dizemos. Convencemo-las de que se trata de uma coisa feia e ruim, que pode levá-las para o inferno. Mas esses insultos de nada servem para mudar a situação real. Pelo contrário, as crianças ficam mais curiosas; querem saber mais sobre o inferno, sobre o mal, sobre a coisa suja que apavora tanto seus pais e professores.

Em muito pouco tempo, elas descobrem que seus próprios pais estão em busca daquilo a respeito do qual não lhes permitem saber nada. E, no dia em que descobrem isso, todo o respeito que têm pelos pais, toda a confiança que depositam neles desaparece. Não é a educação moderna a responsável pela falta de reverência que as crianças demonstram pelos pais; os próprios pais são culpados disso. As crianças logo ficam sabendo que os pais praticam aquilo que lhes ensinaram a ver com repugnância; que a vida noturna dos pais é bem diferente da sua vida diurna; que existe uma disparidade entre o que dizem e o que fazem.

As crianças são observadores muito perspicazes. Elas prestam atenção a tudo o que acontece em casa. Reparam que aquilo que o pai considera "sujo" e a mãe encara com olhos de reprovação acontece em sua própria casa. Elas logo tomam consciência disso. Todo o sentimento de reverência que têm pelos pais se desvanece, pois elas começam a achá-los hipócritas e mentirosos. Eles não praticam o que ensinam aos filhos. Toda essa decepção é em torno do sexo, por causa do sexo.

Não diga aos seus filhos que sexo é pecado. Em vez disso, explique que ele faz parte da vida e que todos nós nascemos por meio dele, portanto, o sexo está presente na nossa própria vida. Isso ajuda as crianças a entenderem o comportamento dos pais com mais facilidade e numa perspectiva apropriada. E, quando crescerem e tiverem sua própria vida, elas olharão os pais com reverência, pela sinceridade e honestidade que demonstraram. Não existe maior ingrediente para fazer das crianças pessoas religiosas do que a sinceridade e honestidade dos pais. Mas hoje todas elas sabem que os pais são pessoas hipócritas e decepcionantes. Essa é a maior causa do conflito entre pais e filhos. A repressão do sexo criou um abismo entre marido e mulher e entre pais e filhos.

Não, não precisamos condenar o sexo, ser contra ele; precisamos é de educação sexual. Assim que as crianças amadurecem o suficiente para fazer perguntas sobre o assunto, é preciso esclarecê-las sobre os fatos da vida que elas já tenham idade para entender. Só assim elas não alimentarão uma curiosidade excessiva pelo sexo, a ponto de ficarem obcecadas por ele e procurar informações nos lugares errados. Se isso não for feito, elas farão perguntas às pessoas erradas, o que freqüentemente acontece nos dias de hoje. Elas aprendem sobre sexo por meio dos canais inadequados e isso só lhes causará dor e sofrimento pelo resto da vida. Por fim, um muro de silêncio e segredo se ergue entre pais e filhos, como se nem um nem outro soubesse alguma coisa sobre sexo.

As crianças precisam receber uma educação sexual apropriada.

Em segundo lugar, é preciso ensinar as crianças a meditar, a ficar calmas, serenas, silenciosas, para conseguir chegar ao estado de não-mente. As crianças podem aprender isso muito facilmente, se tiverem condições de andar pela casa em silêncio durante pelo menos uma hora, todos os dias. E é claro que isso só é possível se os pais também meditarem com eles. Meditar em silêncio por uma hora deveria ser uma prática regular em todos os lares. Pode-se deixar que as crianças pulem uma refeição uma vez ou outra, mas não se pode deixar que fiquem sem meditar nem um dia sequer. Não se pode nem chamar uma casa de "lar" caso nesse ambiente não se pratique uma hora de silêncio diariamente. Uma casa sem meditação não é um lar de verdade.

Se as crianças praticarem uma hora de silêncio por dia, quando chegarem à puberdade a porta da meditação já estará aberta; essa é a porta que leva à experiência da atemporalidade e da ausência de ego, na qual temos um vislumbre da alma.

É importante ter esse vislumbre antes de qualquer experiência sexual, pois ele evita a louca corrida pelo sexo e confere à energia sexual outra válvula de escape.

Esse é o que eu chamo de primeiro passo. A meditação é o primeiro passo para a disciplina do celibato, da transcendência do sexo e da transformação da energia sexual.

O segundo passo é o amor. As crianças precisam aprender a amar desde a infância. O medo mais comum é que, ao aprender a amar, a criança seja levada ao mundo do sexo. Mas esse medo é infundado. A educação sexual pode levar ao amor, mas o amor nunca arrastará ninguém para a sexualidade. O que acontece é exatamente o oposto. Quanto mais amor a pessoa tiver no coração, mais energia sexual será transformada e compartilhada. Quanto menos amorosa for a pessoa, mais obcecada por sexo ela será; mais ódio ela terá dentro de si, mais rancor ela alimentará. E, quanto menos amor ela tiver no coração, mais ciumenta, competitiva, preocupada e infeliz ela será. Quanto mais preocupada, ciumenta, rancorosa e cheia de ódio estiver a pessoa, mais estagnada será a sua energia — cuja única válvula de escape será o sexo.

O amor é uma válvula de escape para a energia. Ele é fluido, criativo e por isso traz contentamento. E esse contentamento é muito mais profundo e valioso que o proporcionado pelo sexo. A pessoa que o sente nunca mais procura nenhum substituto, assim como aquela que recebe jóias nunca mais usa bijuterias.

Mas a pessoa cheia de ódio jamais pode sentir contentamento. Quando odeia, ela promove a discórdia, ela destrói tudo em seu caminho. E a destruição nunca traz contentamento; só a criação. A pessoa ciumenta é belicosa, mas a belicosidade nunca traz contentamento. Só sentimos contentamento quando damos, quando compartilhamos, nunca quando tomamos algo de alguém. A pessoa beligerante, competitiva, toma dos outros o que quer. Mas ela nunca sentirá o contentamento daquela que dá e compartilha. A pessoa ambiciosa está sempre ansiosa por novas conquistas, mas nunca consegue ficar em paz.

A paz só envolve aqueles que empreendem a jornada do amor, que peregrinam constantemente em busca do amor — não aqueles que empreendem a escalada de poder e posição. Quanto mais amor a pessoa tiver no coração, mais contentamento, satisfação, alegria e plenitude fluirá em cada célula do seu ser. Um fluxo incessante de contentamento e felicidade a circunda. Uma pessoa assim iluminada não se importa com o sexo nem tem de fazer qualquer esforço para se manter longe dele. Isso acontece simplesmente porque o contentamento que se costuma sentir só por alguns instantes durante o sexo é permanente quando nos permitimos amar.

Portanto, o próximo passo é amar cada vez mais. Amar, venerar o amor e viver em função dele. E, para se iniciar no amor, não é preciso amar apenas seres humanos. A iniciação do amor consiste em irradiar amor, em ser amável.

Você pode segurar uma pedra como se tivesse tocando uma amigo, assim como pode apertar a mão de alguém como se estivesse diante de um inimigo. Algumas pessoas podem lidar com objetos materiais com carinho, enquanto outras podem tratar os semelhantes como simples objetos. A pessoa consumida pelo ódio trata os seres humanos como coisas; a pessoa cheia de amor no coração insufla vida até nos objetos inanimados.

Um viajante alemão visitou um místico conceituado. Por alguma razão, o homem espumava de raiva, assim, ele desamarrou os sapatos com impaciência, jogou-os num canto e abriu a porta com toda a força.

Quando está com raiva, a pessoa atira longe os sapatos, como se eles fossem seu pior inimigo. Ele até mesmo abrirá a porta como se houvesse alguma hostilidade entre ele e a porta.

O homem abriu a porta com estrondo, entrou e apresentou seus respeitos ao místico.

— Não posso aceitar seus cumprimentos ainda — disse o místico. — Primeiro peça desculpas à porta e aos sapatos.

— O que deu em você? — perguntou o viajante. — Pedir desculpas à porta? E aos sapatos? Por quê? Eles por acaso estão vivos?

— Você nem sequer pensou nisso quando despejou toda a sua raiva sobre esses objetos inanimados — replicou o místico. — Atirou os sapatos longe como se eles tivessem culpa de alguma coisa e abriu a porta com tamanha violência que ela parecia uma inimiga sua. Já que conferiu personalidade a esses objetos como se fossem coisas vivas, você precisa agora lhes pedir desculpas. Só falarei com você se fizer isso.

O viajante pensou na grande distância que percorrera para ver o místico e na possibilidade de não ser recebido por causa de uma coisa tão sem importância. Então ele foi até onde estavam os sapatos e, com as mãos postas, disse: — Amigos, perdoem meus maus modos. Depois se voltou para a porta e disse: — Desculpe-me. Foi um erro empurrá-la com tanta violência.

Em suas memórias, o viajante escreveu que, a princípio, sentiu-se ridículo diante daquele gesto, mas, quando acabou de se desculpar, ficou impressionado: sentia uma grande paz e serenidade. Ele nunca imaginara que um dia pudesse se sentir tão calmo, sereno e tranqüilo só por pedir desculpas a uma porta e a um par de sapatos.

Depois de se desculpar, ele entrou e se sentou ao lado do místico, que começou a rir. — Agora sim — disse ele. — Agora podemos conversar. Você foi amável e agora pode se dirigir a uma pessoa. Podemos até nos entender, pois você está mais leve e animado.

A questão não é ser amável com os seres humanos; a questão é ser amável.

Dizer que a pessoa tem de amar a mãe é um despropósito. Se a mãe pede ao filho que ele a ame só por ser sua mãe, ela está transmitindo a ele um ensinamento errado. O amor que tem de ter um motivo para existir ou que está sujeito a "porquês" e "portantos" não é verdadeiro. Pedir a um filho que o ame porque você é o pai ou a mãe dele é educá-lo da maneira errada. É dar ao amor uma razão para existir.

Para amar não é preciso uma razão; o amor nunca depende de razões. Se a mãe diz ao filho "Cuidei de você, eduquei-o, portanto, você tem de me amar", ela está dando uma razão para o amor — e aí o amor acaba. Obrigada a amar, a criança pode, a contragosto, fingir que ama só para agradar à mãe.

Ensinar uma criança a amar não significa dar razões para que ela ame; basta criar o ambiente, a oportunidade para que ela se torne uma pessoa amorosa.

A mãe que diz ao filho "Você tem de me amar porque sou sua mãe" não está ensinando-o a amar. Ela deveria dizer "Seria muito bom para a sua vida, para o seu futuro e para a sua felicidade que você fosse uma pessoa amorosa com tudo e com todos que porventura cruzem seu caminho, seja uma pedra, uma flor, um ser humano, um animal ou o que for. A questão não é amar um ser humano, uma flor, a mãe ou seja lá o que for, a questão é ser uma pessoa amorosa. Seu futuro depende de quanto você é amoroso. A possibilidade de ser feliz na vida depende de quanto amor você tem no coração".

As pessoas precisam aprender a amar; só assim elas se libertarão da sexualidade. Mas nós não ensinamos as pessoas a serem amorosas; não fomentamos nenhum sentimento de amor. Tudo o que falamos ou transmitimos em nome do amor é mentiroso.

Você acha que é possível amar uma pessoa e odiar outra? Não, isso é impossível. A pessoa amorosa é assim com todo mundo; o amor não escolhe quem ou o que amar. Mesmo quando está sozinha ela é amorosa. Isso faz parte da natureza dela; não tem nada que ver com seus relacionamentos.

A pessoa cheia de raiva é raivosa mesmo quando está sozinha; o mesmo acontece com a pessoa cheia de ódio. Observe-a de longe quando estiver só e você sentirá que ela está cheia de raiva, mesmo que, no momento, não esteja despejando essa raiva em ninguém em particular. Toda a personalidade dela irradia esse ódio.

Se observar uma pessoa amorosa, mesmo que esteja sozinha, você sentirá que o amor transborda de todo o seu ser.

As flores que desabrocham na solidão das matas espalham seu perfume havendo ou não alguém ali para apreciá-lo. Exalar perfume é algo que faz parte da natureza da flor. Não viva na ilusão de que a flor exala seu perfume só para você!

Faça do amor uma parte da sua natureza; não escolha a quem amar. Mas a pessoa que ama quer que o amado ame só a ela e a mais ninguém. Ela não sabe que, a menos que o outro possa amar a todos, não saberá amar ninguém. A mulher diz ao marido que ame só a ela e não mostre afeição por mais ninguém; a corrente do amor deve fluir só em direção a ela. Mas ela não percebe que um amor como esse é mentiroso e que ela é a única culpada por isso. Como um marido que não sente amor por mais ninguém pode amar a esposa?

Quando a pessoa é amorosa, isso faz parte da natureza dela; ela é amorosa o tempo todo. Não é possível estar cheio de amor por uma pessoa e negar amor a todas as outras. Mas até agora a humanidade não conseguiu ver essa verdade tão simples. O pai pede ao filho que o ame — mas e quanto ao antigo criado da casa? O filho não precisa amá-lo, afinal, ele é só um criado. No entanto, esse velho criado também é pai de alguém... E, quando esse homem diz ao filho que não é preciso amar o criado, ele não percebe que amanhã, quando ele mesmo for um velho, ele se queixará de que o filho não o ama. Seu filho só será capaz de amar se aprender a ser amoroso com todos.

O amor é uma questão de natureza interior, não de relacionamento. Ele nada tem que ver com relacionamento, pois é um estado de espírito. É um componente essencial da individualidade de um homem. Portanto, precisamos aprender a amar — a tudo e a todos. Se a criança jogar um livro sobre a mesa, é preciso chamar a atenção dela: "Não é conveniente jogar o livro dessa maneira. Você precisa ser mais cuidadoso com ele. Você não agiu bem".

Lembro-me da história de um místico que morava num pequeno casebre. Uma noite, por volta da meia-noite, começou a chover forte e o místico e a mulher estavam dormindo. De repente, ouviram alguém bater à porta; alguém que queria se abrigar da chuva.

O místico acordou a esposa: — Tem alguém lá fora; um viajante, algum amigo desconhecido. Por favor, abra a porta.

Você notou? Ele disse "algum amigo desconhecido". Você não considera amigos nem mesmo as pessoas que conhece, mas esse místico teve uma atitude de amor: "Algum amigo desconhecido está esperando do lado de fora. Por favor, abra a porta".

— Mas não há lugar para ele aqui! — retrucou a mulher. — Não há lugar suficiente nem para nós dois! Como vamos acomodá-lo?

— Minha querida — respondeu o místico —, este não é o palácio de um homem rico, onde pode faltar espaço; é o casebre de um homem pobre. O palácio do homem rico nunca tem lugar suficiente — basta chegar um hóspede para que tudo pareça apertado. Não, este é o casebre de um homem pobre.

— O que essa questão de riqueza e pobreza tem que ver com isso? — perguntou ela. — O fato é que este casebre é muito pequeno!

— Se houver espaço suficiente em seu coração — respondeu o marido —, até um casebre parecerá um palácio. Mas, se seu coração for pequeno, até um palácio parecerá pequeno para receber um hóspede. Queira abrir a porta, por favor. Como podemos não atender alguém que bate à nossa porta? Até agora, estivemos deitados. Talvez não possamos deitar os três, mas poderemos nos sentar. Haverá lugar para mais um se nos sentarmos.

A mulher não teve outra escolha senão abrir a porta. O homem entrou, com as roupas encharcadas. Eles se sentaram os três e começaram a conversar. Um tempo se passou até que outras duas pessoas chegaram e bateram à porta.

— Parece que chegaram mais duas pessoas — comentou o místico, pedindo que o primeiro hóspede, sentado perto da entrada, abrisse a porta. O homem retrucou: — Abrir a porta? Mas não há mais lugar! — Esse homem, que recebera abrigo momentos antes, não se deu conta de que recebera abrigo não porque o místico tivesse amor por *ele*, em particular, mas porque o místico tinha um grande amor no coração; era uma pessoa amorosa. E agora outras pessoas haviam chegado e o amor devia acolhê-las.

— Não, não precisamos abrir a porta — disse o homem. — Não vê que já estamos espremidos aqui dentro?

O místico riu e disse: — Meu caro, não arranjei um lugar para você? Você só pôde entrar porque este casebre está cheio de amor. E ainda está; esse amor não acabou depois que você entrou. Abra a porta, por favor. Agora estamos sentados a alguma distância uns dos outros; podemos nos sentar mais perto. Assim haverá espaço para todos. Além do mais, a noite está fria e será agradável sentirmos o calor uns dos outros.

A porta foi aberta e os recém-chegados entraram. Sentaram-se todos juntos e começaram a se apresentar.

Então chegou um burrico e entreabriu a porta com a cabeça. O animal, encharcado, queria um abrigo para passar a noite. O místico pediu aos dois homens que estavam sentados junto à porta para que a abrissem: — Chegou outro amigo desconhecido — ele disse.

Olhando para fora, um dos homens disse: — Não é amigo nenhum. É só um burro. Não é preciso abrir.

— Talvez você não saiba que, à porta de um homem rico, os seres humanos podem ser tratados como animais, mas este é o casebre de um homem pobre e aqui costumamos tratar até os animais como seres humanos. Por favor, abra a porta.

A uma só voz, os homens retrucaram: — Mas não há lugar!

— Há lugar suficiente. Em vez de sentar, ficaremos todos de pé. Assim haverá espaço para ele. Não se aborreçam. Se for preciso, eu mesmo sairei para dar lugar a ele.

O amor é capaz de tudo!

Tudo o que é preciso é ter uma atitude de amor, um coração amoroso. Quando a pessoa tem um coração amoroso, isso cria uma aura de contentamento, de profundo prazer.

Você já reparou que, depois de demonstrar seu afeto por alguém, por menor que ele seja, uma grande onda de contentamento invade todo o seu ser? Você nunca percebeu que os momentos mais profundos de contentamento são os de amor incondicional? Quando não impomos condições ao amor, quando simplesmente sorrimos com carinho para um estranho na rua, sentimos passar por nós uma brisa de paz e contentamento. Você não sente uma grande alegria quando procura levantar o ânimo de alguém que passa por maus momentos? Quando estende a mão para alguém que sofreu uma queda ou quando dá flores a uma pessoa doente? Não que você faça isso porque essa pessoa é seu pai ou sua mãe — não, ela não precisa ser alguém especial para você; o simples fato de dar um presente já é extremamente gratificante, pois causa uma grande alegria.

Você precisa desenvolver seu potencial para amar — amar as plantas, os pássaros, os animais, os seres humanos, os estranhos, os desconhecidos, aqueles que podem estar muito longe de você, a lua, as estrelas. Seu amor precisa ser cada vez maior.

A possibilidade para o sexo, na vida de uma pessoa, diminui à medida que ela aprende a amar. O amor e a meditação, juntos, abrem as portas da divindade. Amor mais meditação é igual à divindade. Quando o amor e a meditação se unem, chega-se à divindade. E o resultado disso é o celibato. A partir daí, toda a energia vital passa a subir através de outro canal. Ela deixa de escoar gradativamente; não é mais desperdiçada. Ela aumenta, começa a se mover para cima, através de rotas interiores, e continua sua viagem ascendente.

Nossa viagem, hoje em dia, é descendente. Ela decai para níveis inferiores. O sexo é o fluxo descendente de energia; o celibato é a jornada para o alto.

O amor e a meditação são as chaves do celibato.

Posteriormente, eu comentarei sobre os benefícios do celibato. O que ganhamos com ele? Por enquanto eu só falei de duas coisas: do amor e da meditação. Eu disse que, desde a infância, as pessoas precisam aprender sobre eles. Mas não conclua daí que, por você não ser mais criança, não há nada mais que possa fazer. Não tire essa conclusão nem desista; se fizer isso, todo meu esforço terá sido em vão. Sua idade não importa; sempre é tempo de começar esse trabalho. Embora ele fique mais difícil com o passar dos anos — o ideal seria que começasse na infância —, nunca deixará de trazer benefícios. Você pode começar hoje mesmo. Aqueles que sempre têm disposição para começar nunca deixam de ser crianças, mesmo que já estejam na velhice. E eles podem começar neste exato momento. Se tiverem disposição para aprender, se estiverem abertos para o aprendizado, se não estiverem presos à idéia de que já sabem tudo, eles conseguirão aprender tudo de que precisam, tal qual uma criança.

Um dia Gautama Buda perguntou a um bhikshu iniciado por ele poucos anos antes: — Bhikshu, qual é a sua idade?

— Cinco anos — respondeu o bhikshu.

Buda se surpreendeu. — Cinco anos?! Você parece ter pelo menos setenta. Por que diz que tem cinco?

— Digo isso porque a luz da meditação só iluminou a minha vida há cinco anos — respondeu o homem. — Só nesses últimos cinco anos o amor começou a fazer parte da minha vida. Antes disso, minha vida era como um sonho; eu vivia dormindo. Não levo esses anos em conta quando me perguntam minha idade. Como poderia? Minha vida verdadeira só começou cinco anos atrás. Só tenho cinco anos de idade.

Buda chamou a atenção de seus discípulos para a resposta do monge: — Todos vocês deveriam contar sua idade dessa maneira; esse deveria ser o critério para a contagem da nossa idade.

Se o amor e a meditação ainda não despertaram em você, sua vida até hoje foi desperdiçada; você não nasceu ainda. Mas nunca é tarde demais para tentar renascer.

Portanto, não conclua que, só porque você já não é uma criança, tudo isso de que estou falando só interessa às gerações futuras. Ninguém nunca se afastou tanto de casa que não possa tomar o caminho de volta; ninguém foi tão longe no caminho errado a ponto de não poder mais voltar ao certo. Mesmo que você tenha vivido na escuridão por milhares de anos, isso não significa que, ao acender uma lamparina, você não possa começar a enxergar.

Não, quando a lamparina se acender, a escuridão de milhares de anos desaparecerá do mesmo modo que a escuridão de um dia. Acender a lamparina é mais fácil na infância; depois disso fica um pouco mais difícil. Mas difícil não significa impossível; significa que será preciso fazer um pouco mais de esforço; será preciso um pouco mais de determinação e intenção. Significa que você terá de romper os padrões da sua personalidade com mais firmeza e abrir outros canais.

Contudo, mesmo com os primeiros raios da aurora desse novo caminho, você sentirá que fez muito pouco em comparação a tudo o que recebeu em troca. Com a chegada do primeiro raio dessa verdade, dessa luz, você sentirá que conseguiu muito com pouco esforço, pois tudo o que fez foi insignificante perto das recompensas que obteve. Portanto, não interprete mal as minhas palavras; é só isso o que peço.

· 4 · O Surgimento de uma Nova Humanidade

Na escola de uma pequena aldeia da Índia, o professor contava mais uma vez a história de Ramayana, a lenda de Rama. Quase todas as crianças cochilavam. Não é nenhuma surpresa que as crianças caíssem no sono ao ouvir pela centésima vez a mesma história; até os adultos cochilavam de vez em quando. A história que é contada e recontada inúmeras vezes deixa de ser novidade e ninguém mais presta atenção nela.

O professor recitava tudo mecanicamente, sem nem ao menos consultar o livro aberto à sua frente — ele já havia decorado toda a história. Qualquer um poderia ver que era como se ele desse aula dormindo. Narrava os episódios como um papagaio, sem prestar nenhuma atenção ao que dizia.

De repente, toda a classe se agitou: o inspetor de aluno apareceu. Ao entrar na classe, os alunos se endireitaram na carteira e o professor continuou a aula com mais atenção.

— Estou satisfeito em ver que você está ensinando a lenda de Ramayana — disse o inspetor. — Eu gostaria de perguntar às crianças algo sobre a história. — Supondo que as crianças se lembrariam facilmente de contos de luta, destruição e coisas do tipo, ele fez uma pergunta muito simples: — Digam-me, crianças, quem quebrou o arco de Shiva?

Um garoto levantou a mão, ficou de pé e disse: — Juro que não fui eu, senhor. Eu fiquei quinze dias sem vir à escola. Também não sei quem quebrou. Quero deixar isso bem claro, porque sempre que alguma coisa quebra ou é danificada aqui na escola eu sou o primeiro a ser culpado.

O inspetor ficou aturdido. Ele nem sequer imaginou que alguém pudesse dar uma resposta como aquela. Ele então se voltou para o professor, que já erguia sua bengala, e o ouviu dizer: — Não há dúvida de que esse malandro é o culpado. É o pior de todos! — Então rugiu para o garoto: — Se não foi você que fez isso, então por que levantou e disse que não fez? — Depois ele se voltou para o inspetor e disse: — Não se deixe enganar pelas palavras inocentes desse garoto! Ele é o responsável por quase tudo que quebra nesta escola.

O inspetor estava tão surpreso que perdera a fala. Ele simplesmente virou as costas, saiu da sala e foi diretamente para a sala do diretor, contar-lhe toda a história. Ele queria saber o que o diretor faria a respeito.

O diretor insistiu para que o inspetor não levasse o caso adiante. Explicou que, naqueles dias, seria perigoso falar alguma coisa aos alunos: — Não importa quem tenha quebrado o arco — ele disse. — Deixe isso para lá. A paz tem reinado na escola nos últimos dois meses. Ao longo dos anos os alunos já quebraram tantas coisas, puseram até fogo nos móveis e danificaram o prédio da escola. É melhor não falar nada a respeito. Se disser alguma coisa, isso só servirá para criar confusão. Pode haver uma greve, alguém pode fazer um jejum até a morte a qualquer momento!

O inspetor estava assombrado; mal podia acreditar no que ouvira. Ele resolveu então procurar o presidente do comitê escolar e contar a ele tudo o que acontecera — que o professor ensinava sobre Ramayana na aula, que o garoto disse que não havia quebrado o arco de Shiva, que o professor insistira que o aluno era culpado e o diretor tinha implorado para que esquecessem o episódio, independentemente de quem fosse o responsável, pois havia a ameaça constante de greve ou outras coisas do tipo e não seria sensato levar aquilo adiante. Então o inspetor perguntou ao presidente o que ele tinha a dizer de tudo aquilo.

O presidente disse que considerava sábia a política do diretor. — Além do mais — acrescentou —, não se preocupe em encontrar o culpado. Seja quem for que tenha quebrado o arco, o comitê o consertará. É melhor consertá-lo do que insistir na questão.

O que essa história nos ensina? Ela não traz nenhuma novidade; só mostra uma fraqueza humana muito comum. As pessoas querem mostrar que sabem tudo — mesmo coisas da qual não têm o mínimo conhecimento! Nenhum deles sabia o que significava quebrar o arco de Shiva. Não seria melhor se aceitassem sua ignorância e perguntassem do que se tratava? Mas ninguém está preparado para aceitar a própria ignorância.

Essa é a maior desgraça da história da humanidade. Ninguém tem coragem de dizer "Não sei" com relação a qualquer questão sobre a vida. Essa falta de coragem é suicida e torna a vida da pessoa um total desperdício. Por causa da falsa suposição de que sabemos, as respostas que damos são tão ridículas quanto as que o inspetor ouviu na escola — do garoto, do professor, do diretor e do presidente. Tentar dar uma resposta sem compreender a pergunta só faz com que falemos tolices.

Pode até ser que a questão sobre quem quebrou ou não o arco de Shiva não signifique nada para ninguém, mas as questões que têm um profundo significado na vida — aquelas que determinam se a nossa vida será boa ou ruim, saudável ou insana e decidem o curso que ela seguirá —, essas também fingimos que entendemos profundamente. No entanto, nossas respostas provam nossa ignorância. A vida de cada um de nós mostra que não sabemos nada sobre a vida em geral. Se soubéssemos, como poderia haver tantos fracassos, tanto desespero, tanta miséria, tanta preocupação?

É isso justamente o que eu gostaria de dizer sobre o sexo: não sabemos nada sobre ele. Você até pode ficar intrigado. Pode dizer: "É bem possível que eu não saiba nada sobre Deus ou sobre a alma, mas sobre sexo? É difícil acreditar. A prova é que temos uma esposa, um marido e filhos — e você ainda me diz que não sabemos nada sobre sexo?"

Mas eu gostaria de lhe dizer que — embora seja muito difícil para você aceitar esse fato — você pode até já ter passado pela experiência do sexo, mas mesmo assim sabe tanto sobre sexo quanto uma criancinha. Nada mais do que isso. O fato de você ter passado por uma situação não significa que saiba alguma coisa sobre ela.

Uma pessoa pode dirigir um carro por mil quilômetros e, mesmo assim, não saber como ele funciona, nem conhecer o motor e seus mecanismos. Talvez haja alguém que ridicularize o que estou afirmando só pelo fato de já ter dirigido mil quilômetros, mas eu ainda afirmo que ele não sabe nada sobre o carro. Dirigir um carro é uma coisa superficial; entender seus mecanismos internos é algo completamente diferente.

Você aperta o interruptor e a eletricidade acende a lâmpada. Você pode dizer que entende tudo de eletricidade só porque acende ou apaga a luz quando bem entende e porque já fez isso um milhão de vezes. Mas nós diremos que você é um idiota, que até uma criança pode acender e apagar a luz; isso não requer nenhum conhecimento de eletricidade.

Qualquer pessoa pode gerar filhos. Isso não tem nenhuma relação com a compreensão que ela tem do sexo. Qualquer um pode casar também. Os animais procriam, mas nem por isso achamos que eles sabem alguma coisa sobre sexo.

A verdade é que o sexo ainda não foi estudado pela ciência. Ainda não existe nenhuma filosofia ou ciência do sexo porque todo mundo acha que já sabe tudo sobre ele. Ninguém vê a necessidade de se fazer tratados ou estudos sobre sexo. Isso é uma calamidade.

No dia em que tivermos um estudo, uma ciência, um sistema completo de pensamento sobre sexo, seremos capazes de conceber uma nova raça de seres humanos. Não haverá mais seres humanos feios ou mutilados. Não haverá mais pessoas doentes, fracas, burras ou tristes. Não haverá mais crianças cheias de sentimentos de culpa e de pecado. Mas hoje não sabemos nada sobre isso. Sabemos como acender e apagar a luz e achamos que conhecemos tudo sobre eletricidade. Mesmo no fim da vida, tudo o que sabemos sobre sexo corresponde a acender e a apagar a luz — nada mais do que isso. Mas, como carregamos a falsa idéia de que sabemos tudo sobre o assunto, não há nenhum espaço para pesquisas, descobertas, divagações ou reflexões sobre sexo.

Se já sabemos tudo a respeito desse tópico, qual a necessidade de discuti-lo? Não trocamos idéias nem pensamos sobre ele. Mas não existe na vida um mistério, um segredo, um fenômeno mais profundo do que o sexo.

Conhecemos o átomo recentemente e o mundo passou por uma incrível revolução. No dia em que conseguirmos descobrir o átomo do sexo, a raça humana entrará numa nova era de sabedoria. É impossível prever o impacto que isso causará, o avanço que teremos quando compreendermos o processo e a técnica de criação da consciência. Mas uma coisa é certa: a energia sexual e seus mecanismos são a coisa mais misteriosa, mais profunda e mais valiosa deste mundo — e ninguém nem fala sobre isso. A coisa mais preciosa deste mundo é encarada como um tabu. As pessoas praticam sexo ao longo de toda a vida e, no final dela, ainda não sabem nem dizer o que ele é.

Por isso, quando eu digo que, por meio do sexo, podemos fazer com que o ego e os pensamentos desapareçam, muitas pessoas não acreditam; elas acham isso impossível. Um dos meus amigos me disse a esse respeito: — Nunca tinha pensado sobre isso, mas de fato aconteceu o que você disse. — Uma senhora também me procurou e disse: — Jamais tive essa experiência. Quando você falou sobre ela, eu me lembrei de que de fato a mente parece ficar quieta e silenciosa, mas eu nunca senti a ausência do ego ou qualquer coisa mais profunda. — É possível que as minhas afirmações façam surgir muitas perguntas na cabeça das pessoas, por isso acho bom falar um pouco mais sobre alguns pontos.

Primeiro: a pessoa não nasce conhecendo tudo sobre a ciência do sexo. Talvez algumas poucas pessoas na terra, por conservarem a lembrança de suas muitas vidas passadas, sejam capazes de entender integralmente a arte, o processo e a ciência do sexo. Existem pessoas que de fato praticam o celibato, pois, quando a pessoa passa a conhecer tudo sobre sexo, ele se torna inútil. Ela simplesmente o transcende, supera-o. Contudo, nunca se disse nada a respeito disso.

Segundo: é fundamental deixar de lado a ilusão de que, só por ter nascido, você já sabe o que o sexo, o ato de fazer amor, significa. Não, você não sabe. E, como ninguém sabe nada a respeito disso, as pessoas passam a vida toda pensando em sexo, até morrer. Como eu já disse, os animais têm a época certa de procriar. Por quê? Talvez porque eles sejam capazes de mergulhar mais profundamente nos mistérios do sexo; os seres humanos não são capazes disso.

Aqueles que pesquisam sobre o sexo, que se aprofundaram nele e estudaram a experiência de muitas pessoas, chegaram à conclusão de que, se o orgasmo durar um minuto, a pessoa desejará ter sexo novamente no dia seguinte, mas, se o orgasmo puder ser prolongado e durar três minutos, ela não pensará em sexo antes que se passe uma semana. Esses estudiosos observaram que, se esse estado orgásmico, essa libertação do ego e do tempo, puder ser prolongada por sete minutos, a pessoa ficará a tal ponto livre do sexo que não terá nem sequer um pensamento a respeito durante os três meses seguintes. E, se esse estado puder ser prolongado por três horas, a pessoa se livra do sexo para sempre; nunca mais desejará praticá-lo novamente.

Contudo, a experiência do orgasmo geralmente dura segundos; é difícil até imaginar um orgasmo que dure três horas. No entanto, eu lhe digo que, se a pessoa conseguir manter esse estado sexual, se conseguir manter a ausência do ego e essa submergência por três horas, um único ato sexual será suficiente para libertá-la do sexo pelo o resto da vida. Essa experiência deixará nela um sentimento tão grande de contentamento e de bem-aventurança, aumentará de tal forma sua consciência, que a marcará para sempre. Depois de esse único ato sexual, ela conseguirá chegar ao estágio do celibato verdadeiro.

Não chegaremos a esse estágio de celibato mesmo depois de uma vida inteira praticando sexo. Chegaremos à velhice, ao fim da vida, sem nunca termos nos livrado da luxúria do sexo, do desejo sexual. Por quê? Porque nada sabemos sobre a arte e a ciência do sexo. Ninguém nunca nos explicou nada sobre isso e nós nem sequer pensamos, refletimos ou discutimos sobre o assunto. Ao longo da vida, nunca ninguém que tivesse alguma experiência em sexo travou conosco um diálogo sobre o assunto, numa espécie de intercurso. Nossa situação é pior do que a dos animais.

Talvez você não acredite que uma experiência que geralmente dura segundos possa ser prolongada por três horas. Eu lhe darei algumas dicas. Se levá-las em consideração, a jornada rumo ao celibato ficará mais fácil.

Quanto mais rápida for a respiração, menos durará o ato sexual; quanto mais calma e pausada ela for, maior será a duração do ato. Se conseguir manter uma respiração cadenciada e tranqüila, você poderá prolongar o ato sexual o quanto quiser. E, quanto maior for a duração do ato, maior será a experiência dos aspectos da supraconsciência — a ausência do ego e do tempo. A respiração tem de ser bem descontraída. Quando isso acontece, abrem-se perspectivas cada vez maiores de realização, profundidade e significado, por meio do sexo.

Também é preciso lembrar que, se durante o ato você mantiver a atenção num ponto entre os olhos, no local que, segundo os iogues, está o centro do terceiro olho, é possível prolongar o ato por até mesmo três horas. Uma experiência como essa pode enraizar a pessoa no solo do celibato — não só nesta vida como também na seguinte.

Uma senhora me escreveu perguntando: "Você é solteiro e sempre foi celibatário. Isso significa que não passou ainda pela experiência da supraconsciência?"

Se essa senhora estivesse aqui eu gostaria de lhe dizer que nem eu nem ninguém poderia atingir o estágio do celibato sem nunca ter passado pela experiência do sexo. Eu também gostaria de lhe esclarecer que essa experiência pode pertencer a esta vida ou a uma vida passada. Se a pessoa é celibatária desde o nascimento, isso significa que ela teve experiências de união sexual profunda nas vidas passadas. Não existe outro jeito de se chegar ao celibato. Se a pessoa passou por uma profunda experiência de sexo numa vida passada, ela já nascerá nesta vida livre do sexo; nem sequer pensará sobre o assunto. Pelo contrário, ela ficará surpresa ao ver como as outras pessoas se comportam com relação ao sexo; ficará impressionada ao constatar que essa é a maior preocupação delas. Uma pessoa assim, que já tenha chegado ao estágio do celibato, terá até mesmo de fazer um esforço consciente para diferenciar um homem de uma mulher.

Não pense que uma pessoa pode "nascer celibatária" sem ter passado por uma experiência sexual profunda. Se não passou, ela é louca, não celibatária. Aqueles que tentam se impor o celibato vão acabar loucas, pura e simplesmente. O celibato não pode ser imposto; ele se desenvolve a partir da experiência sexual. É resultado de uma experiência profunda — e essa experiência é sexual. Basta que a pessoa passe por ela uma só vez para ficar livre do sexo pela eternidade.

Até agora, mencionamos dois fatores que possibilitam essa experiência profunda: a respiração calma e ritmada, quase imperceptível, e a atenção no terceiro olho, o ponto entre os olhos. Quanto mais a atenção estiver focada nesse ponto, mais profundo será o ato sexual. E a duração do ato aumentará à medida que o ritmo da respiração diminui. Você então notará, pela primeira vez, que a atração não é pelo ato em si, mas sim pela iluminação, pela supraconsciência. Se você tiver ao menos um vislumbre dela, se conseguir divisar seu brilho e reconhecer o caminho que se oculta na escuridão, você não terá dificuldade para trilhar esse caminho.

Um homem estava sentado num cômodo sujo e malcheiroso. As paredes estavam rachadas e descoloridas. Num determinado momento, ele se levantou e abriu a janela. Da janela do cômodo sujo ele pôde ver o horizonte, o sol e os pássaros voando no céu. Agora esse homem, que subitamente se deu conta da vastidão do céu e viu o sol, a lua, os pássaros voando, as árvores balançando ao vento e o perfume das flores, não ficará por muito mais tempo no seu cômodo sujo e escuro. Ele logo correrá para fora.

Portanto, no dia em que você tiver, durante o sexo, um vislumbre do samadhi, da não-mente, mesmo que seja por segundos, as paredes sujas e descoradas que cercam o sexo não vão mais exercer nenhuma atração e você logo sairá dessa prisão. Em geral, nós todos nascemos dentro de celas apertadas e escuras e, no confinamento dessa cela, temos de conhecer algo que está além dessas quatro paredes. Só então podemos deixar essa cela e sair para um espaço aberto. Mas a pessoa que não abrir a janela, que fechar os olhos e ficar sentada num canto, dizendo "Não quero saber nada sobre essa cela escura", não poderá fazer nada para mudar essa situação. Queira ela ou não, ficará na mesma cela fedorenta, sem nunca sair dali.

A pessoa que se autodenomina celibatário e que impõe sobre si esse celibato, está tão aprisionada na cela do sexo quanto qualquer outra. A única diferença entre essa pessoa e você é que ela está sentada com os olhos fechados, enquanto você está sentado com os olhos abertos. O que você faz abertamente, essa pessoa faz em segredo. O que você faz fisicamente, essa pessoa faz mentalmente. Essa é a única diferença. É por isso que eu incentivo você a não ficar contra o sexo, mas a tentar olhá-lo com simpatia, compreendê-lo, praticá-lo e lhe reservar um lugar sagrado em sua vida.

Já discutimos dois aspectos importantes. O terceiro é a atitude com que você encara o sexo. Essa atitude deveria ser a mesma de quem vai a um santuário, pois, quando faz sexo, você está mais perto da existência. É por meio do sexo que a existência cria e dá à luz uma nova vida. A experiência do sexo nos deixa mais próximos do criador. Tornamo-nos uma passagem para que uma nova vida chegue por nosso intermédio. Tornamo-nos instrumentos da vida. Por que é assim? Porque, durante o ato sexual, estamos mais perto da própria criação. Se encararmos o sexo com um sentimento de reverência e religiosidade, será mais fácil ter um vislumbre da divindade.

Mas, em vez disso, encaramos o sexo com raiva, com hostilidade e com uma atitude de condenação. Isso cria uma barreira que impede a experiência da divindade. Encare o sexo como se estivesse se aproximando de um templo, de um santuário sagrado. Olhe sua mulher como se ela fosse uma deusa. Olhe seu marido como se ele fosse um deus. E nunca pratique sexo quando estiver negativo, zangado, empedernido, enciumado, irritadiço ou preocupado.

O que costuma acontecer é justamente o contrário. Quanto mais preocupados, tristes, desesperados ou aflitos estamos, mais recorremos ao sexo. A pessoa alegre não sai por aí em busca de sexo, mas a que está triste faz isso, porque vê o sexo como uma oportunidade para fugir da tristeza. Mas, lembre-se, se praticar sexo quando estiver triste, preocupado, amargurado, irritadiço ou em conflito, você não terá um vislumbre daquela experiência profunda pela qual sua alma anseia. Você não terá um vislumbre da supraconsciência. Isso só é possível quando você está bem.

Peço a você que só pratique sexo quando estiver alegre e cheio de amor, quando estiver animado e numa atitude de prece; só quando sentir que seu coração está cheio de alegria, de paz e de gratidão. Só uma pessoa que faz sexo nesse estado de ânimo consegue passar pela experiência da supraconsciência, do samadhi. Se ela conseguir atingir um raio de samadhi pelo menos uma vez, estará livre do sexo para sempre e começará a evoluir rumo à supraconsciência.

O encontro, a união entre um homem e uma mulher tem um significado profundo. É durante essa união que o ego se estilhaça pela primeira vez e um ser realmente encontra o outro.

O bebê que deixa o útero da mãe passa por uma experiência angustiante; é como uma árvore arrancada do solo. Todo o seu ser grita para voltar à terra; a ligação com a terra era a vida dela, sua vitalidade, seu alimento. O bebê também é arrancado e clama para voltar ao útero, pois a ligação que lhe dava vida foi cortada. A criança que nasce é arrancada de suas raízes. Num certo sentido, ela ficou sem raízes, apartada da vida, da existência. Agora o maior desejo de todo o seu ser é restabelecer sua ligação com a vida, com a existência. Esse anseio é o que chamamos de sede de amor. O que mais entendemos por amor?

Todo mundo quer amar e ser amado. Qual o significado do amor? Ele significa: "Estou isolado, desligado; quero voltar a me ligar à vida". E uma das experiências mais profundas de religação acontece entre um homem e uma mulher, por meio do sexo. O sexo é a nossa primeira experiência de religação.

A pessoa que entende essa experiência de união como sede de amor, como o desejo de se religar à vida em si, pode logo passar por uma outra experiência. O praticante de meditação, o buscador espiritual, o místico, a pessoa iluminada, todos eles passam por essa experiência de religação — assim como o homem e a mulher que se unem por meio do sexo. No ato sexual, duas pessoas se unem; uma pessoa se une a outra e elas se tornam uma só. No samadhi, na iluminação, a pessoa se une ao todo e eles se tornam uma coisa só. O ato sexual é um encontro entre duas pessoas; a iluminação é o encontro entre uma pessoa e o todo infinito. É claro que um encontro entre duas pessoas só pode ser momentâneo, mas o encontro entre uma pessoa e o todo pode ser eterno.

As pessoas são seres finitos, por isso a união entre elas não pode ser infinita, eterna. Essa é a dificuldade, a limitação do casamento, de todo amor — não podemos nos unir a uma pessoa para sempre. Podemos nos unir por alguns instantes, mas em seguida nos afastamos novamente; surge outra vez uma distância entre nós. Essa distância causa sofrimento, ela machuca, fazendo com que os amantes vivam em contínuo desespero. Aos poucos, surge a impressão de que é o nosso parceiro que cria essa distância e isso faz com que ele comece a nos inspirar raiva e irritação.

Contudo, aqueles que sabem o que realmente acontece diriam que as pessoas são dois indivíduos diferentes. Elas podem forçar um encontro momentâneo, mas não podem ficar unidos para sempre. A dor e o sofrimento causado por esse fato criam um conflito constante entre os casais e faz com que não vivamos bem nem com a pessoa que amamos. Tensão, discussões e um sentimento de aversão começam a fazer parte da nossa rotina, pois temos a impressão de que a pessoa amada não quer se fundir conosco e, portanto, a fusão não pode ser completa. Mas ninguém é culpado por essa situação. Duas pessoas nunca poderão se encontrar no nível do "eterno". Os amantes só podem se fundir momentaneamente, pois os seres humanos são limitados e a fusão entre eles também só pode ser limitada. A fusão eterna só pode acontecer com o divino, com toda a existência.

Aqueles que chegaram às profundezas do sexo percebem que, se um momento de união pode proporcionar tanto contentamento, a fusão eterna traz recompensas que estão além de qualquer medida. Se a fusão momentânea já é suficiente para provocar uma experiência tão surpreendente, o que dirá a experiência de fusão com o eterno?!

Isso é como se sentar em frente a uma vela acesa e tentar imaginar quantas velas seriam necessárias para reproduzir a luz do sol. Essa tentativa de comparação é infrutífera. A luz da vela é insignificante perto da imensidão do sol. Embora esteja a milhões de quilômetros da terra, ele mesmo assim nos aquece, nos queima a pele — então, como é possível avaliar a diferença entre a luz da vela e a luz do sol?

Entretanto, por mais cálculos que isso requeira, ainda assim é possível calcular a diferença entre a luz da vela e a luz do sol, pois tanto a vela quanto o sol são finitos. Embora o resultado desse cálculo seja astronômico, ainda assim é possível calculá-lo. Contudo, é impossível avaliar a diferença entre o êxtase do orgasmo e a bem-aventurança do samadhi. O sexo é a fusão momentânea de dois seres finitos. O samadhi, a supraconsciência, é a fusão de uma gota d'água com a vastidão do oceano. Não há como compará-los, não existe uma unidade de medida que se aplique à magnitude dessa união com o todo.

Portanto, depois que se conhece essa união... o que mais importa o sexo, o ato sexual, o desejo? Quando se conquista o infinito, não há mais razão para se pensar num prazer momentâneo. Nesse estágio, o prazer sexual é visto como um sofrimento, uma loucura. Parece mais um desperdício de energia. O celibato torna-se um caminho natural.

Mas, entre o sexo e a supraconsciência, existe uma ponte, uma distância, uma jornada. A supraconsciência é o último degrau da escada que leva ao céu; o sexo é o primeiro. Aqueles que viram as costas para o primeiro degrau nunca subirão essa escada. Aqueles que negam esse primeiro degrau da escada nunca chegarão ao segundo.

É preciso subir esse primeiro degrau com consciência, entendimento e atenção. Assim você não ficará estagnado nesse degrau, mas apenas o usará como apoio para chegar ao segundo.

Mas um estranho acidente aconteceu à raça humana. Como eu disse antes, os seres humanos viraram as costas para o primeiro degrau e, mesmo assim, querem chegar ao alto da escada. Eles querem conhecer o esplendor do sol sem passar pelo primeiro degrau, sem ver a luz da vela. Isso não é possível. Temos de aprender a apreciar a luz diminuta da vela que a natureza nos deu — uma luz que brilha por um instante e logo é apagada por uma suave brisa — para que desperte em nós um anseio verdadeiro pelo sol. Só então poderemos dar o primeiro passo em direção ao sol, pois dentro de nós começará a surgir um descontentamento, um desejo intenso de alcançar o sol.

Uma música trivial pode abrir passagem para a música das esferas; a experiência de uma luz tremeluzente é o portal para a luz infinita; conhecer uma gota é o primeiro passo para conhecer todo o oceano. Nosso conhecimento do átomo revela a energia da matéria. Embora a natureza tenha nos dotado com os pequenos átomos do sexo, na forma de energia sexual, não reconhecemos nem estudamos essa energia de modo algum. É como se vivêssemos de olhos fechados, de costas para ela. Não aceitamos a energia sexual de coração. Não conhecemos nenhuma alquimia que nos possibilite vivê-la e explorá-la profundamente, com alegria e gratidão. Como eu disse a vocês, no dia em que a humanidade vier a conhecer essa alquimia, ela será capaz de conceber um novo tipo de ser humano.

Nesse sentido, o homem e a mulher são dois pólos diferentes, o pólo negativo e o pólo positivo da energia. O encontro correto desses dois pólos completa um circuito e dá origem a uma espécie de harmonia, de melodia. Se a profundidade e a duração do ato sexual aumentar suficientemente, se o casal conseguir prolongar o ato por pelo menos meia hora, um halo de luz será criado em volta dele. Quando a eletricidade corporal dos parceiros se encontra de modo profundo e total, vê-se na escuridão uma luz envolvendo o casal. Alguns pesquisadores notáveis têm estudado esse fenômeno e até mesmo tirado fotos. O casal que passa pela experiência desse halo de eletricidade transcende o sexo para sempre.

Mas você nunca passou por essa experiência, por isso acha tudo o que eu digo muito estranho. Se você nunca passou por isso, deveria pensar melhor sobre o assunto, tentar vê-lo de outra perspectiva e rever sua vida — pelo menos a sua vida sexual —, começando do bê-a-bá.

Quanto à vida consciente, ao entendimento disso que estou expondo, digo que, na minha opinião e de acordo com a minha própria experiência, o nascimento de pessoas como Mahavira, Buda, Cristo ou Krishna não aconteceu por acaso; ele foi fruto da união total entre duas pessoas. Quanto mais profunda a união, mais surpreendente e extraordinária é a prole; quanto mais superficial e incompleta é a união, mais oprimida é a prole. Hoje, os seres humanos estão decaindo cada vez mais. Algumas pessoas põem a culpa disso na deterioração dos padrões morais, enquanto outras acreditam que esses sejam os efeitos de uma "era das trevas", mas tudo isso é pura bobagem.

Só uma coisa é diferente: a qualidade do sexo não é mais a mesma. O sexo perdeu seu caráter sagrado, perdeu seu interesse científico, sua simplicidade e espontaneidade. Deteriorou-se a ponto de se tornar uma coisa forçada, um pesadelo. Ele sofreu uma guinada violenta; não é mais um ato de amor, não é mais um ato sagrado e pacífico, nem um ato meditativo. Por causa disso, a humanidade continua caindo num abismo cada vez mais profundo.

Se o escultor que trabalha em sua obra estiver bêbado, como você espera que ele crie uma linda obra de arte? Se uma bailarina estiver cheia de raiva, preocupada ou nervosa, como poderá ter um bom desempenho? A qualidade de qualquer coisa que façamos depende do nosso estado de espírito. E a maravilha das maravilhas: é desse fenômeno que depende a reprodução da espécie; é por meio dele que as crianças, as almas vêm ao mundo.

Talvez você não tenha se dado conta de que, em condições ideais, o sexo cria a possibilidade para a alma descer a este mundo. Você só dá a essa alma uma oportunidade. Não é você quem dá vida a uma criança, você só cria a situação para que ela possa se instalar no útero. Quando a oportunidade que você dá a essa alma atende às necessidades para que ela venha ao mundo, a criança é concebida. Quando essa oportunidade não é boa para ela — se no momento do ato sexual você estiver com raiva, sentindo-se culpado, ansioso ou angustiado —, a alma que optou por entrar no útero fará isso a partir desse mesmo nível de consciência. Seria impossível que viessem a este mundo a partir de um nível superior.

Para conceber uma alma evoluída, as circunstâncias e o ambiente do ato sexual têm de ser os melhores. Só assim as almas superiores podem nascer e o nível de consciência da humanidade se elevar. É por isso que eu digo que, no dia em que a humanidade se inteirar da ciência do sexo, de toda a arte do sexo — no dia em que formos capazes de compartilhar essa ciência tanto com os mais jovens quanto com os mais velhos, com o mundo inteiro —, conseguiremos dar à luz um novo ser humano.

Uma criança, um mundo como esse *pode* ser criado! Enquanto isso não acontecer, não haverá paz entre os homens. Não veremos o fim das guerras e do ódio; a imoralidade, a corrupção e a libertinagem não poderão ser erradicadas, assim como a escuridão que impera em nossa vida.

Mesmo com as milhares de promessas dos políticos, as guerras não acabarão, as tensões não serão amenizadas, a violência e o ciúme não desaparecerão da face da terra. Tanto tempo já se passou — nos últimos dez mil anos, os messias, profetas e santos pregaram contra a guerra, contra a violência, contra a raiva, mas ninguém jamais os ouviu. Pelo contrário, nós cometemos assassinatos, penduramos na cruz as próprias pessoas que pregaram o evangelho do amor, da não-violência, da compaixão. Foi esse o resultado dos seus ensinamentos. Gandhi nos ensinou a praticar a não-violência, a ser amorosos e a conviver em harmonia e nós o recompensamos com tiros. Foi assim que expressamos nossa gratidão pelo que ele nos ensinou.

Todos os grandes homens da humanidade, todas as grandes almas, fracassaram. Isso tem de ficar claro para nós. Eles foram malsucedidos porque nenhum dos ideais ou valores que eles previram ou promoveram deram frutos. Esses valores são defendidos e deixados de lado. Os maiores profetas, as pessoas mais nobres deste planeta — todos falharam; eles vieram, pregaram e morreram e os seres humanos continuaram mergulhando cada vez mais na escuridão, afundando numa espécie de inferno na terra. Isso não mostra que havia alguma falha nos ensinamentos desses profetas?

A pessoa agitada é assim porque foi concebida e nasceu em meio à agitação. Essa pessoa carrega em si o germe da inquietação; nas profundezas do seu ser, ela oculta essa doença. No dia em que nasceu, ela já estava cheia de inquietude, de sofrimento e de dor. No instante em que foi concebida, foi criado todo o mapa da vida dela. Diante de uma pessoa como essa, nem Buda, nem Mahavira, nem Cristo, nem Krishna teria sucesso.

Por questão de etiqueta e polidez, nós não admitimos isso abertamente — esse é outro problema —, mas o fato é que todos fracassaram. A raça humana aos poucos tem perdido sua humanidade. Apesar de todos os ensinamentos sobre não-violência, amor e paz, o único indício de que avançamos é o progresso que fizemos da simples adaga para a bomba de hidrogênio. Você diria que essa é uma indicação de que os ensinamentos sobre não-violência foram bem-sucedidos?

Matamos trinta milhões de pessoas durante a Primeira Guerra Mundial e, depois de um período em que se falou de paz e amor, matamos mais 75 milhões de pessoas na Segunda Guerra. Depois disso, de Bertrand Russell a Mahatma Gandhi, todo mundo continuou implorando pela paz e se preparando para uma terceira guerra. Em comparação, essa guerra fará com que as outras pareçam brincadeira de criança.

Alguém um dia perguntou a Einstein o que poderia acontecer nessa terceira guerra. Ele disse que não poderia dizer muita coisa a respeito dela, mas poderia prever algo a respeito de uma quarta. Surpreso, o interlocutor perguntou por que ele dizia aquilo. Einstein então disse que uma coisa era certa sobre essa quarta guerra mundial: ela nunca chegaria a existir, pois não havia nenhuma possibilidade de alguém sobreviver à terceira.

É esse o resultado dos ensinamentos de moral e religião que a humanidade recebeu.

A causa disso encontra-se em outro lugar. Até que possamos entender o ato sexual e nos harmonizar com ele, a menos que consigamos reconhecer sua natureza espiritual — uma porta para a supraconsciência —, não poderá surgir uma nova humanidade. A raça humana apenas continuará piorando cada vez mais, pois as crianças de hoje no futuro praticarão sexo e gerarão crianças ainda piores do que elas. A qualidade de cada nova geração será ainda pior do que a das precedentes; isso é certo, pode até ser profetizado. Mas nós já chegamos num nível tão baixo que provavelmente não será possível decair mais do que isso. O mundo todo já está perto de se tornar um grande manicômio.

De vez em quando, sente-se num canto sossegado e observe seu próprio estado mental. Você ficará surpreso ao constatar toda a loucura que existe dentro de você. De alguma forma, você consegue reprimi-la e mantê-la sob controle, mas essa já é outra questão. Basta um empurrãozinho e qualquer um pode se tornar um perfeito maníaco.

É bem provável que, num espaço de cem anos, o mundo todo se torne um imenso manicômio. Evidentemente, por um lado haverá muitas vantagens: não precisaremos de nenhum tratamento mental; não precisaremos de psiquiatras para tratar os neuróticos. Ninguém será considerado louco, pois o primeiro sintoma da loucura é não perceber a própria loucura. Essa doença é cada vez mais freqüente. Essa enfermidade, essa doença mental, essa angústia tem índices cada vez mais altos. A menos que o sexo recupere sua dimensão espiritual, seja considerado um fenômeno espiritual, a nova humanidade não surgirá sobre a face da terra.

A alma humana está ansiosa para atingir as alturas, para se elevar ao céu, para ser iluminada pela lua e pelas estrelas e desabrochar como uma flor. A alma humana está sedenta e clama por música, por dança. Mas o homem gira em círculos até o fim da vida, como o boi que move um moinho; ele é incapaz de romper esse círculo vicioso. Qual a causa disso?

A causa é uma só: o atual processo de procriação é absurdo; é uma verdadeira loucura. É por isso que não conseguimos fazer do sexo uma porta para a supraconsciência. Mas o sexo humano *pode* ser uma porta para a supraconsciência. Nesses últimos dias só tenho falado sobre essa grande verdade.

Agora eu gostaria de recapitular um ponto e concluir a palestra de hoje.

As pessoas que temem as verdades da vida, a ponto de fugir delas, são inimigas da humanidade. Alguém que diz a você que não devemos nem ao menos falar de sexo é inimigo da raça humana. São inimigos que não permitem que as pessoas pensem sobre ao assunto, reflitam sobre ele. Se não fosse assim, como seria possível ainda não termos desenvolvido uma atitude científica com relação ao sexo?

Uma pessoa que diz a você que o sexo não tem nenhuma relação com religiosidade está absolutamente equivocada, pois é a energia do sexo, transformada e sublimada, que entra na esfera da religião. A sublimação da energia sexual nos leva a reinos dos quais não fazemos idéia, reinos em que não existe morte ou tristeza, apenas bem-aventurança.

Mas onde está essa energia? Quem tem essa energia que nos leva à verdade, à consciência e à bem-aventurança? Temos desperdiçado essa energia. Somos como baldes furados com os quais tentamos tirar água de um poço. Ouvimos o barulho do balde ao chegar ao fundo do poço; ouvimos a água enchendo o balde. E, quando o puxamos para fora, ouvimos toda a água escoando pelo furo. Quando o balde sai do poço, ele está vazio. Toda a água se foi e ficamos com um balde vazio nas mãos. Somos como barcos furados, prestes a afundar. Nossos barcos nunca chegarão à praia; eles afundarão no meio do oceano e nos farão morrer afogados.

Todos esses buracos são resultado dos desvios que sofre o fluxo de energia sexual. E as pessoas responsáveis por esses desvios não são aquelas que produzem e divulgam fotos de corpos nus, escrevem livros obscenos ou fazem filmes pornográficos. Os responsáveis por perverter a energia sexual humana são aqueles que não deixam que as pessoas entendam a verdade do sexo. É por causa dessas pessoas que surgem fotos de nudismo, livros obscenos, filmes pornográficos, toda sorte de clubes relacionados a sexo e novas perversões e aberrações a cada dia. Tudo isso por causa de quem? Por causa daqueles que consideramos santos e homens de bem. Eles criaram o mercado para tudo isso. Se você analisar, verá que eles são os verdadeiros agentes publicitários da pornografia.

Para acabar a palestra de hoje, vou contar uma pequena história:

Um padre ia para sua igreja. Ainda havia uma grande distância a percorrer e ele corria para não se atrasar. Ao atravessar um campo, o padre viu um homem ferido, deitado numa vala próxima. Havia uma faca fincada no peito do homem, que sangrava muito. O padre pensou em erguê-lo e prestar-lhe ajuda, mas pensou duas vezes e achou que poderia se atrasar para a missa. Para o sermão desse dia ele tinha optado por falar sobre o "amor" e para isso se basearia na máxima de Jesus: Deus é amor. Enquanto corria apressado, o padre ensaiava mentalmente seus comentários.

Mas o homem ferido abriu os olhos e gritou: — Padre, eu sei que o senhor está indo para a igreja fazer um sermão sobre o amor. Eu pretendia ouvir esse sermão, mas bandidos me esfaquearam e me jogaram aqui. Ouça, se sobreviver, eu direi às pessoas que um ser humano estava morrendo na beira da estrada e, em vez de salvá-lo, o senhor se afastou apressado para fazer seu sermão sobre o amor. Estou avisando, é melhor não me deixar aqui!

O padre ficou preocupado. Viu que, se o homem sobrevivesse e contasse o acontecido, as pessoas da aldeia diriam que seus sermões eram uma embromação. O padre não estava nem um pouco preocupado com o homem agonizante, mas com a opinião pública, por isso ele se aproximou do homem — contra a vontade. À medida que ia chegando mais perto, ele começou a ver mais nitidamente as feições do homem; parecia-lhe familiar. — Acho que já o vi em algum lugar — disse o padre.

O homem ferido respondeu: — Com certeza. Eu sou Satã e há muito tempo trato com padres e líderes religiosos. Se eu não fosse familiar a você, quem mais seria?

O padre então se lembrou bem que havia um retrato dele na igreja. Então recuou e disse: — Não posso salvar você. É melhor que morra. Você é Satã. Todos sempre quiseram vê-lo morto e é bom que isso esteja prestes a acontecer. Por que eu deveria salvá-lo? Até tocar em você já é um pecado. Vou seguir o meu caminho.

O diabo começou a rir e disse: — Ouça, no dia em que eu morrer você estará desempregado; você não pode existir sem mim. Você é o que é porque eu estou vivo; eu sou a base da sua profissão. É melhor que me salve, pois se eu morrer todos os padres e ministros deste mundo ficarão sem emprego. Vocês serão todos extintos; o mundo será um lugar melhor e ninguém mais precisará de vocês.

O padre pensou por um instante e viu que Satã falava a pura verdade. Imediatamente ele colocou sobre os ombros o demônio agonizante e disse: — Meu caro Satã, não se preocupe. Estou levando você para um hospital. Você logo ficará bom. Se morrer, ficaremos todos sem trabalho.

Talvez seja difícil imaginar que Satã esteja na raiz do sacerdócio ou, ainda pior, que os padres estejam por trás do trabalho do demônio, por trás da profissão dele, por trás da exploração do sexo que acontece no mundo inteiro. Por trás de tudo neste mundo está a exploração do sexo. Nós não conseguimos perceber que os padres estão por trás de tudo isso, que o fato de condenarem o sexo faz com que ele seja uma obsessão cada vez maior, que a luxúria e a indulgência humanas crescem a cada dia por causa da permanente campanha dos padres contra o sexo. Quanto mais os padres proíbem o sexo, pedindo-nos para nem pensar sobre esse assunto, mais misterioso ele fica. E nada fazemos para mudar essa situação.

Contudo, precisamos justamente do contrário; precisamos falar sobre sexo. Conhecimento é poder. E o conhecimento sobre sexo pode se tornar um grande poder. Não é bom viver na ignorância, pior ainda é viver sem nada saber sobre o sexo.

Talvez você não possa ir à lua. Mas isso não é problema, pois não existe razão para você ir até lá. A humanidade talvez não ganhe muita coisa indo à lua. Também não há nenhuma necessidade de se conhecer as profundezas do oceano, onde só há escuridão. O fato de conhecê-las não trará grandes benefícios ao homem. Também não é preciso dividir e conhecer o átomo. Mas uma coisa é absolutamente necessária — é de interesse de todos: conhecer e entender o sexo a ponto de fazer nascer uma nova humanidade.

Expliquei algumas coisas a vocês nesses últimos dias e amanhã responderei a algumas perguntas. Anotem por escrito perguntas sinceras, porque não serão perguntas sobre Deus, sobre a alma ou sobre esse tipo de coisa. Serão perguntas sobre a vida e, se vocês forem diretos e sinceros, poderemos nos aprofundar um pouco mais nesse assunto.

· 5 · Do Carvão ao Diamante

Muitas perguntas têm sido feitas por amigos.

Por que você escolheu o sexo como tema de suas palestras?

Eu queria contar às pessoas algo sobre a verdade. Mas, para falar sobre a verdade, é preciso primeiro acabar com as mentiras que foram aceitas como verdades. A menos que elas sejam extirpadas, não poderemos dar nenhum passo rumo à verdade.

No primeiro encontro em Bombaim, as pessoas me pediram para falar de amor, mas cultivamos tantas idéias erradas sobre sexo que seria impossível entender alguma coisa sobre o amor. Existem tantos conceitos equivocados sobre o sexo que qualquer debate a respeito do amor ficaria incompleto, mentiroso; não poderia ser verdadeiro. Então eu falei algumas coisas sobre sexo nesse encontro e disse que é a própria energia sexual transformada que se torna amor.

Se um homem comprar esterco e empilhá-lo na calçada em frente de casa, o mau cheiro se espalhará, afastando a todos. Mas se ele espalhar esse mesmo esterco no jardim e plantar sementes, essas sementes germinarão e se tornarão plantas. As plantas darão flores e seu perfume se espalhará pela vizinhança, convidando a todos a se aproximar. Os passantes ficarão inebriados. Você provavelmente nunca pensou sobre isso, mas o mesmo mau cheiro do esterco transforma-se no perfume da flor. Passando pela semente e pela flor, o fedor do esterco torna-se a fragrância da flor. Um cheiro nauseabundo pode ser transformado numa doce fragrância. A energia sexual pode se transformar em amor.

Mas como alguém que se volta contra a energia sexual pode transformá-la em amor? Como alguém que é inimigo do sexo um dia será capaz de sublimar essa energia? Para isso é preciso entender de sexo e então transformar essa energia.

Quando terminei minha palestra naquele dia e desci do tablado, fiquei surpreso ao ver que todos os líderes e figuras públicas — todas as pessoas que tinham organizado o encontro e haviam subido no tablado — tinham sumido! Ao descer pelas fileiras de cadeiras em direção à saída, não pude encontrar nenhuma delas! Nem um único organizador foi me agradecer. Todos os líderes tinham ido embora; fugido!

Os líderes sempre foram criaturas fracas. Eles "dão no pé" antes que seus seguidores possam fazer o mesmo.

Mas algumas pessoas corajosas de fato subiram no tablado — alguns adolescentes, alguns idosos, alguns jovens. Todos disseram: — Você nos disse coisas que nenhum outro ousou dizer. Você abriu nossos olhos; sentimo-nos iluminados. — Achei que eu fizera o certo ao tratar do assunto mais profundamente. Por isso, eu escolhi esse assunto como tema para estes encontros também. Uma das razões por que terminei a história que ficara incompleta no primeiro encontro foi o fato de que as pessoas me pediram para fazer isso. E esse pedido foi feito por pessoas que estão realmente tentando entender a vida. Elas querem que eu diga tudo o que tenho a dizer. Portanto, foi essa a razão.

Decidi falar sobre sexo também porque algumas das pessoas que fugiram do tablado naquele dia espalharam o boato de que eu havia dito tantas blasfêmias que a religião de certo seria aniquilada, que eu havia dito coisas que tornaria as pessoas irreligiosas! E eu achei que esse boato merecia uma resposta, um esclarecimento prático que mostrasse que as pessoas não ficam irreligiosas só porque passam a entender um pouco mais sobre sexo. Pelo contrário, elas são irreligiosas porque até agora não entenderam o sexo.

A ignorância pode fazer com que uma pessoa fique irreligiosa; o conhecimento, não. E, se o conhecimento puder causar irreligiosidade, eu ainda digo que o conhecimento que torna as pessoas irreligiosas ainda é melhor do que a ignorância que as torna religiosas. Pois, se a ignorância tornar alguém religioso, isso só significa que essa religião não tem valor nenhum — é uma religião baseada na ignorância! A religião só pode ser verdadeira se for baseada no conhecimento. Não vejo como o conhecimento pode prejudicar alguém. É sempre a escuridão, a ignorância que é prejudicial.

Se a humanidade foi degradada, se ficou pervertida e insana no que diz respeito ao sexo, a responsabilidade não é daqueles que refletiram e meditaram sobre esse tema. A responsabilidade não é daqueles que acumularam algum conhecimento sobre o assunto, mas dos moralistas, dos pseudo-religiosos, dos santos e dos clérigos, que por milhares de anos tentaram manter o homem na ignorância. A humanidade poderia ter se libertado da sexualidade muito tempo atrás. Mas isso não aconteceu por causa daqueles que tentam manter as pessoas na ignorância com respeito ao sexo.

Sinto que, se um pequeno raio da verdade foi suficiente para gerar tanta inquietação nas pessoas, então seria bom discutir sobre o espectro todo, para esclarecer se o conhecimento de fato torna as pessoas religiosas ou não. Essa é a razão por que optei por falar sobre esse assunto.

Se não fosse isso, não teria nem passado pela minha cabeça falar sobre esse tema. Talvez eu nunca falasse sobre ele. Portanto, do meu ponto de vista, essas pessoas merecem nossos agradecimentos por terem criado a oportunidade para que eu escolhesse esse tópico. Se você pensa em me agradecer por isso, saiba que não é a mim que tem que agradecer. Agradeça, isto sim, aos organizadores daquele meu primeiro encontro. Foram eles que me levaram a falar sobre o assunto; não tive outra escolha.

Se, como você disse, é a energia sexual que se transforma em amor, isso significa que o amor maternal também é energia sexual?

Algumas pessoas me fizeram essa mesma pergunta. É muito bom que todos entendam isso.

Se você me ouviu com atenção, vai se lembrar de que eu disse que a experiência do sexo tem vários níveis de profundidade, alguns dos quais as pessoas normalmente não atingem. A experiência sexual tem três níveis e eu gostaria de falar sobre eles agora.

Um dos níveis do sexo é físico, é completamente fisiológico. Por exemplo, um homem sai com uma prostituta. A experiência pela qual ele passa não pode ir além do nível físico. A prostituta pode lhe vender o corpo dela, mas não pode lhe vender o coração, e evidentemente não tem como lhe vender a alma. Uma outra pessoa comete um estupro. No estupro, não se pode ter nem o coração nem a alma da vítima; esse ato acontece apenas no nível físico. Não há como estuprar a alma de uma pessoa; isso é impossível. A experiência do estupro também acontece só no nível físico.

A experiência sexual primária nunca vai além do nível físico e aqueles que se detêm nesse nível nunca passarão pela completa experiência do sexo. Eles simplesmente não conhecem os níveis profundos dos quais estamos falando. A maioria das pessoas nunca passa desse primeiro nível.

Com relação a isso, é muito importante saber que, nos países em que as pessoas se casam sem amor, o sexo fica estagnado no nível físico. Ele nunca passa disso. O casamento só pode acontecer entre dois corpos, não entre duas almas. Entre duas almas só pode existir amor. Portanto, se o casamento for por amor, ele leva a um encontro mais profundo. Mas, se for um casamento arranjado, que seja resultado do cálculo de sacerdotes e astrólogos ou tenha por base considerações sobre castas, credos ou dinheiro, talvez ele nunca transcenda o nível físico.

Esses casamentos arranjados só trazem uma vantagem: o corpo é mais estável do que a mente. Por isso, nas sociedades em que o corpo é a base do casamento, os casamentos são mais estáveis. Eles podem durar a vida inteira. O corpo é uma coisa mais confiável, é estável e nele as mudanças se processam muito mais lentamente, de modo quase imperceptível.

O corpo pertence ao nível da matéria. As sociedades que acham necessário conferir estabilidade à instituição do casamento para incentivar a monogamia, não dando espaço para a mudança, têm de deixar o amor de fora — pois o amor vem do coração e o coração é instável. Os divórcios são inevitáveis nas sociedades em que os casamentos são baseados no amor. Os relacionamentos de amor são movediços; não há casamentos estáveis nessas sociedades porque o amor é fluido. O coração é volúvel; o corpo é estável, inerte.

Se houver uma pedra no seu quintal, ela permanecerá no mesmo lugar tanto de dia quanto de noite. Mas a flor desabrocha de manhã e, à noite, ela murcha e suas pétalas caem. A flor é um ser vivo; ela nasce, cresce e morre. A pedra é um objeto inanimado; passará a vida toda no mesmo lugar. Ela é muito mais durável e segura.

O casamento arranjado é como a pedra. O casamento baseado no nível físico trará estabilidade; ele é de interesse da sociedade, não dos indivíduos, pois preserva-se a estabilidade por meio do nível físico e evita-se o amor.

É por isso que nesses casamentos, o sexo entre marido e mulher nunca pode atingir os níveis profundos que estão além do físico; ele passa a ser apenas uma rotina mecânica. A vida sexual desses casais fica mecânica; eles repetem a mesma experiência até que ela fique monótona, sem graça. Eles nunca chegam aos níveis mais profundos.

Não existem diferenças básicas entre sair com uma prostituta e se casar sem amor. Isso é quase a mesma coisa. Você paga uma prostituta por uma noite ou compra uma esposa por toda a vida; não existem grandes diferenças entre essas duas coisas. Se não existe amor, tudo não passa de um negócio — ou você contrata uma mulher por uma noite ou por toda a vida. É claro que a convivência diária faz com que um relacionamento se desenvolva a partir desse negócio, e as pessoas chamam isso de amor. Não é amor. O amor é algo completamente diferente.

Como esses casamentos arranjados pertencem ao nível do corpo, o relacionamento nunca vai além desse nível. Nenhum dos manuais ou livros já escritos sobre sexo, do Vatsyayana e seus Kama Sutras até os dias de hoje, foi além do nível físico.

O segundo nível do sexo é psicológico — relativo à mente, ao coração. No caso de casais que se apaixonaram e se casaram, a experiência sexual vai um pouco mais além do nível físico. Ela fica no nível do coração; atinge as profundezas da mente. Mas, em virtude da monotonia, o sexo também acaba retrocedendo para o nível físico e torna-se mecânico.

A instituição do casamento que se desenvolveu no Ocidente, nos últimos duzentos anos, pertence a esse nível psicológico. É por isso que as sociedades ocidentais são um verdadeiro caos. Isso porque você não pode confiar na mente. Hoje ela quer uma coisa, amanhã quer outra. De manhã ela pede uma coisa, à noite pede outra. O que ela sente agora é completamente diferente do que sentia há poucos instantes.

Você talvez já tenha ouvido dizer que Lord Byron, antes de finalmente se casar, relacionou-se intimamente com pelo menos sessenta ou setenta mulheres. Mas, depois do casamento, no momento em que saía da igreja, de braço dado com a noiva — os sinos ainda badalavam, a chama das velas ainda queimava, os amigos que havia assistido ao casamento ainda estavam presentes —, ele viu uma linda mulher passando na rua. A beleza dela deixou-o paralisado e, por um momento, ele se esqueceu da noiva ao seu lado. Esqueceu que há poucos instantes fizera seus votos conjugais. Mas ele devia ser um homem muito honesto porque, ao chegar na carruagem, disse à noiva: — Você percebeu? Acabou de acontecer uma coisa estranha. Até ontem, antes do nosso casamento, eu ainda estava preocupado em saber se realmente conseguiria cativar você ou não. Você era a dona de todos os meus pensamentos. Mas agora que já nos casamos, bastou que eu visse uma mulher bonita na calçada para que eu a esquecesse por um momento. Minha mente já começou a cobiçar essa mulher e um pensamento me ocorreu: "Eu queria que ela fosse minha!"

A mente é tão volúvel! Portanto, aqueles que querem que as sociedades sejam mais estáveis e ordenadas não permitem que o sexo passe para o nível psicológico; eles se esforçam para que ele continue no físico. Dizem: "Importante é conseguir um casamento, não um amor. Se o casamento fizer o amor brotar, ótimo; do contrário, deixe que as coisas sejam como são".

A estabilidade só é possível no nível físico; no nível psicológico, ela é muito difícil. Mas a experiência sexual é mais profunda no nível psicológico, por isso essa experiência é mais profunda no Ocidente do que no Oriente. Tudo o que os psicólogos ocidentais já escreveram sobre sexo, de Freud a Jung, diz respeito ao nível psicológico do sexo.

Mas o sexo do qual estou falando pertence ao terceiro nível, que até agora ainda não foi descoberto nem no Oriente nem no Ocidente. Esse terceiro nível é o nível espiritual.

O nível físico garante uma certa estabilidade porque o corpo é material. Mas o nível espiritual também possibilita um tipo de estabilidade porque, no nível do espírito, simplesmente não existe mudança. Tudo ali é calmo, eterno. Entre esses dois níveis está o nível da mente, onde a mudança existe. A mente é estável, volúvel. Ela muda com muita rapidez.

A experiência ocidental está nesse segundo nível, por isso os casamentos acabam e as famílias se desintegram. Os casamentos e as famílias que se originam de um encontro no nível psicológico não podem ser estáveis. Os divórcios agora ocorrem em média dois anos depois do casamento, mas eles podem ocorrer até duas horas depois! A mente pode mudar até em uma hora. A sociedade ocidental está tumultuada. Em comparação, a oriental tem sido mais estável — embora não possa atingir os níveis mais profundos do sexo.

Existe um outro tipo de estabilidade que representa um outro estágio: o nível espiritual. O casal que já conseguiu se unir no nível espiritual sente que, pelo resto desta vida e de todas as outras, eles serão uma só pessoa. Não existe mudança nesse nível. A estabilidade desse nível é a de que precisam; é tudo de que precisam.

A experiência da qual estou falando, o sexo do qual estou falando, é espiritual. Quero adicionar um significado espiritual ao sexo. E, se você entender o que estou dizendo, perceberá que o amor maternal é também uma parte do sexo espiritual.

Você poderia achar essa afirmação absurda... que tipo de relacionamento sexual poderia haver entre mãe e filho? Como eu lhe disse, um homem e uma mulher se unem por um momento e suas almas se tornam uma só — a alegria que eles sentem nesse momento é o que os liga. Mas você já pensou que o bebê fica no útero da mãe por nove meses? E, durante esse período, ele e a mãe são uma coisa só? O marido une-se à esposa por um breve instante, mas a criança fica com ela por nove meses! É por isso que a intimidade que a mãe tem com o filho nunca se compara à que ela tem com o marido; seria impossível. O marido se une à esposa apenas por um instante no nível existencial, onde o ser é, e depois eles se distanciam. Os amantes se aproximam por um momento e então um abismo volta a se abrir entre eles.

Contudo, a criança no útero respira junto com a mãe; seu coração bate por meio do coração dela. O sangue e a vida do bebê são os mesmos da mãe. Ele ainda não tem uma existência individual; ainda é parte da mãe. É por isso que a mulher só se realiza quando tem um filho. Nenhum homem pode fazer com que ela se sinta realizada a esse ponto; nenhum marido pode dar à esposa o contentamento profundo que um filho dá. A mulher só se sente completa quando se torna mãe. O relacionamento entre mãe e filho é extremamente profundo.

E é por essa razão — lembre-se — que, tão logo seu filho nasce, a mulher perde um pouco do seu interesse por sexo. Já notou isso? Ela experimentou algo mais profundo — a maternidade. Ela nunca mais mostrará o mesmo interesse por sexo. Por nove meses ela co-existiu com esse novo ser vibrante; isso diminuiu seu interesse por sexo. Em geral o marido se sente traído com a apatia que a mulher demonstra, pois a paternidade não causa nenhuma mudança nele. A mulher, sim, passa por uma mudança fundamental.

A paternidade não é uma relação tão profunda. O pai não tem um sentimento profundo de unidade espiritual com a nova vida que nasceu. A paternidade é simplesmente uma instituição social; uma criança pode nascer mesmo sem a instituição da paternidade. Mas esse nascimento exige um relacionamento profundamente enraizado com a mãe, e esse relacionamento a preenche. Um novo tipo de dignidade espiritual preenche a mulher depois do nascimento de um filho.

Se você comparar uma mulher que é mãe com outra que não é, notará entre elas uma diferença na radiância, na energia, na personalidade. Na mãe você verá um brilho, uma tranqüilidade — o tipo de tranqüilidade que você vê num rio que corre pela planície. Na mulher que ainda não é mãe, você verá um rio veloz que ainda desce pelas montanhas; ela expressa uma certa pressa. Mas, quando se torna mãe, a mulher adquire uma calma e serenidade profundas.

Em vista disso, eu gostaria de acrescentar que esse é o motivo por que as mulheres atormentadas pelo desejo sexual, que são tão comuns hoje em dia no Ocidente, não querem ser mães — pois, depois da maternidade, a atração da mulher pelo sexo diminui repentinamente. As ocidentais de hoje recusam-se a ser mães, pois sabem que isso as fará perder o interesse pelo sexo. Elas preservam seu interesse sexual evitando a maternidade.

Isso causa preocupação ao governo de muitos países ocidentais. Se essa tendência continuar, o que acontecerá com a população desses países? O Oriente se preocupa com o aumento da população, mas alguns países ocidentais temem o decréscimo da população. O que acontecerá se as mulheres decidirem evitar a maternidade para não perder o interesse pelo sexo? Não existe nenhuma lei que as impeça de agir assim. O governo pode impor um planejamento familiar, mas não pode obrigar as mulheres a terem filhos.

O problema dos países ocidentais é mais complexo do que a explosão demográfica na Índia. Podemos deter o aumento da população criando leis para isso, mas nenhum país pode aumentar sua população por meio da legislação. Ninguém pode ser forçado a ter filhos. Nos próximos duzentos anos, esse problema atingirá proporções devastadoras no Ocidente. E o aumento demográfico dos países orientais pode levá-los a dominar o mundo inteiro. O potencial humano do Ocidente começará a diminuir; eles terão de incentivar a maternidade outra vez. Alguns psicólogos ocidentais têm até mesmo começado a se mostrar a favor do casamento entre crianças. Se não for assim, pode ser perigoso, dizem eles. A mulher que está entrando na maturidade não se interessa em ser mãe — ela acha melhor simplesmente usufruir o sexo. Por isso, procura-se casá-la jovem, para que seja mãe antes que comece a se interessar por sexo.

Essa era também uma das razões por trás dos casamentos entre crianças no Oriente. Sabia-se que quanto mais idade tinha a menina, maior era o seu entendimento e quanto mais ela praticasse sexo menor seria o seu desejo de ser mãe. No entanto, ela não tinha nenhuma idéia do que ganharia sendo mãe, pois isso só se descobre por meio da maternidade! Não há meio de se saber sobre isso de antemão.

Por que a mulher se sente tão gratificada ao ser mãe? Porque ela tem com o filho uma experiência de sexo no nível espiritual. É por isso que entre a mãe e a criança existe uma intimidade tão grande. A mulher dará sua vida pela criança, mas nem pode imaginar tirar a vida do próprio filho. A esposa pode matar o marido — isso acontece freqüentemente — ou, mesmo que isso não aconteça, ela pode criar circunstâncias em casa que causem esse mesmo resultado! O respeito pelo filho não permite que ela imagine fazer algo contra ele. O relacionamento entre eles é profundo demais.

Entretanto, quando o relacionamento com o marido chega também a essa profundidade, o marido passa a ser como um filho para ela.

Existem muitos casais sentados aqui neste auditório. Quero perguntar aos homens aqui presentes se, nos momentos em que sentem mais amor pela esposa, não se comportam como uma criancinha diante da mãe. Vocês sabem por que as mãos de um homem procuram inconscientemente os seios da mulher? Trata-se da mão de uma criancinha procurando o seio materno. Assim que o homem sente seu amor pela mulher transbordar, ele automaticamente procura seu seio. Por quê? Que relação tem os seios com o sexo? Os seios não têm nenhuma relação com o sexo. Os seios estão relacionados com a maternidade. Desde a infância, o bebê vai tomando consciência de que o seio é seu elo com a vida. Por isso, quando o homem transborda de amor pela mulher, ele se torna filho dela! E para onde vão as mãos de uma mulher? Para a cabeça do homem; seus dedos começam a acariciar os cabelos dele: essa é a lembrança do filho; ela acaricia os cabelos do marido.

É por isso que, se o amor floresce completamente no nível espiritual, o marido acaba por se tornar um filho. E ele tem de se tornar um filho para poder passar pela experiência sexual no terceiro nível, o espiritual. Existe um relacionamento nesse nível, mas não sabemos nada sobre ele.

O relacionamento entre marido e mulher é só uma preparação para esse relacionamento, não é um fim em si mesmo. Ele é só o começo de uma jornada, não o destino final. E, pelo fato de ser uma jornada, o relacionamento entre marido e mulher está sempre em conflito. As jornadas são sempre tumultuadas; só encontramos paz quando chegamos ao nosso destino. Marido e mulher nunca estão em paz, pois eles estão a meio caminho desse destino. E a maioria das pessoas perece durante a jornada; nunca chega ao seu destino. Por causa disso, sempre existe uma tensão entre marido e mulher; estamos sempre lutando com a pessoa que amamos!

Infelizmente, os casais nunca chegam a compreender a verdadeira causa dessa luta constante. Marido e mulher acham que fizeram a escolha errada. O marido acha que tudo seria diferente se ele fosse casado com outra mulher e a esposa acha que seria muito mais feliz vivendo com outro homem.

Essa é a experiência de todos os casais do mundo todo. Mas, se alguém desse a você a chance de trocar de esposa ou de marido, isso não mudaria nada. Seria o mesmo que passar um caixão de um ombro para o outro a caminho do cemitério; você sentiria alívio por alguns instantes, mas depois notaria que o peso continua o mesmo. No Ocidente, onde o divórcio é freqüente, os homens logo descobrem que a nova esposa, em muito pouco tempo, passa a ser exatamente como a anterior — e numa questão de semanas, o novo marido também fica igualzinho ao ex.

A razão para isso não pode ser encontrada no nível superficial, pois ela não tem nenhuma relação com o homem ou com a mulher com quem você vive. Ela decorre do fato de a relação entre um homem e uma mulher, entre marido e mulher, ser uma jornada, um processo; não é o destino final, um fim em si mesmo. Esse destino só será descoberto quando a mulher for mãe e o homem, seu filho.

Portanto, o que estou dizendo é que o relacionamento entre mãe e filho é, na verdade, sexo espiritual. E, no dia em que o relacionamento entre marido e mulher for dessa mesma natureza, o relacionamento entre mãe e filho será restabelecido. Daí em diante só haverá contentamento. E o celibato é fruto desse contentamento.

Não pense, portanto, que não existe sexo no relacionamento entre mãe e filho. Existe sexo espiritual. E, para ser mais preciso, só o sexo espiritual pode ser chamado de amor. É amor. No momento em que o sexo se torna espiritual, ele se transforma em amor.

Não podemos aceitar você como uma autoridade em sexo. Viemos até aqui para lhe fazer perguntas sobre Deus e você começa a falar sobre sexo. Viemos aqui para ouvir você falar sobre Deus, portanto, fale-nos sobre Deus.

Talvez você ainda não tenha se dado conta de que é inútil fazer perguntas sobre Deus a alguém que você nem mesmo considera uma autoridade em sexo. Você perguntaria a alguém sobre o último degrau da escada se essa pessoa não soubesse nada sobre o primeiro? Se você não consegue aceitar o que eu tenho a dizer sobre sexo, então não convém que me faça nenhuma pergunta sobre Deus — a questão é essa. Se você não me considera capaz de falar sobre o primeiro degrau, como posso ter competência para falar sobre o último?

Mas existe uma razão mais profunda por trás dessa questão: até agora, Deus e o sexo têm sido considerados inimigos um do outro. Até agora, as pessoas são levadas a pensar que a busca pelo transcendental não tem relação nenhuma com o sexo e que o conhecimento sobre sexo não tem nenhuma relação com a espiritualidade e com Deus. Essas duas idéias são ilusórias. A jornada para o sexo só existe graças à jornada para o divino. Essa grande atração pelo sexo nada mais é do que a busca pelo transcendente e é por isso que o sexo nunca satisfaz. O sexo nunca deixa a impressão de que a jornada está completa. Esse sentimento só é possível quando se alcança a divindade.

Aqueles que estão em busca de Deus mas ao mesmo tempo reprovam o sexo, na verdade, não estão em busca de Deus; isso nada mais é que escapismo em nome da espiritualidade. Essas pessoas se escondem atrás de Deus, atrás do transcendental, para fugir do sexo. Isso porque elas temem o sexo, morrem de medo de sexo. Elas procuram se refugiar na repetição de mantras e preces, na tentativa de esquecer o sexo.

Sempre que você cruzar com um homem entoando o nome de Deus, observe-o com atenção: por trás da repetição do nome de Deus, oculta-se o eco do sexo. Se uma mulher entrar no seu campo de visão, essas pessoas começarão a recitar o seu rosário — "Rama, Rama, Rama" —, passando rapidamente as contas e entoando o nome de Rama aos berros. Por quê? O clamor do sexo que existe dentro desses escapistas começa a aumentar e eles tentam ignorá-lo, sufocando-o, reprimindo-o, por meio da recitação do nome de Deus. Se truques simples como esse tivessem o poder de mudar a vida das pessoas, o mundo seria há muito tempo um lugar muito melhor! A coisa não é tão fácil assim.

É preciso antes entender o sexo para depois entender a busca espiritual. Por quê? Imagine alguém que queira ir de Bombaim a Calcutá, pedindo informações sobre como chegar ao seu destino. Mas se essa pessoa não tiver nem idéia de onde fica Bombaim, como conseguirá chegar a Calcutá? Para ir de uma cidade à outra, é necessário que ela saiba onde fica Bombaim, qual é a sua localização — "Onde fica essa cidade em que me localizo agora?" Só então ela poderá se dirigir a Calcutá. Sem conhecer a localização de Bombaim, todas as informações a respeito de Calcutá ficarão sem sentido, pois a jornada tem de começar de Bombaim. O ponto inicial vem primeiro. O destino vem depois.

Onde você está agora? Você diz que anseia pela jornada que o levará à supraconsciência — ótimo! Você diz que quer chegar até Deus — muito bom! Mas em que ponto você se encontra agora? Você está no estágio do sexo, da luxúria. É aí que você vive e é desse ponto que tem de partir e começar sua jornada. Portanto, em primeiro lugar é preciso entender o ponto em que você está agora. Você tem de conhecer a realidade para então perceber a possibilidade. Para saber onde você pode chegar, é preciso primeiro saber onde você está. Para compreender qual é o último passo, é preciso antes compreender qual é o primeiro, pois é essa primeira etapa que preparará o caminho para a última etapa da jornada. Se o primeiro passo for na direção errada, como será possível chegar no destino certo?

Portanto, é mais importante entender primeiro o sexo do que entender o que é supraconsciência. Por que isso é tão importante? Porque você nunca chegará ao transcendental sem antes entender o sexo. Então, por favor, não faça perguntas sobre essa impossibilidade.

No que diz respeito à questão de autoridade, como você pode saber se sou ou não uma autoridade em sexo? Com respeito à sua pergunta, nada que eu disser adiantará, pois sou eu mesmo o assunto em consideração. Se eu lhe disser que eu sou uma autoridade ou que eu não sou uma autoridade, isso não fará a mínima diferença, pois o tema em debate será justamente descobrir se a pessoa que está fazendo essa afirmação é uma autoridade ou não. Por isso, nada que eu disser a esse respeito poderá ser levado em conta.

Tudo o que eu digo é: pratique sexo e descubra por si mesmo se eu sou ou não uma autoridade no assunto. Você só constatará se as minhas afirmações são verdadeiras quando passar pela experiência. Não existe outro jeito.

Por exemplo, se eu dissesse que o método tal é o melhor para se aprender a nadar, você poderia duvidar de que eu estivesse dizendo a verdade. Minha resposta seria mandá-lo a um lugar onde você pudesse nadar comigo. Se o meu método o ajudasse a aprender a nadar, então você saberia que o que eu disse não era mentira ou pura bobagem.

A pessoa que fez a pergunta também disse que Freud poderia ser considerado uma autoridade. Mas o mais provável é que Freud não soubesse nada a respeito do que estou falando aqui. Freud nunca poderia ir além do nível mental. Ele não fazia idéia da existência do sexo espiritual. Todo o trabalho de Freud, tudo o que ele sabia, diz respeito ao sexo patológico: comportamento histérico, masturbação; toda a sua pesquisa é sobre isso, sobre sexo patológico e pervertido. Freud era médico e tudo o que ele pretendia era achar um tratamento para essas patologias. Portanto, o estudo que ele fez sobre as pessoas — ocidentais — visava aqueles que estavam no nível mental do sexo. Ele não teve um único caso que pudesse ser chamado de sexo espiritual.

Por isso, se você quiser investigar a veracidade do que estou dizendo, terá de se voltar para uma única direção, a filosofia do Tantra. Deixamos de pensar no Tantra há milhares de anos. Foi ele que fez as primeiras tentativas de elevar o sexo para a dimensão espiritual. Os templos de Khajuraho, Puri e Konark são testemunhos desse esforço. Alguém aqui já foi a Khajuraho? Viu as imagens que existem ali? Ao visitar esse lugar, você verá dois fenômenos maravilhosos. Primeiro, ao olhar as imagens de casais nus mantendo relações sexuais, você não perceberá nenhuma vulgaridade; não verá nada que seja feio ou ruim nessas imagens de homens e mulheres nus, copulando. E a segunda coisa é que, ao olhá-las, você será envolvido por um sentimento de paz, de reverência. Sua reação pode surpreendê-lo. Os escultores que criaram essas estátuas conheciam muito bem o sexo espiritual.

Tendo em vista essas estátuas, se você presenciar um homem dominado pelo sexo, se olhar seu rosto ou seus olhos, ele parecerá feio, assustador, bestial; você verá uma luxúria perturbadora e feroz. Quando uma mulher vê até mesmo seu bem-amado, o homem que ela adora e com quem tem mais intimidade, aproximar-se dela cheio de luxúria, ela o vê como um inimigo, não como um amigo. Até mesmo aos olhos da mais amorosa das mulheres, um homem que se aproxime cheio de luxúria parecerá um mensageiro do inferno, não dos céus. Mas, no rosto daquelas estátuas de Khajuraho, vemos a face de Buda ou de Mahavira. A compostura e a serenidade que se vêem no rosto dessas estátuas, casais copulando, são as do samadhi. Você vê todas aquelas estátuas e só o que sente é uma paz suave que invade seu coração, uma serena reverência. E isso o deixa admirado.

Se você acha que a sexo tomará conta dos seus pensamentos ao contemplar essas imagens e estátuas, peço que vá a Khajuraho sem demora. Não existe até o momento nenhum monumento como Khajuraho sobre a terra. Mas os moralistas da Índia acham que as paredes de Khajuraho deveriam ser cobertas com uma camada de argila, pois as imagens podem fazer com que as pessoas só pensem em sexo. É espantoso!

Os construtores do Khajuraho acreditavam que, se uma pessoa se sentasse em frente a essas estátuas e as contemplasse por uma hora, ela ficaria livre da luxúria. Há milhares de anos essas estátuas têm sido objeto de meditação. As pessoas obcecadas por sexo que eram enviadas a Khajuraho, para meditar diante das estátuas, acabavam contemplando-as enlevadas.

É espantoso que, embora tenhamos acesso a essa mesma verdade na experiência humana diária, não sejamos capazes de vê-la. Por exemplo, se você passar na rua e vir duas pessoas brigando, você terá vontade de parar e observar a briga. Por quê? Você já parou para pensar na vantagem de parar e observar outras pessoas brigando? Mesmo tendo mil coisas urgentes para fazer, você pára por meia hora para ver a briga de alguém. Por quê? O que você ganha com isso? Você certamente não tem consciência de que isso lhe traz um benefício. Ao observar duas pessoas brigando, o instinto de briga profundamente enraizado dentro de você passa por uma catarse. Ele se dissipa; desaparece. Se uma pessoa se senta calmamente diante das imagens de Khajuraho por uma hora, o maníaco que existe dentro dela — a sexualidade louca de todo ser humano — desaparece.

O funcionário de um escritório foi ao psiquiatra porque tinha um problema: estava com muita raiva do chefe. Se o chefe lhe dizia alguma coisa, ele logo ficava ofendido, sentia-se humilhado e tinha vontade de jogar o sapato na cabeça do homem.

No entanto, como você pode bater no próprio chefe? É muito difícil encontrar um empregado que já não tenha sentido a vontade de bater no patrão — um sujeito assim é um artigo muito raro. Seja você patrão ou empregado, sabe que estou falando a verdade. O empregado carrega a grande ferida de ser "apenas um empregado", e ele quer se vingar por isso. Mas, se ele estivesse em posição de se vingar, por que então seria empregado de alguém? Ele não pode se dar esse luxo, por isso, continua a engolir tudo.

Esse homem continuou reprimindo o desejo de bater no chefe, mas isso acabou se tornando uma obsessão tão grande que ele começou a achar que um dia não conseguiria se conter e *realmente* bateria no chefe, por isso, começou a deixar os sapatos em casa. Porém, ele não se esquecia dos sapatos. Sempre que via o chefe, sua mão automaticamente se movia na direção dos pés. Felizmente ele deixava os sapatos em casa, e isso o deixava mais aliviado, porque ele sabia que um dia, num ímpeto, poderia tirar o sapato e arremessá-lo no chefe.

Mas ele não ficou livre dos sapatos apenas deixando-os em casa; eles ainda tomavam conta dos pensamentos dele. Se ele estivesse rabiscando com a caneta, desenhava sapatos; nos momentos de lazer, fazia esboços de sapatos. Os sapatos começaram a virar uma obsessão, e ele ficou com receio de que um dia acertasse o chefe com um deles.

Por isso, em casa ele disse à família que seria melhor que não fosse mais ao escritório, que agora ele gostaria de se aposentar. Ele chegara a tal ponto que já não precisava mais estar de sapatos para bater no chefe; arrancaria o sapato de qualquer pessoa para bater no homem. Suas mãos já tinham até começado a procurar os pés dos colegas. Foi então que a família achou que ele estava ficando louco e resolveu levá-lo ao psiquiatra.

O médico disse que o caso dele não era grave, pois havia um tratamento. Ele aconselhou o homem a pendurar uma foto do chefe na parede e acertá-la com o sapato todas as manhãs, cinco vezes por dia. Ele deveria fazer disso um ritual sagrado. O ritual deveria ser praticado diariamente, assim como as orações matinais, e repetido depois que ele chegasse do escritório.

A primeira reação do homem foi dizer: — Que bobagem! —, embora no fundo ele tivesse gostado da idéia. Ficou bem feliz com ela. A foto foi pendurada na parede e, de acordo com o que o médico dissera, ele começou a praticar o ritual.

Já no primeiro dia, quando ele foi para o escritório depois de bater na foto cinco vezes com o sapato, ele passou por uma experiência nova: não ficou com raiva do chefe assim como sempre acontecia. E, num período de poucas semanas, ele já conseguia tratar o chefe com educação. Este também notou a mudança no funcionário, embora evidentemente não soubesse o que estava acontecendo. Então um dia ele perguntou: — Ultimamente você tem sido muito gentil, obediente e atencioso. O que aconteceu?

O empregado respondeu: — É melhor você não me perguntar sobre isso ou tudo vai voltar a ser como antes. Eu simplesmente não posso contar a você.

Qual a verdade por trás dessa história? Será que algo pode realmente mudar só porque a pessoa bate numa fotografia? Pode — batendo na fotografia, o desejo que o homem tinha de bater no chefe evaporou, desapareceu.

Templos como o de Khajuraho, Konark e Puri deveriam existir em toda aldeia, em cada canto do país. Nenhum outro templo é necessário; não existe nada de científico, nenhum sentido ou propósito nos outros templos; são só provas de idiotice. Mas os templos de Khajuraho são cheios de significado. Qualquer pessoa que pense em sexo o tempo todo deveria ir até lá e meditar. Quando voltasse, essa pessoa estaria iluminada; estaria em paz.

Os tântricos certamente tentaram transformar o sexo em espiritualidade. Mas os moralistas, os pregadores da moral na Índia, essas almas cruéis não permitiram que a mensagem dos tântricos chegasse às massas. Eles também não querem que a minha mensagem chegue.

Depois da minha palestra sobre o assunto em Bombaim, eu recebi uma carta de um homem dizendo: "Se você não parar de falar sobre esse tipo de coisa, vai acabar levando um tiro!" Eu queria poder lhe responder, mas o gentil cavalheiro parece ser um covarde; ele nem assinou a carta nem deixou seu endereço. Provavelmente tem medo de que eu o entregue à polícia. Todavia, se ele estiver presente — e eu sei que ele está, deve estar escondido atrás de uma árvore ou de algum muro — se ele estiver por aqui, quero dizer-lhe que não pretendo levar o caso à polícia. Ele deveria me dar seu nome e endereço para que eu possa lhe responder. Mas, se não tem nem coragem para isso, eu lhe responderei agora para que ele possa ouvir a resposta.

Em primeiro lugar, ele não deveria ter tanta pressa em atirar em mim, pois, no momento em que fizesse isso, o que eu estivesse dizendo se tornaria para sempre uma verdade. Se Jesus não tivesse sido crucificado, o mundo já o teria esquecido há muito tempo. De certo modo, seus perseguidores lhe prestaram um grande serviço.

Já ouvi dizer que Jesus planejou sua própria crucificação. Ele queria ser crucificado, pois isso faria com que tudo o que disse fosse lembrado pelas eras futuras, beneficiando milhões de pessoas. Isso é bem provável, pois Judas, que vendeu Jesus por trinta moedas, era um dos seus discípulos mais queridos. É simplesmente inacreditável que alguém que tenha passado tantos anos ao lado de Jesus o tivesse vendido por trinta moedas... a menos que ele mesmo tivesse pedido para Judas fazer isso, a menos que ele mesmo tenha pedido para Judas se aliar com o inimigo e conseguir que ele fosse crucificado, de modo que suas palavras fossem imortalizadas e pudessem salvar bilhões de pessoas.

Hoje poderiam existir trezentos milhões de jainistas, em vez de apenas três milhões, como é o caso, se Mahavira tivesse sido crucificado. Mas Mahavira morreu pacificamente; ele provavelmente nunca pensou em morrer na cruz. Ninguém tentou crucificá-lo, nem ele próprio pensou numa crucificação.

Atualmente, metade do mundo é cristã e não existe outra razão para isso que não seja o fato de Jesus ter sido pregado na cruz — e não Buda, Maomé, Mahavira, Krishna ou Rama. E, um dia, talvez o mundo inteiro se converta ao cristianismo. Essa é a vantagem de ser crucificado. Por isso, eu digo a esse meu amigo que não se apresse em atirar em mim, do contrário, ele pode se arrepender.

A segunda coisa que eu quero dizer é que não há por que ele se preocupar com isso, pois eu não tenho intenção nenhuma de morrer numa cama. Eu farei o possível para que alguém possa atirar em mim. Farei isso por livre e espontânea vontade, portanto, não é preciso que ele se apresse. Quando chegar o momento certo, ficarei feliz se alguém atirar em mim. A vida é muito proveitosa, mas quando alguém é assassinado, a morte também passa a ser proveitosa. Um assassinato pode às vezes consumar o que a vida não pôde.

Os inimigos estão sempre repetindo o mesmo erro — aqueles que envenenaram Sócrates, aqueles que assassinaram Mansur ou Godse, o homem que atirou em Mahatma Gandhi. Godse não sabia que nenhum dos seguidores de Gandhi teria tanto sucesso em perpetuar a memória deste do que ele próprio, ao assassiná-lo. Gandhi juntou as mãos e fez um gesto de reverência depois que recebeu o tiro e começou a agonizar. Esse *namaste*, esse cumprimento, foi muito significativo. Foi uma indicação de que o último e melhor discípulo de Gandhi havia finalmente chegado: o homem que tornaria Gandhi imortal. Deus lhe enviou o homem de que ele precisava.

A trama da vida, a história da vida, é complexa; as coisas não são tão simples quanto parecem. O homem que morre na cama morre para sempre, enquanto o homem que morre assassinado torna-se imortal.

Enquanto o veneno que mataria Sócrates era preparado, alguns amigos perguntaram como o corpo dele deveria ser preparado após a morte. — Deveria ser cremado, enterrado ou o quê? — eles perguntavam. Sócrates riu e disse: — Seus tolos! Vocês podem não saber, mas nunca chegarão a preparar meu corpo. Continuarei a viver mesmo depois que todos vocês estiverem mortos. O truque que escolhi para morrer só me fará viver para sempre!

Portanto, meu amigo — se ele estiver mesmo aqui —, você tem de estar consciente de tudo isso e não agir precipitadamente. Se fizer isso, pode se arrepender. Eu nada sofrerei. Não sou o tipo de pessoa que morre a tiros; sou do tipo que sobrevive a todos os tiros. É melhor que não tenha pressa em atirar em mim. Você também não tem com que se preocupar, pois farei tudo o que estiver ao meu alcance para não morrer numa cama. Esse tipo de morte não condiz comigo. É um total desperdício, uma inutilidade. A morte também tem de ter algum propósito.

O terceiro ponto do qual esse meu amigo precisa se lembrar é não ter medo de assinar cartas, nem de mencionar onde mora. Pois, quando eu sentir que alguém está realmente decidido a me matar, eu não tardarei em marcar com essa pessoa um encontro sem contar a ninguém, para que mais tarde ela não seja incriminada.

Cada idéia maluca que me aparece! É esse tipo de fanatismo religioso... Esse pobre homem deve ter a convicção de que está protegendo a religião. Escreveu porque acha que estou tentando acabar com a religião e que ele está tentando resguardá-la. Suas intenções podem ser muito boas; seus sentimentos são sinceros, aos olhos dele, muito religiosos. Mas é esse tipo de pessoa religiosa que deixa o mundo na confusão em que está. As intenções dele são boas, mas sua inteligência é ínfima.

Há séculos, essas pessoas supostamente "de boa moral" ou coisa parecida, criam obstáculos para a plena manifestação das verdades da vida; elas não deixam que essas verdades venham à luz. Por causa disso, a ignorância se disseminou e continuamos tateando no escuro, mergulhados nas trevas dessa ignorância. E, em meio à escuridão em que vivemos, esses pregadores da moral constroem seus púlpitos e fazem seus sermões.

Contudo, também é verdade que um dia seremos pessoas melhores, um dia os raios da verdade iluminarão a nossa vida e o fulgor da supraconsciência brilhará, fazendo com que nossa rotina diária comece a ficar mais sublime — nesse dia, todos esses pregadores serão inúteis. Não haverá lugar para eles neste mundo. Eles só têm serventia enquanto as pessoas tateiam na escuridão.

O médico só é necessário enquanto as pessoas ficam doentes. Ele não terá mais serventia se elas não ficarem mais doentes. A classe médica vive um paradoxo interior, pois o médico só consegue se sustentar se as pessoas ficam doentes. O médico pode tratar seus pacientes, mas interiormente torce para que as pessoas fiquem doentes. E, quando há uma epidemia, ele agradece a Deus pela oportunidade.

Ouvi uma vez uma história:

Numa noite, um grupo de amigos fazia uma grande festa num bar. Bebendo e cantando, eles se divertiram até bem depois da meia-noite. Quando começaram a ir embora, o dono do bar disse à mulher: — Agradeça a Deus por ter mandado clientes tão perdulários. Se continuarmos servindo clientes como estes, logo ficaremos ricos. — O anfitrião da festa, que pagava a conta, ouviu o que dizia o dono do bar e pediu que ele rezasse também pela prosperidade do seu negócio, pois assim ele poderia vir outras vezes. O dono do bar então perguntou qual era o seu ramo de negócios.

— Sou agente funerário — respondeu. — Quanto mais gente morrer, mais dinheiro eu ganho.

Da forma semelhante, a profissão do médico pode ser curar as pessoas, mas quanto mais elas ficam doentes, mais dinheiro ele ganhará. No fundo, ele espera que seus pacientes não se recuperem muito rápido. Assim, ele não se apressa em curá-los, especialmente os ricos. Os pobres saram mais rápido porque o médico não ganha muito quando eles demoram mais para se curar. O lucro vem com os pacientes ricos, por isso, ele não faz muito esforço para curá-los rapidamente. De qualquer forma, os ricos estão sempre indispostos; eles são a resposta para as preces de qualquer médico. E seu desejo secreto influencia o tratamento, fazendo com que o doente rico só se cure lentamente.

A situação do pregador não é diferente. Quanto mais imoral for o povo, quanto mais fatores anti-sociais houver, quanto mais o vício, a corrupção e a anarquia se disseminarem, mais alto seu púlpito se elevará. Porque será mais importante que ele incentive as pessoas a praticar a não-violência, a ser mais confiáveis, a ser mais honestas, a obedecer aos dez mandamentos, a cumprirem os preceitos da religião e assim por diante. Se as pessoas tiverem retidão, disciplina, paz, honestidade e religião, a profissão de pregador deixará de existir. Não haverá mais espaço para ela.

Por que existem mais pregadores e supostos líderes religiosos na Índia do que em qualquer outro lugar do mundo? Por que em toda e qualquer aldeia, em toda e qualquer casa há um pregador, um guru, um religioso ou um padre? Por que existem tantos homens santos neste país?

Não é porque a Índia seja um país profundamente religioso, onde só nasçam sábios e almas evoluídas. É porque, hoje, a Índia é o país mais imoral e irreligioso do mundo. É por isso que muitos pregadores têm uma oportunidade de ouro para prosperar neste país. Essa passou a ser a doença da nossa raça.

Um amigo meu mandou-me um artigo de uma revista norte-americana. Ele queria saber minha opinião a respeito de uma falha que ele encontrara. Tratava-se um artigo humorístico segundo o qual podia-se determinar a característica básica de qualquer país embebedando-se um homem dessa nacionalidade. Se um holandês ficasse bêbado, dizia o artigo, ele logo começava a comer e se recusava a deixar a mesa de jantar; tão logo começa a ficar bêbado, ele se põe a comer e só pára em duas ou três horas. Se um francês bebe, ele logo começa a cantar e a dançar. Se um inglês fica bêbado, ele se senta num canto e se isola. O inglês é normalmente quieto e, quanto fica bêbado, é mais reservado ainda. Da mesma forma, as reações típicas de várias nacionalidades eram relacionadas no artigo.

No entanto, por erro ou ignorância, não havia nenhuma menção aos indianos. Meu amigo perguntou-me o que eu tinha a dizer sobre o caráter indiano; o que aconteceria se um indiano se embebedasse? Eu lhe escrevi que o mundo todo sabia a resposta: quando um indiano fica bêbado, ele logo começa a fazer pregações! Esse é o nosso caráter nacional ou racial.

Essa fileira interminável de pregadores, ascetas, monges e gurus é sinal de uma doença, de uma imoralidade muito disseminada. E o mais estranho é que, no fundo, nenhuma dessas pessoas quer que essa imoralidade acabe. Elas não querem que essa doença seja erradicada, porque, se ou quando isso acontecer, os pregadores não servirão mais para nada. No íntimo, eles querem que a doença continue, que esse mal aumente a cada dia.

O jeito mais fácil de fazer com que essa doença se espalhe desordenadamente é impedir o surgimento de qualquer conhecimento abrangente sobre a vida e garantir que o homem nunca venha a entender os aspectos mais profundos dela. Assim a imoralidade e a corrupção continuarão a se propagar. Se as pessoas compreenderem os aspectos mais profundos da vida, a imoralidade será imediatamente varrida da vida delas.

E quero lhes chamar a atenção para o fato de que o sexo é o aspecto que mais provoca essa imoralidade. É no sexo que se encontram as raízes mais profundas da perversão e da corrupção que assolam este mundo. Por isso, os pregadores, os chamados líderes religiosos, nunca querem falar a respeito dele.

Um amigo meu me mandou uma mensagem dizendo: "Nenhum santo, nenhuma autoridade religiosa jamais falou sobre sexo. A grande estima que eu tenho por você diminuiu, em grande parte, por causa das suas palestras sobre sexo".

Eu respondi a ele: "Não há nada errado em não ter mais tanta estima por mim. O respeito que você tinha antes é que era equivocado. Seu atual estado é o mais correto. Qual a necessidade de me respeitar? Qual o motivo desse respeito? Quando eu lhe pedi para me respeitar? Se você me respeitava, isso foi um erro seu; se agora não está tão inclinado a me respeitar, essa é uma gentileza que você me faz. Não sou mais uma grande alma".

Se um dia eu tivesse acalentado o desejo de ser "uma grande alma", essa mensagem teria me deixado muito perturbado; eu teria me desculpado com esse amigo. Mas eu nunca quis ser um mahatma, "uma grande alma". Eu não sou nem gostaria de ser assim. Não pode existir um homem mais baixo e mais egoísta do que aquele que quer ser um mahatma neste mundo repleto de seres humanos pobres e desgraçados. Num mundo em que existem tantas pessoas desafortunadas, em que existe um mar de desesperados, de almas infelizes, é até pecado pensar que se é uma "grande alma", um "grande homem".

Eu anseio pela grandiosidade da raça humana. Quero ver um ser humano melhor. Não tenho nenhuma pretensão, nenhum desejo de ser uma grande alma. A era das grandes almas tem de chegar ao fim; precisamos de um ser humano melhor, não de um grande homem. Deve haver por aí muitos grandes homens; no que isso nos ajudou?

Por isso eu gostei do que esse amigo me disse. Pelo menos um homem se livrou de suas ilusões! Pelo menos um percebeu que eu não sou uma grande alma. Essa não é uma questão de somenos importância, mesmo que se trate da desilusão de um único homem. Talvez ele achasse que falando assim comigo iria me convencer de que eu poderia ser uma grande alma, um grande vidente, se não falasse sobre esses tópicos. Até hoje, é desse jeito que as pessoas são preparadas para ser grandes almas, grandes profetas. Evidentemente, essas pessoas fracas nunca disseram nada que poderia lhes tirar sua reputação de "grande alma". Para salvar essa reputação, nunca pensaram em quanto mal podiam estar fazendo ao mundo.

Não estou interessado em manter nenhuma reputação de "grande alma". Nunca pensei nisso, nem sequer em sonhos. Sinto-me sufocado quando alguém quer me dar o título de mahatma.

Nos dias de hoje, é tão fácil se tornar um *maharishi*, um mahatma, que não dá para entender. Sempre foi assim. Sempre foi muito fácil. Portanto, não é essa a questão. A questão é: como as pessoas chegam a ser grandiosas? O que elas podem fazer para conquistar essa grandiosidade? O que podemos fazer para atingir essa meta?

Acho que o que falei sobre sexo ajudará vocês a dar um rumo à sua vida; um novo caminho se abrirá à sua frente e, aos poucos, a sexualidade pode se transformar em espiritualidade.

Do jeito em que estão hoje, vocês são apenas sexualidade, não são almas. Mas um dia vocês também poderão se tornar almas. Como isso acontece? Isso acontece por meio da transformação da energia sexual; só nos tornamos alma elevando cada vez mais essa energia.

Existem muitas perguntas com relação ao que eu disse ontem. Por isso falarei um pouco mais a respeito.

Eu disse que é preciso empenho para conseguir ter uma consciência contínua do vislumbre do samadhi no sexo, e tentar entender esse vislumbre, que brilha como um relâmpago durante o ato sexual. Esse relâmpago brilha por um segundo e desaparece. Tente captá-lo e entender esse estado e o que ele significa. Procure conhecê-lo. Familiarizar-se com ele. Se você conseguir se dar conta dele, nem que seja uma só vez, essa consciência o levará a perceber que você não é um corpo — nesse momento, você fica descorporificado. Por uma fração de segundo, você deixa de ter corpo; num átimo, você se transforma em outra coisa; você passa a ser a alma. Se você tiver um vislumbre dessa glória, nem que seja só uma vez, poderá buscá-la e atingi-la por meio da meditação. Ela pode ser alcançada e vivida por meio da meditação. Quando isso fizer parte do seu entendimento e da sua vida, não haverá mais espaço para o sexo em sua vida.

Como será possível procriar se ninguém mais praticar sexo? Se ao atingir a supraconsciência, todas as pessoas optarem pelo celibato, do modo como você diz, o que será das futuras gerações?

Certamente não haverá o mesmo tipo de procriação que existe hoje. Esse tipo que existe hoje é apropriado para gatos, cachorros e vermes, mas não para seres humanos. Para que essa produção irrefletida de crianças, essa procriação acidental, desenfreada e sem sentido? Para continuar a gerar crianças aos montes? E como existe gente neste mundo! A população da Índia chegou a tal ponto que, se não tomarmos cuidado, daqui a cem anos não haverá espaço nem para mexermos os braços! Daqui a cem anos, você terá a impressão de que está o tempo todo em meio a uma aglomeração! Aonde quer que vá, você estará em meio a uma multidão. Será desnecessário convocar as pessoas para uma reunião em praça pública.

A pergunta desse meu amigo é relevante: Se o celibato se tornar uma prática comum, como nascerão as crianças?

Quero dizer a ele uma coisa — e peço que todos vocês prestem atenção, pois é importante. As crianças poderão ser geradas no celibato, mas todo o propósito e significado dessa procriação terá uma outra dimensão. As crianças nascem por meio do sexo, mas, do jeito que acontece agora, isso é uma coisa acidental. Ninguém faz sexo pensando em gerar uma criança. Você pratica sexo por outro motivo; as crianças são simplesmente um acidente de percurso. Elas são visitas inesperadas e você sabe que as visitas inesperadas não são tão bem-vindas quanto as que você convidou.

Você sabe como as visitas inesperadas são tratadas. Você prepara uma cama para que durmam confortavelmente e lhes dá o que comer; recebe-as com educação e as paparica — mas é tudo fingimento; por dentro, você não sente nenhum carinho por elas. Tudo o que pensa é "Quando será que esses chatos vão embora?"

As crianças inesperadas são tratadas do mesmo modo. Nunca são recebidas com simpatia. Afinal, você nunca as quis de verdade; elas não eram a concretização de um sonho que você acalentava no coração. Você estava em busca de outra coisa; elas foram simplesmente uma conseqüência. Não são a finalidade do sexo; são como a palha que vem junto com a espiga de milho.

Por isso, há um empenho, no mundo todo, desde a época de Vatsyayana até hoje, para desvincular o sexo da procriação. O controle de natalidade é resultado desse esforço; meios artificiais foram criados para que pudéssemos desfrutar do sexo e, ao mesmo tempo, evitar filhos. Por várias eras, temos nos empenhado para desvincular o sexo da concepção. Antigas escrituras ayurvédicas fazem menção a remédios que evitariam a concepção. Os médicos de hoje ainda se preocupam com as mesmas coisas que preocupavam os estudiosos ayurvédicos de trezentos anos atrás. Por quê? Por que nos preocupamos tanto em criar métodos contraceptivos? Porque os filhos tornaram-se um aborrecimento; eles surgem quando menos esperamos e trazem o peso da responsabilidade; além disso, ainda existe o perigo de que a mulher perca o interesse pelo sexo depois de dar à luz.

Os homens também não querem filhos. Eles podem até querer caso ainda não tenham nenhum, mas não porque gostem de crianças, mas porque gostam do patrimônio que têm. Quem o herdará futuramente? Quando um homem quer um filho, não se iluda achando que a alma dele anseia por esse filho. Não. Ele acumulou seus bens trabalhando duro. Nas mãos de quem eles cairão depois da sua morte? Ele precisa de um herdeiro, alguém que tenha seu próprio sangue, para proteger suas riquezas.

Ninguém quer filhos só porque gosta de crianças. Passamos a vida toda evitando filhos, mas eles simplesmente vêm à nossa revelia. Queremos apenas desfrutar dos prazeres do sexo e, quando menos esperamos, aparece um filho! Esse relacionamento é, portanto, apenas um fenômeno associado; a prole é apenas uma conseqüência da sexualidade e é por isso que somos tão doentes, fracos, maldosos, tristes e cheios de preocupações.

As crianças também podem nascer do celibato, mas, nesse caso, elas não serão uma conseqüência acidental do sexo. O sexo será apenas um meio de conceber essas crianças, não será um fim em si mesmo. Você sobe numa carroça para ir a algum lugar, ela não é o centro das suas atenções. Você toma um avião para ir a Déli. Seu objetivo é chegar a Déli, não é andar de avião. O avião é só um meio de chegar aonde quer.

Quando as pessoas chegam ao estado de celibato, quando a viagem do sexo à supraconsciência está completa, isso não as impede de querer ter filhos. Mas, nesse caso, a criança será uma criação verdadeira, não uma conseqüência! O sexo será apenas o meio pelo qual elas serão concebidas.

E assim como hoje — prestem muita atenção nisto — procuramos descobrir meios de desfrutar do sexo e evitar a concepção, a nova humanidade se preocupará em encontrar meios de conceber crianças e evitar o sexo. Vocês entenderam? Se *brahmacharya*, o celibato, tornar-se uma prática corriqueira, nosso empenho, nesse novo mundo, será no sentido de encontrar um modo de ter filhos sem precisar do sexo, em vez de ter sexo sem conceber filhos. E isso é possível, não é nenhuma dificuldade. Pode ser feito.

O celibato não fará com que o mundo chegue ao fim. Não há relação nenhuma entre essas duas coisas. Sim, os relacionamentos não serão como os do mundo de hoje, pois a sexualidade terá sido sublimada. As pessoas continuarão a gerar crianças e o mundo *chegará* ao fim — não serão necessárias nem bombas atômicas nem bombas de hidrogênio. Essa taxa de natalidade que não pára de crescer, essa fila interminável de crianças, esse enxame de vermes nascidos da sexualidade acabará por destruir a si mesmo.

Com o celibato, nascerá um novo tipo de ser humano. Ele terá uma longevidade que não podemos nem sequer imaginar; sua saúde será excelente; não haverá mais doenças. Seu cérebro será mais poderoso do que o de alguns gênios de hoje. A própria fragrância da vida dessa pessoa, sua força, verdade e religião — tudo será diferente! As pessoas já nascerão com a religiosidade dentro delas.

Nós nascemos sem religião, vivemos sem religião e morremos sem religião. É por isso que falamos de religião todos os dias, ao longo da nossa vida inteira. Quando surgir esse novo tipo de ser humano, não haverá mais discussões sobre religião, pois a religiosidade já fará parte da vida das pessoas. Só falamos sobre coisas que não fazem parte da nossa vida. Não falamos sobre sexo porque ele faz parte da nossa natureza; vivemos falando de Deus porque a nossa vida, do jeito que ela é hoje, não tem nenhuma relação com Deus. Na verdade, para compensar a falta de tudo que ainda não conseguimos conquistar na vida, falamos sobre elas.

Você já deve ter notado que as mulheres falam mais do que os homens. As mulheres estão sempre ocupadas em falar de uma coisa ou outra — com as vizinhas, com as amigas, com todo mundo. Dizem que é difícil até imaginar duas mulheres sentadas em silêncio, uma ao lado da outra.

Ouvi dizer que, uma vez, houve um grande concurso na China para selecionar o maior mentiroso do país. O ganhador receberia um grande prêmio, por isso, todos os mentirosos resolveram participar do concurso. Quando chegou sua vez, um homem disse: — Fui ao parque e vi duas mulheres sentadas num banco, em silêncio por cinco minutos. — Houve uma grande algazarra. Todos aplaudiram. As pessoas gritaram: — Não pode haver mentira pior do que essa! Esse é o maior mentiroso que existe! Ele merece o prêmio! O homem de fato ganhou o concurso.

Por que as mulheres falam tanto assim? Os homens têm de trabalhar, mas as mulheres não têm muito que fazer. Quando não há muito que fazer, sempre há muita conversa. Essa característica feminina também é típica da Índia. Ninguém faz nada neste país; só se joga conversa fora.

Esse novo homem, que nasce do celibato, não será de muita conversa; ele viverá a vida dele. Esse novo homem não falará sobre religião, ele a viverá. As pessoas esquecerão tudo sobre religião — ela será algo tão natural! Só de pensar num ser humano assim já é maravilhoso; é extraordinário!

Existem algumas pessoas que nasceram assim, mas esse tipo de nascimento é uma coisa excepcional. Ocasionalmente, muito ocasionalmente, nasce um lindo ser humano como esse de que estamos falando; um Mahavira, cujo esplendor é tamanho que nem as roupas mais caras deste mundo poderiam deixá-lo mais belo do que ele já é. E por isso ele anda nu, totalmente despido. A fragrância do seu ser se espalha por onde quer que vá. As pessoas se aglomeram em torno dele para vê-lo melhor. Ele é tão belo quanto uma estátua de mármore. Existiu um homem assim. Ele tinha tal fulgor, tamanha vitalidade que, embora seu nome fosse Vardhamana, "o guerreiro", as pessoas o chamavam de Mahavira — o grande vitorioso. Nele, a glória do celibato irradiava de tal modo que deixava as pessoas assombradas — esse homem não é deste mundo! De vez em quando nasce alguém como Buda, Cristo, Lao-tsé. Em toda a história da humanidade, podemos contar algumas dezenas de homens como esses.

No dia em que as crianças nascerem do celibato — talvez vocês fiquem intrigados ao ouvir isso, "crianças nascendo por meio do celibato?" Mas estou falando de um conceito totalmente novo. No dia em que as crianças nascerem do celibato, todas as pessoas deste mundo serão tão belas, tão poderosas, tão geniais e inteligentes que não demorarão a conhecer a consciência do universo. Eles a conhecerão naturalmente, assim como nós vamos dormir à noite.

Mas, se um homem sofre de insônia e você lhe diz que ele conseguirá dormir assim que puser a cabeça no travesseiro, ele não acreditará e ainda o chamará de mentiroso. Ele dirá: — Fico à noite toda virando na cama. Sento-me, levanto-me, rezo o terço, conto carneirinhos, mas nada disso adianta. Não consigo dormir. Você não pode estar falando a verdade. Como é possível dormir instantaneamente, só se deitando na cama? Você deve estar brincando; já tentei tudo o que sabia e nunca consigo dormir. Às vezes fico a noite toda acordado.

De trinta a quarenta por cento dos habitantes de cidades como Nova York tomam pílulas para dormir. E algumas pessoas temem que, em cem anos, nem uma única pessoa nos Estados Unidos será capaz de dormir naturalmente; todo mundo terá de tomar tranqüilizantes quando for para a cama. Embora vá demorar uns duzentos anos para que isso aconteça na Índia, um dia certamente acontecerá, pois os líderes indianos estão sempre competindo com os norte-americanos. Eles dizem: — Não podemos ficar para trás! Se eles têm uma doença, também temos de ter!

Portanto, é bem possível que em quinhentos anos o mundo todo cultive o hábito de só ir para a cama depois de tomar uma pílula para dormir. E logo depois do nascimento, a criança irá querer um tranqüilizante em vez de leite, pois não conseguirá ficar em paz nem no útero da mãe! Então será muito difícil convencer as pessoas de que, quinhentos anos antes, havia quem simplesmente fechava os olhos e dormia. Elas acharão isso impossível; ficarão curiosos para saber como fazer isso.

Será muito difícil convencer seres humanos que nasceram do celibato de que as pessoas um dia costumavam ser desonestas, roubar ou cometer assassinatos; de que as pessoas costumavam se suicidar, tomar veneno, apunhalar umas às outras ou guerrear. Será muito difícil para eles acreditar que isso um dia foi possível.

Até o momento, as crianças são concebidas por meio da sexualidade, uma sexualidade que não vai nem um pouco além da fisiologia.

O sexo espiritual é uma possibilidade que conferirá uma nova vida à humanidade.

Durante esses últimos quatro dias, eu falei coisas relacionadas ao nascimento dessa nova vida. Vocês ouviram minhas palestras com tanto amor e serenidade — embora não seja nada fácil ouvir esse tipo de coisa com amor e serenidade; vocês devem ter se esforçado bastante.

Na verdade, um amigo veio e me disse que estava com receio de que as pessoas se levantassem e começassem a protestar, exigindo que eu interrompesse as palestras, dizendo que não se devia falar dessas coisas e que era melhor parar por ali. Eu disse a ele: — Seria muito melhor se houvesse pessoas tão corajosas como essas neste mundo. Onde estão essas pessoas que ousam se levantar e pedir para que eu interrompa a palestra? Se existissem pessoas corajosas assim na Índia, há muito tempo ninguém mais ouviria as bobagens que tantos idiotas espalham por este país aos quatro ventos! Mas a maioria ainda as ouve. Estou esperando por algum homem de coragem que se levante e me peça para parar de falar. Seria então um prazer discutir tais assuntos com um homem como esse!

Assim, embora alguns amigos temessem que alguém pudesse se levantar para protestar, vocês ouviram tudo o que eu tinha a dizer com tanto amor... Vocês são todos muito gentis e eu não conseguiria expressar toda a minha gratidão. Concluindo, meu maior desejo é que a energia sexual dentro de cada um de vocês possa servir como uma escada para que alcancem o templo da supraconsciência. Muitíssimo obrigado.

E, finalmente, inclino-me diante do deus que mora em todos vocês. Por favor, aceitem meus respeitos.

PARTE II

EM BUSCA DA PLENITUDE

· 6 · A Eliminação do Condicionamento Sexual

O homem é o único ser que consegue reprimir ou transformar suas energias. Nenhum outro ser tem essa capacidade. A repressão *e* a transformação são dois aspectos de um único fenômeno, a saber: o ser humano pode agir sobre si mesmo.

As árvores existem, os animais existem, os pássaros existem, mas eles nada podem com relação à própria existência — eles fazem parte dela. Não podem interferir. Não podem ser agentes. Estão tão imersos na própria energia que não podem se separar dela.

O homem pode. Ele pode fazer algo consigo mesmo. Pode se observar de certa distância; pode olhar para as suas próprias energias como se elas estivessem separadas dele. E, então, ele pode reprimi-las ou transformá-las.

A repressão significa apenas tentar esconder certas energias que estão presentes — sem permitir que elas existam, sem permitir que se manifestem. A transformação significa transformar, mudar, fazer com que as energias se alterem e passem para uma nova dimensão.

Usemos o sexo como exemplo. Existe algo no sexo que faz com que você se sinta embaraçado. Esse embaraço não é algo que você tenha aprendido com a sociedade. No mundo todo, existem e já existiram muitos tipos de sociedade, mas nenhum deles conseguiu encarar o sexo com naturalidade.

Existe algo no próprio fenômeno do sexo que faz com que você se sinta embaraçado, culpado, constrangido. O que é? Mesmo que ninguém lhe ensine nada sobre sexo, ninguém lhe dite regras de moral ou crie conceitos com relação a esse tema, ainda assim existe alguma coisa nele que faz com que você se sinta pouco à vontade. O que é?

Em primeiro lugar, o sexo lhe mostra sua dependência profunda. Ele mostra que você precisa de outra pessoa para ter prazer. Sem ela, não é possível ter prazer. Portanto, você é dependente, você não tem nenhuma independência. Isso fere o seu ego. Quanto mais egocêntrica uma pessoa for, mais ela combaterá o sexo.

Os chamados santos são contra o sexo — não porque o sexo seja ruim, mas porque os "santos" têm ego. Eles não suportam a idéia de depender de alguém, de precisar implorar para que alguém lhes dê algo. O sexo fere o ego mais do que qualquer outra coisa.

Em segundo lugar, o próprio fenômeno do sexo carrega em si a possibilidade de rejeição — a outra pessoa pode rejeitar você. Você não sabe se será aceito ou rejeitado; o outro pode dizer não. E essa é a maior das rejeições, quando você se aproxima de uma pessoa para amá-la e ela rejeita você. Essa rejeição gera medo. O ego diz que é melhor não tentar mais do que ser rejeitado.

Dependência, rejeição, a possibilidade de rejeição... e num nível ainda mais profundo. No sexo, os seres humanos se tornam apenas animais. Isso deixa o ego arrasado, porque não existe diferença entre um cão copulando e você copulando. Qual é a diferença? De repente o ser humano vira um animal e todos os pregadores e moralistas continuam a dizer: — Não sejam como animais! Não ajam como animais! — Essa é a maior das condenações.

Em nenhuma outra ocasião você se assemelha tanto a um animal quanto no sexo, porque em nenhum outro momento você é tão natural — em tudo o mais você pode ser artificial.

Ao comer, por exemplo. Criamos tantas sofisticações em torno do ato de comer que não somos mais como os animais. O ato básico de comer é comum a todo o reino animal, mas a mesa, as maneiras à mesa, toda a cultura e regras de etiqueta que os seres humanos criaram em torno da comida só servem para diferenciar o homem dos animais.

Os animais gostam de comer sozinhos. Então toda a sociedade passou a condenar o ato de comer sem companhia. Compartilhe sua mesa com alguém, faça as refeições em família, jante com os amigos, convide alguém para almoçar na sua casa, mas não coma sozinho. Nenhum animal está interessado em convidados, amigos ou família. Quando come, ele não quer ninguém por perto; ele procura a solidão.

Se uma pessoa quer comer sozinha, você diz que ela é anti-social, que não gosta da companhia dos outros. Os hábitos dela com relação ao ato de comer são simples, pouco sofisticados. Criamos tantas sofisticações em torno da comida que a fome passou para o segundo plano; agora o importante é o bom gosto, a elegância. Nenhum animal dá a mínima para a elegância. A fome é uma necessidade básica; se ela é saciada, o animal fica satisfeito. Mas com o ser humano é diferente — como se a fome não fosse o mais importante; existem outras coisas mais importantes. Mais importante é a elegância, as boas maneiras, o modo como você come, não o que você come.

Em tudo o mais, o homem criou em torno dele seu próprio mundo artificial. Os animais não usam roupas — é por isso que não queremos andar nus. E se alguém de repente fica nu, essa pessoa confronta a nossa civilização, ela corta suas próprias raízes. É por isso que, no mundo inteiro, existe tanto antagonismo contra o nudismo.

Se resolver andar nu pela rua, você não estará prejudicando ninguém, não estará cometendo nenhuma violência; você estará absolutamente inocente. Mas, no mesmo instante, chamarão a polícia e o ambiente ficará tumultuado à sua volta. Pegarão você, o espancarão e o jogarão atrás das grades, embora você não tenha feito nada! Só se comete um crime quando se *faz* alguma coisa. Você não terá feito nada além de andar nu na calçada! Então por que a sociedade fica tão furiosa? Ela não sente tamanha fúria nem contra um assassino. Isso é muito estranho. Mas basta um homem nu para que a sociedade fique absolutamente enfurecida.

Acontece que o assassino ainda é humano. Nenhum animal comete assassinato. Os animais matam para comer, mas não cometem assassinatos. E nenhum animal mata a própria espécie, somente o homem. Portanto, o assassino é humano, a sociedade ainda consegue aceitá-lo. Mas a nudez, a sociedade não consegue aceitar, pois um homem nu faz com que de repente fiquemos conscientes de que somos todos animais. Mesmo que nos escondamos por trás das roupas, o animal ainda está ali, a nudez, o animal nu está ali, o macaco nu está ali.

Você é contra o homem nu não porque ele esteja nu, mas porque ele faz com que você se dê conta da sua própria nudez — e o ego se sente ferido. Vestido, o homem não é um animal. Com suas boas maneiras, seus hábitos à mesa, o homem não é um animal. Com a língua, a moral, a filosofia, a religião, o homem não é um animal.

A coisa mais religiosa que existe é ir à igreja, ao templo, rezar. Por que isso é tão religioso? Porque nenhum animal vai à igreja rezar. Isso é totalmente humano — ir ao templo rezar — é o que definitivamente diferencia você dos animais.

O sexo é uma atividade de caráter animal. Faça o que fizer, não importa o quanto você o esconda, quanta coisa tenha criado em torno dele, o fato básico ainda é de caráter animal. E quando o pratica, você passa a ser como um animal. Por causa desse fato, as pessoas não conseguem desfrutar do sexo. Elas não conseguem se tornar totalmente animais; o ego delas não permite.

Eis o conflito: sexo *versus* ego. Quanto mais egocêntrica for uma pessoa, mais ela combaterá o sexo. Quanto menos egocêntrica ela for, mais interesse ela terá por sexo. Mas até mesmo a pessoa menos egocêntrica sente-se culpada — sente-se inferior, sente que está fazendo alguma coisa errada.

Quando uma pessoa faz sexo, o ego desaparece e, à medida que o orgasmo vai chegando e o ego vai se desvanecendo, o medo vai surgindo.

Por isso as pessoas não fazem amor nem praticam sexo de verdade e com profundidade. Elas só fazem uma encenação superficial, fingindo que estão fazendo amor, pois, se fizerem amor *de verdade*, elas terão de deixar de lado toda a civilização. A mente terá de ser posta de lado — assim como a religião, a filosofia, tudo. De repente você percebe que um animal selvagem nasce dentro de você. Um rugido nasce na sua garganta. Você pode começar de fato a rugir como um animal selvagem — a gritar, a gemer. E se você deixar, a linguagem verbal desaparece. Só haverá sons, assim como os pássaros, os animais, emitem sons. Subitamente, toda uma civilização de milhões de anos cai por terra. Você volta a ser como um animal, num mundo selvagem.

Surge o medo. É por causa desse medo que o amor ficou impossível. E o medo é real — porque, quando perde o ego, você quase perde também a razão; você fica selvagem e nada mais pode acontecer a você. E você *sabe* disso. Você pode até matar, assassinar seu ente querido, pode começar a comer o corpo dele, pois você perde o controle.

A repressão parece ser o caminho mais fácil para evitar tudo isso. Reprimir ou dar vazão apenas àquilo que não colocará você em perigo — e dar vazão a uma parte que sempre possa ser controlada. Assim você continua no controle, pode manipular. Você só vai até um certo ponto, depois se fecha.

A repressão é um tipo de proteção, de garantia, de medida de segurança, e as religiões se aproveitam dela. Elas exploram esse medo do sexo e fazem com que você tenha mais medo ainda. Criam em você um tumulto interior. Fazem do sexo o maior dos pecados e dizem que, se você não se libertar do sexo, não entrará no Reino de Deus. Num certo sentido, elas não deixam de estar certas.

Eu também digo que, se não se livrar do sexo, você não poderá entrar no Reino de Deus. Mas você só se liberta do sexo quando o aceita totalmente; quando, em vez de reprimi-lo, você o transforma.

As religiões se aproveitam do medo dos seres humanos e da tendência que têm para ser egocêntricos. E criaram muitas técnicas de repressão. Reprimir não é muito difícil, mas tem um preço alto, pois toda a energia se volta contra si mesma, luta contra si mesma, a ponto de toda a vida ser aniquilada.

O sexo é a maior energia vital, a única energia, a meu ver, que você tem. Não lute contra ela — você só estará perdendo seu tempo e sua vida, em vez de transformar essa energia. Mas como fazer isso? Como transformá-la? O que podemos fazer? Se você entender o medo, vai conseguir entender o mistério, o que é possível fazer.

O medo existe porque você acha que vai perder o controle e, uma vez que perder o controle, não conseguirá fazer mais nada. Eu ensinarei a você um novo tipo de controle: o controle do eu que testemunha; não o controle de uma mente manipuladora, mas o controle do eu que testemunha. E esse controle é absolutamente possível; é tão natural que você nem sente que está controlando. O controle acontece espontaneamente, quando você testemunha.

Faça sexo, mas seja uma testemunha. Basta que você se lembre de uma coisa: eu preciso encarar todo o processo, preciso ver através dele, preciso continuar sendo uma testemunha, não posso ficar inconsciente — isso é tudo.

Fique selvagem, mas não fique inconsciente. Assim a selvageria não representará nenhum perigo; ela será bela. Na verdade, só um homem selvagem pode ser belo. Uma mulher que não é selvagem não pode ser bela — pois quanto mais selvagem, mais viva ela está. Você será exatamente como um tigre selvagem, um cervo selvagem correndo pela floresta... e veja como isso é belo!

Mas o importante é não ficar inconsciente. Se estiver inconsciente, você ficará à mercê de forças inconscientes, ficará à mercê do que, no Oriente, é chamado de karma. Não importa o que você tenha feito no passado, tudo isso ainda está lá, acumulado. Esse condicionamento acumulado pode deter você e levá-lo a tomar certos rumos que serão perigosos para você e para as outras pessoas. Mas, se você apenas testemunhar, esse condicionamento do passado não interferirá em nada.

Portanto, todo o método, ou todo o processo de tornar-se uma testemunha, resume-se no processo de transformar a energia sexual. Ao praticar sexo, fique alerta. Aconteça o que for, não deixe de ver, de captar nada; não perca nenhum detalhe. Aconteça o que acontecer no seu corpo, na sua mente, na sua energia interior, um novo circuito está se formando, a eletricidade do corpo está circulando de um jeito diferente, num padrão circular; agora a eletricidade do meu corpo e a do corpo do meu parceiro, da minha mulher, do meu marido, passam a ser uma coisa só. Agora um ciclo interior é criado — e você pode senti-lo. Se ficar alerta, você poderá senti-lo. Você sentirá que se tornou um veículo da energia vital em movimento.

Continue alerta. Logo você perceberá que os pensamentos vão se dissipando, à medida que o circuito é criado; eles vão se dissipando como folhas caindo das árvores. Vão se dissipando. E a mente vai ficando cada vez mais vazia.

Continue alerta e logo você perceberá que *você* continua ali, mas seu ego desapareceu. Você já não pode mais dizer "Eu". Algo maior do que você aconteceu em seu interior. Você e seu parceiro, ambos se dissolveram nessa energia maior.

Mas essa fusão não pode ser inconsciente; se for, ela não servirá para nada. Será um belíssimo ato sexual, mas não uma transformação. Será lindo, não haverá nada de errado com esse ato, mas não será uma transformação. E se a fusão for inconsciente, você vai continuar a trilhar o mesmo caminho de terra batida. Vai querer passar por essa experiência vezes e vezes sem conta. Ela de fato é belíssima, mas vai virar rotina. E cada vez que você passar por ela, mais desejo será gerado. Quanto mais vivê-la, mais vai desejá-la, e você entrará num círculo vicioso. Você não crescerá, só andará em círculos.

Andar em círculos é ruim porque não há crescimento. É puro desperdício de energia. Mesmo que a experiência seja boa, ainda assim trata-se de desperdício de energia, pois seria possível aproveitá-la de forma muito mais produtiva. Isso seria apenas uma fração, um décimo do que seria possível conseguir com ela. Com essa mesma energia, seria possível conseguir o extraordinário. Com essa mesma energia, seria possível chegar ao êxtase máximo, e você fica desperdiçando essa energia com experiências momentâneas. E, pouco a pouco, essas experiências vão ficando entediantes, pois a repetição torna qualquer coisa entediante. Quando não existir mais novidade, o tédio aparecerá.

Se permanecer alerta, você primeiro notará mudanças na energia do seu corpo, depois os pensamentos começarão a se dissipar e, então, o ego desaparecerá do seu coração.

Essas três coisas precisam ser observadas com muita atenção. E depois que tiverem acontecido, a energia sexual passará a ser uma energia meditativa. Você não estará mais fazendo sexo. Você pode estar na cama com seu parceiro, os corpos unidos, mas você não estará mais ali — terá sido transportado a um outro mundo.

É isso o que Shiva diz no *Vigyan Bhairav Tantra* e em outros livros do Tantra.* Ele comenta sobre esse fenômeno: você é transmutado, ocorre uma mutação. Isso acontece por meio do testemunho.

Se continuar a se reprimir, você pode se tornar aquilo que é chamado de ser humano — falso, superficial, vazio, fingido, nada autêntico ou verdadeiro. Se, em vez de se reprimir, você saciar os seus desejos, você será como um animal — belo, muito mais belo do que o homem civilizado, mas só um animal — alheio, inconsciente da possibilidade de crescimento, do potencial humano.

---

* Os comentários de Osho sobre o Vigyan Bhairav Tantra foram publicados em *The Book of Secrets*.

Se transformar a energia, então você será divino. E, lembre-se, quando eu digo divino, isso inclui essas duas coisas. Existirá o animal selvagem, com toda a sua beleza. Esse animal não será rejeitado e negado. Ele existirá — e mais magnífico ainda, pois estará mais alerta. Toda selvageria e toda beleza ainda estarão com ele. E tudo o que a civilização tenta forçar também existirá, mas espontaneamente, sem que seja preciso forçar nada. Depois que a energia é transformada, Deus e a natureza se encontram dentro de você — a natureza com toda a sua beleza e Deus com toda a sua graça.

É isso o que significa ser sábio. A sabedoria é o encontro da natureza com o divino, o encontro da criatura com o criador, o encontro do corpo com a alma, o encontro do que está abaixo com o que está acima, o encontro da terra com o céu.

Lao-tsé disse: "O Tao acontece quando a terra e o céu se encontram". Esse é o encontro.

O testemunho é a fonte básica. Mas será difícil você se tornar uma testemunha no ato sexual se não estiver tentando ser também uma testemunha em outras áreas da vida. Portanto, passe o dia todo tentando ser uma testemunha, do contrário você estará se iludindo. Se não conseguir ser uma testemunha enquanto anda na rua, não engane a si mesmo, você não conseguirá ser uma testemunha enquanto faz amor. Se você não consegue ser uma testemunha nem mesmo quando simplesmente anda na rua, que é um processo tão simples — como poderá se tornar uma testemunha enquanto faz sexo? Esse processo é tão profundo que você logo cairá na inconsciência.

Você cai na inconsciência enquanto anda na rua. Experimente ficar consciente; não será preciso mais que alguns segundos para que você se distraia. Enquanto anda pela rua, experimente dizer a si mesmo: — Estou andando na rua, estou andando na rua, estou andando na rua. — Depois de uns poucos segundos, você já terá esquecido de ficar consciente. Outra coisa chamará sua atenção, seus pensamentos tomarão outros rumos, você já terá esquecido completamente o que fazia. E depois se lembrará de que esqueceu. Portanto, se você não consegue ficar consciente enquanto faz algo tão insignificante quanto andar na rua, será bem difícil fazer do sexo uma meditação consciente.

Comece tentando com coisas mais simples, com atividades mais simples. Enquanto come, procure ficar consciente. Enquanto caminha, procure ficar consciente. Enquanto conversa, ouve alguém falando, tente fazer isso. Tente o tempo todo. Faça desse exercício uma constante na sua vida; faça com que todo o seu corpo e a sua mente saibam que você está se esforçando para ficar alerta.

Só assim você um dia será uma testemunha no amor. E quando isso acontecer, você terá chegado ao êxtase — o primeiro vislumbre do divino envolverá você. Desse momento em diante, o sexo não será mais sexo absolutamente. E, mais cedo ou mais tarde, ele deixará de existir. Esse será seu *brahmacharya* — e você passará a viver em celibato.

Depois que você tiver conhecido a bem-aventurança que o testemunho do ato sexual pode lhe proporcionar, toda a sua vida será transformada e você passará a se comportar como um deus. Como é o comportamento de um deus? Como um deus se comporta?

Ele não é dependente, é absolutamente independente. Ele lhe dá amor, mas isso não é uma necessidade. Ele lhe dá seu amor porque esse amor é abundante, ele já tem o suficiente. Ele ficará mais aliviado se você aceitar esse amor, mas você não precisará fazer isso. E o deus é um criador. Sempre que o sexo se torna uma força transformada, sua vida fica mais criativa. O sexo é uma força criativa. Neste exato momento, essa força está interferindo na biologia; está criando outros seres, gerando vidas. Quando não existe sexo e a energia é transformada, ela passa a habitar um mundo novo de criatividade. A partir daí, novas dimensões de criatividade se abrem para você.

Não que você começará a pintar, a fazer poesias ou qualquer outra coisa — não é isso. Isso pode acontecer ou não, mas qualquer coisa que você fizer será um ato criativo, será artístico.

· 7 · Moral e Imoral

Qual é o futuro da moral no que se trata de sexo?

A moral não tem futuro quando se trata de sexo. Na verdade, é a própria combinação de sexo e moralismo que envenenou todo o passado da moral. A moral ficou tão concentrada no sexo que perdeu todas as outras dimensões, que são muito mais importantes. O sexo não deveria ser um tema tão central do pensamento moralista.

A verdade, a sinceridade, a autenticidade, a totalidade — essas coisas deveriam ser os pontos principais da moral.

Mas sexo e moral tornaram-se quase que sinônimos no passado; o sexo passou a ser reverenciado, excessivo. Assim sempre que você diz que uma pessoa é imoral, isso quer dizer simplesmente que existe alguma coisa errada com a vida sexual dela. E quando você diz que tal sujeito é uma pessoa de moral, tudo o que você quer dizer é que essa pessoa segue os preceitos morais ditados pela sociedade a que pertence. A moralidade passou a ter uma única dimensão; isso não é bom. Essa moral não tem futuro; ela está agonizando. Na verdade, já está morta. Você só está carregando um cadáver.

O sexo deveria ser um assunto muito mais divertido do que fizeram dele no passado; deveria ser como um jogo, uma brincadeira: duas pessoas brincando com a energia uma da outra. Se elas estão felizes, então ninguém tem nada que ver com isso. Elas não estão prejudicando ninguém; estão simplesmente se divertindo com a energia uma da outra. Trata-se, na verdade, de uma dança entre duas energias. Não deveria ser algo com que a sociedade em geral precisasse de se preocupar. Isso só deveria acontecer se uma pessoa começasse a interferir na vida da outra —

querer impor a própria vontade, forçá-la a fazer alguma coisa, ser violenta ou desrespeitar a vida dela. Do contrário, não há problema nenhum; isso não deveria ser da conta de ninguém.

No futuro, as pessoas terão uma visão totalmente diferente do sexo. Ele será mais divertido, mais alegre, mais uma questão de amizade e de brincadeira do que o assunto sério que tem sido até hoje. O sexo destruiu a vida das pessoas; oprimiu-as — desnecessariamente! Ele criou ciúme, possessividade, dominação, aborrecimento, disputas, brigas e condenação — sem que houvesse alguma razão para isso.

A sexualidade é um fenômeno simples, biológico. Não tem de ser considerado tão importante. Ele só significa uma coisa: que a energia pode ser transformada a ponto de atingir planos mais elevados; ela pode ficar cada vez mais espiritual. E só faremos com que ela fique mais espiritual se não levarmos o sexo tão a sério.

O doutor Biber ficou perplexo com o caso que tinha em mãos. Ele tinha feito todo tipo de teste em sua paciente e ainda não chegara a um diagnóstico. Finalmente admitiu que não sabia qual era o problema dela: — Ou você tem uma gripe ou está grávida. — ele disse a ela.

— Devo estar grávida, então — respondeu a mocinha. — Não conheço ninguém que possa ter me passado uma gripe.

No futuro será assim.

Clarice e Sheffield estavam tomando café da manhã no meio da tarde. O apartamento em que moravam, na Park Avenue, estava na maior desordem depois de uma festa animadíssima, que durara a noite toda.

— Querida — disse Sheffield —, fico meio embaraçado de perguntar, mas por acaso foi com você que transei na biblioteca ontem à noite?

— A que horas? — perguntou Clarice.

Essa é uma outra anedota sobre o futuro.

Não se preocupe com o futuro da moral com relação ao sexo. Ela vai desaparecer completamente. No futuro, encararemos o sexo de uma forma totalmente diferente. E quando a moral já não estiver tão focada no sexo, ela poderá se voltar para outros assuntos muito mais importantes.

Verdade, sinceridade, totalidade, compaixão, serviço ao próximo, meditação — essas são as verdadeiras preocupações da moral, pois são coisas que transformam a nossa vida.

Por que todas as religiões são contra o sexo? E por que você não é?

Todas as religiões são contra o sexo porque esse é o único jeito de fazer com que as pessoas sejam infelizes. É o único jeito de fazer com que se sintam culpadas e de reduzi-las todas a meros pecadores.

O sexo é uma das verdades mais fundamentais da vida, tão fundamental que, se alguém lhe disser que praticar sexo é errado, essa pessoa estará colocando você em apuros. Você não consegue viver sem sexo. Só conseguirá viver sem sexo se se tornar realmente uma pessoa iluminada. E para ser uma pessoa iluminada, é preciso primeiro se livrar do sexo. Na verdade, se você conhecer o sexo a fundo, a iluminação ficará mais fácil, pois a pessoa que ama profundamente será capaz de meditar profundamente; pois, nos momentos mais profundos de amor, temos alguns lampejos de meditação.

Foi assim que a meditação foi descoberta. Foi assim também que o samashi e o satori foram descobertos. Pois, num caso de amor profundo, às vezes, de repente, sua mente desaparece. Deixa de existir tempo, espaço ou pensamentos. Você e o todo passam a ser uma coisa só. As pessoas carregam na memória esses lampejos e querem ter outros de modo mais natural, mais solitário, pois depender de outra pessoa nunca é muito bom, e no sexo essa é uma experiência apenas momentânea. Como fazer com que esse lampejo torne-se algo permanente, passando a ser uma segunda natureza?

As religiões são contra o sexo porque, ao longo dos séculos, elas perceberam que o sexo é a maior alegria das pessoas, e então elas fizeram tudo para envenenar essa alegria. Depois que você corrompe essa alegria e convence as pessoas de que existe alguma coisa errada com o sexo — ele é pecaminoso —, elas nunca mais conseguem se alegrar com o sexo. Assim, suas energias começam a tomar outros rumos. Elas ficam mais ambiciosas.

Uma pessoa verdadeiramente sexual nunca é ambiciosa. Por quê? Ela não sonhará em ser o primeiro-ministro ou o presidente do país. Por quê? A energia da ambição nada mais é que sexo reprimido. Uma pessoa livre do ponto de vista sexual não tentará ser quem ela não é. Ela será feliz sendo o que é. Para que se incomodar em juntar dinheiro? Quando você não consegue amar, preocupa-se em juntar dinheiro; o dinheiro passa a ser um substituto para o amor. Você nunca encontrará uma pessoa amorosa preocupada em acumular riquezas. Isso é muito difícil. O dinheiro é só um substituto para o amor; é um pseudocaso de amor. Se você estiver com medo de fazer amor com um determinado homem ou com uma determinada mulher, então fará amor com dólares, com rúpias ou com libras.

Você já reparou no modo como um mendigo se comporta diante do dinheiro? Já viu como os olhos dele brilham e seu rosto fica iluminado, como se ele estivesse diante de uma linda mulher? Experimente dar a um mendigo uma nota de cem dólares e veja como ele a toca, como se sente diante dela. A boca do sujeito começa a encher de água; é paixão à primeira vista. Repare no jeito como ele abre a caixa onde deixa seu dinheiro e olha dentro dela. É como se ele estivesse olhando para Deus. O dinheiro é o seu Deus, seu bem-amado.

E quando uma pessoa ambiciosa está tentando ser primeiro-ministro ou presidente... A ambição é energia sexual desviada e a sociedade desvia você. Você pergunta: "Por que todas as religiões são contra o sexo?" Elas são contra o sexo porque esse é o único jeito de fazer com que você se sinta infeliz, culpado e com medo. Quando está com medo, você pode ser manipulado. Lembre-se desta regra fundamental: Se quiser dominar uma pessoa, faça com que ela fique com medo. Primeiro faça com que ela tenha medo. Depois, você poderá dominá-la. Se ela não ficar com medo, como você poderá dominá-la? Como ela deixará que você a domine? Ela dirá: "Vá embora! Quem é você para me dominar?" Primeiro faça com que ela fique com medo.

Existem duas coisas que fazem com que as pessoas sintam muito medo. Uma delas é a morte, por isso as religiões falam tanto da morte. Repetem mil vezes que um dia você vai morrer, persistem até que você comece a ficar apavorado. Então você diz: "E o que eu posso fazer? Como devo me comportar? Como devo viver?" E então elas dizem que existe um inferno e existe um céu. Cobiça e generosidade, castigo e recompensa.

Assim é a morte. Mas ela não chegou ainda; você pode adiá-la. Isso não é tão difícil assim; você diz: "Tudo bem, quando eu morrer, verei o que acontece. E não vou morrer tão cedo. Ainda vou viver uns cinqüenta anos, pelo menos, então para que me preocupar?" O homem não tem uma visão à longa distância; ele não tem um radar. Não pode ver o que acontecerá daqui a cinqüenta anos. Se você disser que ele vai morrer amanhã, ele ficará com medo, mas só daqui a cinqüenta anos? Ele dirá: "Espere, não há pressa. Deixe-me fazer umas coisinhas primeiro". Ele pode até começar a fazer tudo mais rápido porque "Só me restam cinqüenta anos? Então vou aproveitar para fazer tudo o que quero! Comer, beber e me divertir".

A segunda coisa que deixa as pessoas com medo, com muito mais medo, é o sexo. O sexo já é um problema. A morte ainda não é, pois ela só acontecerá no futuro. O sexo é um problema do presente; você já o tem. As religiões contaminaram sua energia sexual. Elas começam a fazer com que você fique com medo de que ele seja errado, sujo, pecaminoso e que o faça ir direto para o inferno. As religiões querem dominar você; é por isso que elas são contra o sexo.

Eu não tenho nenhuma intenção de dominar você; estou aqui para fazer com que você seja absolutamente livre. E só é preciso duas coisas para que isso aconteça. Uma delas é saber que sexo não é pecado. É uma dádiva de Deus, uma graça. A segunda é entender que a morte não existe. Você existirá para sempre, porque tudo o que existe sempre continuará a existir. Nada jamais é destruído. As formas mudam, os nomes mudam, mas a realidade continua.

Eu não quero, de maneira nenhuma, fazer com que você se sinta culpado ou com medo. Quero livrá-lo de todos os medos, de modo que você possa viver naturalmente, sem nenhuma dominação, para que possa viver de acordo com a sua própria espontaneidade. E essa espontaneidade é que leva à iluminação. Aí o sexo deixa de existir, a morte deixa de existir.

Para mim, ela deixou de existir, por isso eu sei que ela deixará de existir para você também. Então para que se preocupar? E isso acontecerá mais facilmente se você a conhecer da maneira certa. O conhecimento sempre leva você mais longe; sempre faz com que você chegue a uma conclusão. Se você não viveu da maneira certa, você será como outras pessoas religiosas que não viveram da maneira certa: elas anseiam, desejam, sonham, mas reprimem, por isso não conseguem se livrar de suas repressões — nunca se livram do sexo.

Eis uma bela história. Meditem a respeito:

A época é um futuro não muito distante. Finalmente conseguimos extinguir nossa própria raça por meio de um holocausto nuclear. Todo mundo espera impacientemente numa fila aparentemente interminável que leva aos portões do céu. No início da fila, Pedro está decidindo que almas devem entrar e quais darão meia-volta.

A alguma distância dos portões, um norte-americano que espera na fila torce as mãos, cheio de apreensão. De repente ele ouve um burburinho no início da fila e, aos poucos, o buchicho vai aumentando até chegar no seu lugar na fila. Ele pode ouvir vozes celebrando em muitas línguas. Ouve gritos de "Bravo!", "Bravíssimo!", "Bis!", "Outra vez!" e "Hip, hip, hurra!"

— Do que se trata? O que está acontecendo? — ele indaga aos outros que estão na sua frente na fila. Finalmente alguém mais próximo aos portões lhe responde aos gritos: — Pedro disse simplesmente que o sexo não será levado em conta!

Entendeu? O sexo não tem nada que ver com iluminação. Fazer amor nada tem que ver com iluminação. Ele, na verdade, vai ajudar você, pois fará de você uma pessoa mais natural. Seja natural e fique longe das aberrações, assim será mais fácil.

Portanto, não sou contra o sexo, não sou contra coisa nenhuma. Sou contra apenas as atitudes não-naturais, pervertidas.

Você não acha que as pessoas podem exagerar caso não haja nenhum tipo de repressão?

Esse medo só procede quando se trata de interesses escusos, que se não forem reprimidos poderão fazer com que as pessoas sejam indulgentes demais.

No meu modo de ver, a indulgência exagerada é melhor que a repressão. Pelo menos você será autêntico e não se sentirá culpado. E eu não acho que uma pessoa inteligente o bastante para não se reprimir não será inteligente o bastante para ver que ela está se aproximando do outro extremo. A pessoa saudável é aquela que fica no meio-termo.

Por isso, pode ser que por um tempo, logo que a pessoa se livra da repressão, ela possa exagerar, mas isso não durará muito. Logo ela achará um equilíbrio, pois verá que está escapando de um buraco, mas quase caindo em outro. Por isso não temo que isso aconteça.

Você tem muitas roupas no armário. Por acaso usa vários casacos ao mesmo tempo? Você exagera só porque tem vários casacos pendurados no armário? Você pode dormir pelo tempo que quiser. Isso significa que você durma 24 horas por dia? Você pode comer o quanto quiser. Isso significa que come o tempo todo?

Basta olhar para outras áreas em que você tem toda liberdade. Em alguma delas você exagera? Você é livre para tomar quantos banhos quiser. Isso não significa que você passe o dia todo embaixo do chuveiro. Se fizesse isso, precisaria de um tratamento psiquiátrico. Isso não seria uma questão de repressão ou exagero, mas de que existe alguma coisa errada em você do ponto de vista mental.

No início, o exagero é perfeitamente compreensível. Por exemplo, os jainistas todo ano jejuam por dez dias. Nesses dias, eles só pensam em comida e nada mais. E eu não os condeno; isso é natural. Eles ficam com fome. Passam os dez dias planejando o que farão quando o jejum acabar — o que comerão, qual é o seu prato preferido. E, quando o jejum acaba, eles passam dois ou três dias comendo muito, o que é natural. É como um pêndulo; se você o empurra para um lado, não pode esperar que ele pare quando chegar ao meio. O impulso o levará para o outro extremo, mas ele será cada vez menor e um dia chegará ao fim.

A repressão foi esse primeiro impulso. Se alguém exagerar, a responsabilidade será daqueles que ensinaram a repressão.

Portanto, não vejo por que temer o exagero.

O que é pornografia e por que ela exerce tamanho fascínio?

A pornografia é uma conseqüência da repressão religiosa. Os grandes responsáveis por isso são os padres. A pornografia nada tem que ver com as pessoas que a produzem. Ela é criada, administrada pela igreja, pelas pessoas religiosas.

No estado primitivo, natural, o homem não é pornográfico. Se os seres humanos andassem nus, os homens conheceriam o corpo das mulheres e as mulheres conheceriam o corpo dos homens e não seria possível vender nem sequer uma *Playboy*. Quem se daria o trabalho de ver todo aquele lixo?

O maior responsável pela pornografia é a instituição religiosa. Ela reprimiu tanto as pessoas que a mente delas está em ebulição. O homem quer ver o corpo da mulher. E a mulher quer ver o corpo do homem. Trata-se de um simples desejo, não há nada de mal nisso.

Pense num mundo em que as árvores usassem roupas. Ouvi falar de algumas damas inglesas que vestem seus cães e gatos. Pense, simplesmente, em vacas, cavalos e cães vestidos. Você verá surgir uma nova pornografia. Alguém publicará a foto de uma árvore nua! E você esconderá essa foto dentro da Bíblia e passará alguns momentos contemplando-a!

Toda essa bobagem é fruto da repressão religiosa.

Deixe as pessoas livres, deixe que o povo ande nu. Não estou dizendo que todo mundo deveria andar nu por aí, mas que a nudez deveria ser aceita. Na praia, na piscina, em casa — a nudez precisa ser aceita. As crianças têm de tomar banho com a mãe, com o pai, no banheiro. O pai não precisa trancar a porta quando vai tomar banho. Os filhos deveriam poder entrar e bater um papo com o pai enquanto ele toma banho. Assim não existiria mais pornografia.

Toda criança tem curiosidade de saber como é o corpo do pai ou da mãe. E isso é apenas inteligência, curiosidade. Mas as crianças não podem saber como é o corpo do pai ou da mãe; isso só serve para criar problemas psicológicos na criança. É você que tem problemas psicológicos e esses problemas se refletirão na mente da criança.

Não estou dizendo para você ir trabalhar nu. Se o escritório for um lugar muito abafado, tudo bem, mas do contrário não há nenhuma necessidade de se trabalhar nu; não é preciso que isso vire uma obsessão. No entanto, essa obsessão contínua de esconder o corpo é uma coisa muito feia.

Além disso, por causa das roupas, o corpo das pessoas está a cada dia mais feio, porque ninguém se preocupa com ele. As pessoas só se preocupam com o rosto. Se a sua barriga estiver cada vez mais protuberante, qual o problema? Você pode escondê-la. Seu corpo está ficando feio porque você não o mostra; do contrário, você se preocuparia um pouco mais com o tamanho da sua barriga. Junte cem pessoas nuas e elas morrerão de vergonha; ficarão tão embaraçadas que começarão a se esconder. Alguma coisa está errada. Por que isso acontece? Elas só olham para o próprio rosto — com o rosto elas se preocupam; o resto do corpo é negligenciado.

Isso é muito ruim. Não é nada bom. Também não faz bem nenhum ao corpo.

Em qualquer país em que as pessoas tenham um pouco de liberdade para andar nuas o povo é mais bonito; as pessoas têm um corpo mais bonito. Se as mulheres norte-americanas começarem a ficar mais bonitas e a ter um corpo mais bonito, isso não será nenhuma surpresa. As mulheres indianas terão que esperar um pouco mais; elas podem esconder muito bem o corpo sob os saris. O sari ajuda bastante.

A nudez deveria ser uma coisa natural; natural como os animais, como as árvores, como qualquer coisa que fica nua. Então a pornografia desapareceria.

A pornografia é um tipo de masturbação mental. Não deixam que você ame uma mulher, não deixam que você ame um homem, não deixam que você tenha nenhuma espécie de contato; a cabeça começa a dar voltas e começa um tipo de masturbação interior. A pornografia ajuda; ela dá a você imagens de belas mulheres e de homens viris com as quais você pode sonhar e sentir um arrepio de excitação.

A mulher com quem você vive não causa em você nenhum arrepio de excitação. Com sua mulher você se sente morto. Existem homens que, mesmo quando fazem amor com a esposa, imaginam que estão com outra mulher; eles ficam pensando em alguma foto da *Playboy*. Só conseguem fazer amor com a esposa enquanto fantasiam com algum outro tipo de mulher. Aí ficam excitados. Eles não estão fazendo amor com a esposa, e ela também não está fazendo amor com o marido. Ela talvez pense em algum ator, em algum herói de romance ou em outra pessoa qualquer. Há quatro pessoas em cada cama! Evidentemente, isso é gente demais e você nunca estará em contato com a pessoa de verdade; as que você fantasia sempre estarão entre você e ela.

Você precisa saber que a masturbação — mental ou física — é uma perversão; ela não existe na natureza. Não existe na natureza, mas passou a existir no zoológico. Ali, os animais começaram a se masturbar. Sempre que a situação é artificial, isso acontece. Nas forças armadas, no exército, as energias reprimidas deixam os soldados à beira da loucura; eles acham que ficarão loucos se não encontrarem uma válvula de escape. Nos albergues onde rapazes e garotas têm dormitórios separados, a pornografia é muito apreciada. Ela ajuda na masturbação.

Mas ninguém fala disso de forma direta. Agora mesmo muitas pessoas estão se sentindo ofendidas — por que estamos falando dessas coisas? Estou aqui para deixar tudo bem claro para você, de modo que você consiga ser cada vez mais natural. O fascínio pela pornografia simplesmente significa que a sua mente está num estado antinatural. É perfeitamente saudável o interesse que sentimos por uma bela mulher, não há nada de errado nisso, mas ter a foto de uma mulher nua e ficar excitado ao contemplá-la é simplesmente uma estupidez. É isso que as pessoas fazem com a pornografia.

Ouvi outro dia uma bela piada. Ouça com atenção para entendê-la.

O marido estava suspeitando da mulher, por isso contratou um detetive particular para descobrir se ela tinha um amante ou não. O detetive, um imigrante chinês, procurou o cliente depois de dois dias. Ele estava com o braço e o nariz quebrados e a cabeça envolta em bandagens.

— O que aconteceu? — perguntou o marido assustado. — Conseguiu alguma prova?

— Bem — respondeu o detetive —, fiquei escondido do lado de fora da sua casa quando o senhor foi para o trabalho aquela manhã. Depois de uma hora, um homem veio e entrou na sua casa usando uma chave. Eu subi numa árvore para ver o que acontecia no quarto e o vi abraçando e beijando sua mulher. Então ele começou a se entusiasmar com ela, ela começou a se entusiasmar com ele e eu comecei a me entusiasmar comigo mesmo e caí da árvore.

Isso é que é pornografia.

Tenha cuidado com qualquer tipo de perversão. Amar é bom; sonhar com o amor não é. Por quê? Se a coisa real está ao nosso alcance, por que ir atrás da irreal? Nem a real satisfaz! Como a irreal pode satisfazer? Até a coisa real, no final das contas, revela-se ilusória, então o que dizer da realmente ilusória?

Deixe-me repetir: Até a coisa real um dia prova que também é irreal, então o que dizer da coisa irreal?

Mergulhe no amor de verdade e você terá tanta consciência dele que um dia até o amor supostamente verdadeiro acabará por desaparecer. E quando um homem consegue superar definitivamente a sexualidade... Não que eu esteja dizendo para que você *tente* superá-la, não, absolutamente. Deus proíbe que você a supere. O que eu quero dizer com "superar a sexualidade" é conhecer o sexo, o amor, a fundo, até descobrir que não existe mais nada, que a própria descoberta fez com que você o transcendesse. Você começa então a flutuar acima da terra, a criar asas. Essa transcendência é *brahmacharya*, ou celibato. Ele não tem nada que ver com esforço; nada que ver com repressão.

A pessoa reprimida nunca conseguirá chegar ao *brahmacharya*; ela se tornará pornográfica. E existem mil e um jeitos de uma pessoa ser pornográfica. Nas antigas escrituras indianas, havia descrições de grandes sábios em meditação e lindas mulheres tentando seduzi-los, dançando nuas em volta deles. E as histórias dizem que essas mulheres foram enviadas pelo Deus dos céus para corrompê-los, pois Ele tinha receio de que os sábios seriam seus concorrentes caso chegassem à iluminação. O Deus dos céus temia essa competição, por isso, sempre que os sábios estavam chegando perto da iluminação, Ele mandava lindas mulheres para seduzi-los.

Agora não existe nenhum Deus nem lindas mulheres vindas do céu; existe a pornografia mental. Esses *rishis*, esses chamados profetas, reprimiram a tal ponto o sexo que, no último momento, quando eles estão de fato chegando bem perto de seu centro mais íntimo, essa energia sexual reprimida explode. E, nessa explosão, a própria imagem desses sábios torna-se um panorama mental. Ela é tão colorida e parece tão real que até eles mesmos são enganados; eles acham que as mulheres estão realmente ali.

Experimente passar três meses numa caverna e a se obrigar a praticar celibato. Depois desses três meses você será um grande profeta — e começará a ver coisas! Isso é que é ser um grande profeta. Você começará a ver lindas mulheres vindas do céu, dançando ao seu redor e tentando seduzir você. Elas são apenas imagens mentais. Quando você se priva da realidade, seus sonhos começam a ficar muito parecidos com a realidade. É isso que chamamos de alucinação.

Nessa época remota, a revista *Playboy* não existia, por isso esses *rishimunis* tinham de usar seus próprios recursos. Agora já conseguimos algum apoio externo.

Mas, tome cuidado: mesmo o real acaba mostrando ser irreal. Por isso, não explore os reinos do irreal. Explore o real, deixe que ele se torne uma grande experiência. Eu não sou contra ele, sou absolutamente a favor dele; mergulhe no real, pois só assim o *brahmacharya* um dia acontecerá. Nesse dia, você simplesmente se livra dele.

Não que o amor se extinguirá. Na verdade, ele aparecerá pela primeira vez, mas de um jeito totalmente diferente. Buda chamou-o de compaixão — um amor suave, sem nenhuma conotação sexual. Seu ser se tornará uma bênção. A sua presença bastará para que as pessoas sintam o seu amor. Esse amor se derramará sobre elas. Em sua presença, as pessoas começarão a avançar rumo ao desconhecido.

Sim, uma grande compaixão brotará em você. Trata-se da mesma energia sexual, agora livre dos objetos sexuais. Sem nenhuma repressão. Livre. Em vez de ser reprimida na marra, ela é liberada com entendimento. A mesma energia sexual torna-se amor, compaixão.

Que tipo de sociedade pode produzir indivíduos cujo subconsciente passa a ser apenas utilitário e absolutamente dispensável?

Esse é um problema complexo, multidimensional, mas existem alguns pontos que podem ser esclarecidos. Primeiro, uma sociedade benéfica só é possível se não ensinar às crianças o antagonismo, a dicotomia entre corpo e consciência. A primeira coisa é não ensinar isso a elas. Não podemos dizer às crianças: "Você está dentro deste corpo"; é preciso dizer "Você possui este corpo" ou "Você é este corpo". Quando digo isso não estou defendendo nenhum conceito materialista. Na verdade, é só por meio do corpo que um ser espiritual pode nascer. A unidade não pode sofrer nenhuma perturbação.

A criança quando nasce é uma unidade; nós é que a separamos em duas partes. A primeira separação acontece entre o corpo e a consciência. Nós plantamos as sementes da esquizofrenia. A partir daí é muito difícil recuperar a unidade. Quanto mais a criança cresce, maior é o abismo entre corpo e consciência, e uma pessoa que tem um abismo entre ela e seu próprio corpo não pode ser uma pessoa normal. Quanto maior o abismo, mais louca ela é, pois, como eu já disse, corpo e mente são uma falácia lingüística. Nós somos psicossomáticos — corpo e mente simultaneamente. Não é possível bifurcá-los em dois. Eles não são duas coisas separadas — são uma onda.

Portanto, para se ter uma sociedade saudável é preciso, antes de tudo, não criar mentes esquizofrênicas e divididas — pois a primeira divisão é entre corpo e mente, daí em diante surgirão outras. Essa primeira divisão abre passagem para outras. Posteriormente, a mente é também dividida, assim como o corpo.

Esse fato é bem estranho. Eu gostaria de saber se vocês se sentem divididos entre corpo e consciência. O corpo então é dividido em duas partes, a superior e a inferior; a inferior é "ruim" e a superior é "boa". Onde começa a superior e acaba a inferior? Nunca ficamos muito à vontade com a parte inferior — nunca! É por isso que existe essa bobagem toda em torno das roupas — quanta bobagem! Não podemos andar nus. Por quê? Porque quando estamos nus o corpo passa a ser uma coisa só. Nós temos dois tipos de roupa, um para a parte inferior e outra para a parte superior. Essa divisão entre as roupas está ligada, basicamente, à divisão do corpo. Se você ficar nu, o que será inferior e o que será superior? E como dividir? Você será uma coisa só!

Desse modo, aqueles que dividem o ser humano em duas partes não estão prontos para aceitar a nudez. E esse é só o começo, pois existe também a nudez interior. Se você não está preparado para a nudez e a verdade com relação ao seu corpo, como pode estar preparado para outras camadas mais profundas? Como pode? Se não consegue encarar nem mesmo a nudez do seu corpo, como conseguirá encarar a nudez da sua consciência?

O hábito de vestir roupas tem um significado muito mais profundo. Ele tem por trás dele uma filosofia e uma filosofia de um tipo extremamente insano. O corpo é dividido e a mente também é dividida. Passa a haver também a consciência, o inconsciente e o subconsciente — e as divisões não param aí. Ao nascer, as crianças são uma unidade, mas quando morrem elas são uma multidão — uma multidão! Uma verdadeira loucura! Elas sofrem os mais variados tipos de divisão e, entre essas divisões, existe um constante conflito, uma batalha que consome a nossa energia. Na verdade, as pessoas não morrem; elas se matam. Somos todos suicidas, pois esse desperdício de energia é suicídio. É muito raro ver alguém cuja morte foi natural. Todas as pessoas se matam, envenenam a si mesmas. Só o que muda são os métodos, os truques que elas usam para se matar, mas o início é sempre o mesmo: a divisão.

Dessa forma, a sociedade, saudável, honrada e verdadeiramente religiosa não permite que as crianças passem por uma cisão. Mas como criamos essa cisão? Onde ela começa? Quando acontece?

Os psicólogos de hoje estão perfeitamente cientes de que essa cisão tem início no momento em que a criança toca a própria genitália, os órgãos sexuais. É nesse momento que toda sociedade pressente que algo de errado vai acontecer. Os pais, os irmãos, a família inteira começa a pressentir isso. Com os olhos, com as mãos, com os gestos, todo mundo diz: "Não faça isso!"

A criança não consegue entender a razão disso. Ela é uma unidade. Não consegue imaginar por que não possa tocar o próprio corpo. Que há de mal nisso? Ela não sabe que o homem nasce em pecado. Não conhece a Bíblia, não conhece nenhuma religião, nem conhece nenhum professor de moral ou mahatmas. Ela não consegue compreender por que uma parte do corpo tem de ser evitada.

O problema fica ainda maior porque os órgãos sexuais são a parte mais sensível e prazerosa do corpo. Tocá-los é a primeira experiência de prazer que a criança tem, a primeira experiência com o próprio corpo — ela percebe que seu corpo dá prazer, que é agradável tocá-lo e que ele tem um certo valor. Os psicólogos afirmam que até um bebê de três meses pode ter orgasmos — e dos mais profundos. Ele consegue sentir os órgãos sexuais e chegar ao clímax, e todo seu corpo começa a vibrar. Essa é a primeira experiência que ele tem com o corpo, mas ela é deturpada porque seus pais a proíbem. Por que eles a proíbem? Porque, para *eles*, essa experiência também é proibida. Não existe nenhuma outra razão — é porque eles também são proibidos de tê-la.

Assim o corpo sofre uma cisão e a criança fica dividida em duas partes: mente e corpo. Ela passa a ficar com medo e a se sentir culpada. Não deixará de tocar o próprio corpo, mas terá de fazer isso às escondidas. Dessa forma nós criamos um pequeno criminoso. A criança fará isso porque é natural, mas agora ficará preocupada em saber se alguém está olhando, se a mãe está presente ou não. Se não houver ninguém por perto, ela se tocará, mas esse toque não proporcionará o mesmo prazer de antes — pois agora ela se sente culpada. Ela sente medo.

Esse medo dura a vida inteira. Ninguém fica à vontade diante da experiência sexual. O medo continua. A pessoa pratica muitas e muitas vezes o ato sexual, mas nunca chega a sentir a realização e o êxtase que ele provoca. E nunca chegará a senti-lo; isso ficou impossível. O sexo foi envenenado desde a raiz e a pessoa sempre se sentirá culpada ao praticá-lo.

Sentimo-nos culpados por causa do sexo; somos "pecadores" por causa do sexo. Criamos uma cisão, uma cisão básica que nos leva a dividir o corpo em partes "boas" e "ruins". Que absurdo! Ou o corpo todo é bom ou o corpo todo é ruim, pois ele não está separado em partes. O sangue corre no corpo todo; o sistema nervoso também é o mesmo no corpo todo. Interiormente, tudo é uma coisa só, mas a criança agora acha que existe uma divisão. Além disso, tiramos dela seu primeiro prazer. Nunca mais ela terá prazer novamente.

As pessoas me procuram diariamente e eu sei que o maior problema delas não é a meditação nem a religião — é o sexo. E eu não sei como ajudá-las, pois, se eu de fato fizer isso, elas nunca mais me procurarão outra vez. Ficarão com medo de mim porque elas têm medo de sexo. Então não se pode falar de sexo! Fale de Deus, fale de qualquer coisa, menos de sexo! Mas o problema das pessoas não é Deus. Se fosse, seria bem mais fácil ajudá-las, mas Deus não é o problema. O maior problema delas continua sendo o sexo. Elas não conseguem ter prazer com nada porque não conseguem ter prazer com a primeira dádiva que a natureza, a existência, lhes concedeu. Elas não aproveitam a primeira dádiva de bem-aventurança, por isso não têm prazer.

Já constatei várias vezes que a pessoa que não tem prazer no sexo não consegue meditar profundamente, pois ela tem medo de qualquer coisa que possa lhe trazer felicidade. A associação entre sexo e felicidade é profunda, por isso a pessoa cria uma barreira. Ela passa a dividir a mente também, pois não pode aceitar o seu lado sexual. Sexo é corpo e mente. Tudo é corpo e mente! Em você, tudo é corpo e mente — lembre-se disso constantemente. Sexo é corpo e mente, por isso, a parte mental do sexo tem de ser reprimida. Essa parte reprimida passa a ser o inconsciente. As forças, os pensamentos, os sermões moralistas que reprimem o sexo passam a ser o subconsciente. Só uma parte muito pequena da mente, que é o consciente, continua ao seu alcance. Ela tem utilidade apenas na rotina diária, em nenhuma outra ocasião. Para viver com profundidade, eu sei que ela não serve. Você pode existir, mas isso é tudo. Você pode vegetar, pode ganhar dinheiro, pode comprar uma casa, sustentar-se, mas não pode conhecer a vida, pois 90% da sua mente é simplesmente negada. Você nunca poderá ser uma pessoa inteira e só as pessoas inteiras chegam ao divino. A menos que seja uma pessoa completa, você nunca chegará ao divino.

Portanto, a primeira coisa a fazer para criar uma nova sociedade, uma sociedade melhor, mais religiosa de fato, é não criar divisão. Esse é o maior dos pecados — criar divisão. Deixe que a criança cresça sem se sentir dividida. Deixe que cresça sentindo-se uma unidade, aceitando tudo o que existe dentro dela, assim ela logo conseguirá transcender tudo isso. Ela conseguirá transcender o sexo; conseguirá transcender a natureza instintiva. Mas será capaz de transcender tudo isso como uma unidade, não como uma divisão. Isso é que é importante. Ela será capaz de transcender tudo isso porque se sentirá tão plena, tão poderosa, tão integrada, que poderá transcender o que quer que seja.

Qualquer coisa que vire uma doença, ela poderá simplesmente jogar fora. Qualquer coisa que vire uma obsessão, ela poderá simplesmente jogar fora. Ela será, forçosamente, um ser integrado, dono de uma energia indivisível — pode mudar qualquer coisa que quiser! Mas a criança dividida não pode fazer coisa alguma. Na realidade, na criança dividida, a mente consciente é a menor parte e a inconsciente, a maior. E ela passa a vida inteira jogando sua energia maior contra a energia menor. E nessa luta nunca ela sairá vencedora; viverá frustrada. Até o dia em que dirá: "Este mundo é só sofrimento!"

Este mundo não é só sofrimento — lembre-se disso! Você está dividido e por isso só vê sofrimento neste mundo. Você está lutando consigo mesmo, por isso sofre.

Então, a primeira coisa é não criar divisões. Deixe que a criança cresça como uma unidade. A segunda coisa é: deixe que a criança aprenda a ter mais flexibilidade, em vez de atitudes rígidas. O que quero dizer com flexibilidade? É não dividir tudo em compartimentos sólidos e estanques. Nunca diga que uma coisa é boa e outra é ruim, pois na vida tudo é fluido. O que é bom neste momento pode ser ruim no seguinte e o que é ruim agora pode ser bom no futuro.

Por isso, ensine a criança a ser mais perceptiva, a descobrir por si mesma o que é melhor dentro das circunstâncias. Nunca rotule nada! Não diga que os muçulmanos são ruins e os hindus são bons. Não diga coisas como essa, pois bom e ruim não são conceitos fixos. Não tenha opiniões rígidas. Ensine a criança a ter mais consciência, a descobrir o que é bom e o que é ruim. Mas isso é difícil; mais fácil é rotular tudo. Você vive rotulando as coisas e dividindo tudo em categorias. Você divide as pessoas em categorias: "Ele é hindu, então é bom. Ele é muçulmano, então é ruim". Ou vice-versa. A questão é decidida antes que se tenha tempo de olhar a pessoa em questão. O rótulo decide por si só. Não ensine a criança a ter opiniões formadas; ensine-a a ser consciente e flexível. Não diga que isto é bom e aquilo é ruim. Diga simplesmente que precisamos analisar a todo momento se uma coisa é boa ou ruim. Treine a mente para analisar, para refletir.

Essa flexibilidade de atitudes tem muitas dimensões. Não prenda a criança a atitudes monogâmicas. Não diga a ela: "Você tem de me amar porque sou sua mãe!" Isso pode fazer com que a criança não consiga amar nenhuma outra pessoa. Então ela cresce, torna-se uma criança adulta — eu a chamo de criança adulta — e continua presa ao que aprendeu na infância. O marido não consegue amar a esposa porque, no fundo, só consegue amar a mãe. Mas a esposa não pode ser a mãe, nem a mãe pode ser a esposa, então ele continua com fixação na mãe. Continua preso à mesma atitude. Continua esperando que a mulher se comporte como a mãe dele — sem que tenha consciência disso. Mas, se ela não se comporta como a mãe dele, ele se sente pouco à vontade. E o problema fica mais complexo. Se a esposa começa a se comportar como a mãe, ele também não se sente à vontade, porque ela deveria se comportar como uma esposa, não como uma mãe.

Uma mãe nunca deve dizer: "Você tem de me amar porque sou sua mãe". Ela tem de ensinar o filho a amar outras pessoas. Quanto mais "polígamo" ele for, mais abundante será a vida dele. O filho nunca terá nenhuma fixação. Aonde quer que vá, ele será capaz de amar. Quem quer que encontre, ele será capaz de amar. Não diga a seu filho que é preciso amar os pais, os irmãos ou as irmãs. Não diga a ele: "Você nem conhece essa pessoa, portanto, não precisa amá-la. Ela não é da nossa família, não é da nossa religião, não é do nosso país, então você não tem de gostar dela". Assim você estará estragando seu filho. Diga a ele: "Amar é bom, então ame! Quanto mais ama, mais você cresce". Quanto mais uma pessoa ama, mais rica fica a vida dela.

Nós somos todos miseráveis. Somos todos miseráveis porque não sabemos amar. Essa é a verdade — quanto mais pessoas amamos, mais capazes somos de amar qualquer pessoa. Se você ama uma pessoa apenas, no final você não conseguirá nem amar essa pessoa, pois sua capacidade de amar vai minguando até o ponto de acabar totalmente. É como se arrancássemos todas as raízes de uma árvore com exceção de uma. Se dissermos à árvore para que sobreviva com uma única raiz, um único amor, ela logo morrerá.

Criamos uma mente monogâmica, não uma mente amorosa. É por isso que existem tantas guerras, tanta crueldade, tanta violência, em nome de tantas coisas — religião, política, ideologia. Qualquer coisa serve como desculpa para se usar a violência. E veja como as pessoas ficam agressivas: os olhos delas brilham quando há uma guerra, quando todos ficam simplesmente livres do tabu contra a morte. Na guerra, você pode matar qualquer um. Então você sente mais prazer quando mata alguém — um prazer que você não sente quando ama.

Observe qualquer lugar onde haja muita matança e veja o prazer que isso causa às pessoas. E, onde não há, veja a lassidão, a apatia, o olhar sem brilho. Ninguém fica em paz; a vida parece perder o sentido. Crie uma situação em que alguém possa cometer um assassinato e você verá a animação das pessoas. Por quê? Nossa capacidade de amar está atrofiada. A criança é capaz de amar quem quer que seja. A criança nasce para amar o mundo inteiro, nasce para amar tudo, para amar todo o universo — sua capacidade de amar é tão grande que, se você a reprime, a criança começa no mesmo instante a morrer.

Mas por que esse monopólio? Por que essa atitude possessiva? Trata-se de um círculo vicioso. A mãe não se sente realizada. Ela não ama nem nunca amou, por isso tem um sentimento de posse com relação ao filho. Ela precisa ao menos fazer com que o filho ame só a ela. Ele não pode ir a lugar nenhum. Ela tem de arrancar todas as raízes possíveis. A criança tem de pertencer só a ela. Isso é violência, não é amor. E os psicólogos dizem que os sete primeiros anos são os mais importantes. Depois que a coisa está feita é impossível apagá-la, pois passa a ser a estrutura básica da criança. Dali para frente, tudo o que ela fizer será com base nessa estrutura; ela se tornará a base da vida dela. Por isso, ensine as crianças a não ser possessivas, mas amorosas — sem impor nenhuma condição, nenhum requisito para amar.

Isso não significa que você tenha de amar uma pessoa só porque ela é amorosa. O principal é que *você* seja uma pessoa amorosa. O amor é, por si só, uma coisa linda e profundamente gratificante. Então, ame — não importa quem, não importa onde — ame! Essa fluidez do amor fará com que você tome consciência de uma vida grandiosa e essa grandiosidade o levará à divindade.

O amor é a base da prece. A menos que você tenha amado, e amado muito, como poderá se dirigir a Deus? Como pode sentir gratidão? Vai sentir gratidão pelo quê? Agradecer pelo quê? E se você não amou ainda, vai agradecer a Deus pelo quê? A vida, portanto, é o começo e o amor é o apogeu. Se um dia você amar, vai saber que o universo inteiro está repleto de amor. Se nunca amou, então em todo lugar só verá ódio e inveja. Mas, nos dias de hoje, a maior preocupação de todo mundo é ser amado. As pessoas ficam frustradas quando não são amadas, mas não ficam frustradas quando não amam. Mas o mais importante não é ser amado; é amar. Todo mundo está atrás de migalhas de amor. Você não precisa disso. Basta que dê amor. Não pare de dar amor. E a vida não ficará indiferente a isso. Quando você dá, a vida retribui em dobro. Você, no entanto, não estará nem um pouco preocupado em receber alguma coisa em troca; amar será o bastante.

Portanto, toda criança precisa aprender mais sobre o amor e menos sobre matemática, cálculo, geografia e história. Ela precisa aprender mais sobre o amor, porque a geografia nunca será o apogeu da vida dela, nem a matemática, nem a história, nem a tecnologia. Nada se compara ao amor. O amor é o apogeu da vida. E se você conseguiu tudo da vida, mas não aprendeu a amar, sua vida é puro desperdício, um absoluto vazio. É assim que nasce a preocupação.

O amor, portanto, tem de ser profundamente enraizado na criança. Não se pode medir esforços para fazer com que ela seja mais amorosa. No entanto, nossa estrutura não permite isso, pois temos medo. Se uma pessoa aprender a amar demais, o que será do casamento? O que será da sociedade? Ficamos preocupados. Na realidade, nunca nos preocupamos em ver o que já está acontecendo com o casamento. O que ele significa agora? O que sempre significou? Só sofrimento — um longo sofrimento, encoberto por rostos sorridentes. Ele já provou que é sinônimo de sofrimento. No máximo, pode ser uma conveniência.

Quando afirmo isso, não quero dizer que, se puder amar mais pessoas, você nunca irá se casar. Na minha forma de ver, a pessoa que sabe amar não se dispõe a casar só porque ama alguém. Ela se dispõe a casar por motivos mais profundos. Por favor, procure me entender: se a pessoa pode amar muitas pessoas, não há por que ela se casar só porque ama; afinal, ela pode amar muitas pessoas sem precisar se casar com elas. Portanto, não há razão nenhuma para ela se casar. Nós forçamos as pessoas a se casarem por amor. Como você não consegue amar ninguém, é desnecessariamente forçado a amar e a casar para ficar junto de alguém. O casamento tem propósitos mais profundos — a intimidade, a comunhão, a oportunidade de fazer algo que não se pode fazer sozinho, que pode ser feito com alguém, que precisa de uma união, uma união profunda. Por causa dessa sociedade casamenteira, o casamento tornou-se o desfecho do amor romântico.

O sexo nunca será uma grande base para o casamento, pois sexo é diversão e brincadeira. Se você se casar com alguém por sexo, ficará frustrado, pois logo a brincadeira cansa, acaba a novidade e o tédio se instala. O casamento serve para cultivarmos uma amizade profunda, uma intimidade profunda. O amor faz parte do casamento, mas não é o principal. O casamento é algo espiritual. Espiritual!

Existem coisas que você nunca conseguirá fazer sozinho. Até para evoluir você precisa de outra pessoa — alguém com quem você possa se abrir totalmente.

O casamento não tem relação nenhuma com sexo. Nós é que achamos que tem. No casamento, tanto pode haver sexo quanto pode não haver. Trata-se de uma profunda comunhão espiritual. Quando ele de fato é uma união profunda, o casal dá à luz almas bem diferentes. Quando uma criança é fruto dessa intimidade, ela pode ter uma base espiritual. Mas os casamentos de hoje são apenas um acordo sexual. E desse acordo, o que pode nascer? Hoje os casamentos são acordos sexuais ou são conseqüência de um amor romântico momentâneo.

Na verdade, o amor romântico é uma doença. Como você não consegue amar muitas pessoas, sua capacidade de amar vai ficando represada. Então esse amor acaba transbordando. Basta você encontrar alguém e aparecer uma oportunidade para que esse amor represado se projete nessa pessoa. Então uma mulher comum passa a ter a aparência de um anjo, um homem comum toma a aparência de um deus. Mas, depois que você extravasa todo esse amor represado e volta ao normal novamente, percebe que foi enganado. Ele não passava de um homem comum e ela era apenas uma mulher comum.

Essas maluquices românticas são fruto das atitudes monogâmicas que aprendemos. Se a pessoa tivesse liberdade para amar, ela nunca chegaria a acumular tensões que pudessem ser projetadas. Portanto, o romance só é possível numa sociedade muito doente. Numa sociedade verdadeiramente saudável, não existirá nenhum romance. Haverá amor, mas não romance. E se não existir romance, o casamento será mais profundo e não causará frustrações. E quando o casamento não é por amor, mas por uma união mais profunda — por um relacionamento que proporcione ao marido e à mulher a oportunidade de evoluírem juntos —, ele passa a ser um treinamento para a eliminação do ego. Mas ninguém aqui conhece esse tipo de casamento. Tudo o que conhecemos como casamento é uma farsa, é só aparência.

E, por último, vem a necessidade de ensinar a criança a ser positiva, não negativa.

É preciso enfatizar o lado positivo de tudo — só assim a criança realmente pode crescer e se tornar um indivíduo. Deixe-me explicar o que eu entendo por "enfatizar o lado positivo". Nós temos o hábito de enfatizar o que é negativo. Eu digo: "Eu amo tal pessoa, mas não consigo amar todo mundo". Essa é uma visão negativa. Convém dizer justamente o contrário: "Consigo amar todo mundo, exceto tal pessoa". A capacidade de amar tem de se estender a todos. É claro que existem pessoas que você não consegue amar, por isso, não se force a amá-las. Mas sua ênfase agora deve ser no fato de que ama uma pessoa. Romeu disse: "Eu só amo Julieta. Não posso amar mais ninguém". Isso é negativo, pois ele está negando o resto do mundo.

Seria uma atitude mais positiva dizer o seguinte: "Não consigo de forma alguma amar tal pessoa, mas posso amar o mundo inteiro". Sempre pense no lado positivo de qualquer coisa. Se minhas atitudes forem negativas, eu me verei cercado pelas minhas próprias negatividades e verei negações aonde quer que vá: "Este homem não é bom porque ele mente". Mas, mesmo que ele minta, isso não significa que *só* diga mentiras. Ele também fala a verdade. Por que não olhar para o que ele faz de bom? Por que se concentrar apenas nas mentiras? E nós dizemos: "Este homem é um ladrão". Mas, mesmo que um homem seja um ladrão, ele é muito mais do que isso. Até um ladrão pode ter qualidades — e de fato ele as tem, pois, sem algumas qualidades, ele não poderia nem ser ladrão. Portanto, por que não se preocupar mais com as qualidades?

Um ladrão tem de ser corajoso, então por que não prestar mais atenção à coragem que ele tem? Por que não admirar essa coragem? Até uma pessoa que fala mentiras é inteligente, pois ninguém consegue inventar mentiras se não for inteligente. Falar mentiras é algo que requer uma inteligência maior do que falar a verdade. Você pode ser um idiota e mesmo assim falar a verdade; para inventar mentiras você precisa ter inteligência, astúcia e uma certa consciência, pois, se contar uma mentira a alguém, você terá de inventar mais cem para mantê-la e por isso terá de ter boa memória para se lembrar de todas elas. Então, por que não prestar mais atenção às qualidades dessa pessoa? Por que enfatizar os defeitos?

No entanto, nossa sociedade criou mentes negativas. Você vê negatividade em todo mundo. Isso é inevitável, pois a vida não existiria se só houvesse o positivo. O negativo é necessário; ele proporciona o equilíbrio. Portanto, o negativo existe e, se você ensinar uma criança a só ver o lado negativo das coisas, ela viverá a vida toda num universo negativo. Todo mundo será ruim e, quando todo mundo é ruim, você começa a ficar egoísta — a achar que só você é bom.

Desse modo, ensinamos as crianças a achar defeitos em tudo. Então elas começam a ser "boas". Nós as forçamos a ser boas e aí elas passam a achar que o resto do mundo é ruim. Mas como uma pessoa consegue ser boa num mundo cheio de coisas ruins? Não é possível. Você só pode ser bom se viver num mundo de bondade. Só será possível criar uma sociedade saudável se as pessoas tiverem uma mente positiva. Portanto, seja positivo. Mesmo que tudo seja negativo, sempre tente encontrar algo de positivo na situação — você encontrará. Se a criança aprender a ver o lado positivo das coisas negativas, você terá concedido a ela uma dádiva.

Ela será uma pessoa feliz. Se você ensiná-la a ter uma mente negativa e a ver o lado negativo de tudo, você fará com que ela viva num inferno. Toda a vida dela será um verdadeiro inferno.

O céu é viver num mundo positivo; o inferno é viver num mundo negativo. A terra inteira tornou-se um inferno por causa das mentes negativas. A mãe não pode dizer ao filho: "Que mulher bonita!" Como ela pode dizer uma coisa dessas? Só ela é bonita, ninguém mais. O marido não pode dizer à esposa: "Olhe que mulher bonita está passando do outro lado da rua!" Ele não pode dizer isso. Ele pensa, mas não pode dizer. O marido que passeia ao lado da esposa tem medo até de olhar para os lados. Ele não pode olhar para nada. É por isso que nunca quer sair com a esposa. É um inferno! Mas por quê? Se alguém é bonito, por que não dizer?

A mãe não pode ouvir o filho dizendo que achou uma mulher bonita. Ela tentará convencê-lo de que só ela é bonita e o resto do mundo é feio. E o filho acabará achando que a mãe é o que existe de mais feio, pois como você pode ver beleza num mundo feio? O pai continuará lhe ensinando isso, assim como o professor, que dirá: "Eu sou o detentor da verdade!"

Os mestres zen mandam os discípulos aprender com seus oponentes. O discípulo fica com o mestre por um ano e, quando está pronto, o mestre diz: "Agora você vai aprender com meu oponente, pois ele lhe ensinará o que eu não ensinei".

Esse professor nunca será esquecido; você o respeitará por toda a vida. Como poderia não respeitá-lo? Ele mandou você a um oponente para que pudesse aprender o que faltava: "Eu só lhe ensinei uma parte, não tudo". Ninguém pode ensinar tudo; tudo é coisa demais.

Por isso, cultive atitudes positivas; assim poderemos ter um mundo melhor. Mas isso é o básico. Esse assunto é muito complexo e teremos de discuti-lo outras vezes.

Depois de comer o fruto da Árvore do Conhecimento, Adão e Eva, pela primeira vez, deram-se conta da própria nudez e ficaram envergonhados. Qual é o significado mais profundo que está por trás desse sentimento? E, mais uma coisa, alguns dizem que o fruto proibido da Árvore do Conhecimento é o conhecimento do sexo. Qual é a sua opinião a esse respeito?

A natureza em si é inocente. Mas, no momento em que o homem tomou consciência dela, surgiram muitos problemas, e o que é natural e inocente passou a ser interpretado. Quando algo é interpretado, isso deixou de ser inocente e natural. A natureza, em si mesma, é inocente. Mas, quando a humanidade tomou consciência dela e começou a interpretá-la, essa interpretação começou a dar origem a muitos conceitos, como culpa, pecado, moralidade e imoralidade.

A história de Adão e Eva conta que, quando eles comeram o fruto da Árvore do Conhecimento, pela primeira vez se deram conta da própria nudez e ficaram envergonhados. Eles sempre estiveram nus, mas não tinham consciência disso. A consciência, a própria consciência, cria um distanciamento. No momento em que toma consciência de algo, você começa a julgar. Passa a olhar aquilo de um jeito diferente. Por exemplo, Adão estava nu. Todo mundo nasce nu como Adão, mas as crianças não têm consciência da própria nudez. Elas não julgam se essa nudez é uma coisa boa ou ruim. Não têm consciência, por isso não podem julgar. Quando Adão tomou consciência de que estava nu, começou a julgar se essa nudez era uma coisa boa ou ruim.

Todos os animais andavam nus à volta dele, mas nenhum animal tem consciência dessa nudez. Adão tomou consciência e essa consciência tornou-o diferente de todas as outras espécies. A partir daí andar nu era ser como um animal, e Adão, evidentemente, não queria ser um animal. Nenhum homem quer ser um animal, embora todos eles sejam.

Quando, pela primeira vez, Darwin disse que o homem evoluiu de certas espécies animais, ele foi veementemente contestado, pois o homem sempre se considerou um descendente de Deus — só um pouquinho inferior aos anjos. Imaginar o macaco como o pai do homem era extremamente difícil — de certa forma, impossível. Deus sempre fora considerado o pai e, de repente, Darwin mudava isso. Deus foi destronado e os macacos tomaram seu lugar; eles passaram a ser o pai do homem. Até o próprio Darwin se sentia culpado ao dizer isso, pois ele era um homem religioso. Era lamentável que os fatos indicassem que o homem tinha uma origem animal, que ele fazia parte do reino animal e em nada se distinguia dos animais.

Adão sentiu vergonha. Essa vergonha brotou porque agora ele podia se comparar com os animais. De certa forma, ele *ficou* diferente dos animais, pois tinha consciência. Os homens só passaram a se vestir para ficar diferentes dos animais. Por isso ficamos tão envergonhados diante de algo que pareça animalesco; no momento em que vimos alguém fazendo algo animalesco, dizemos: "O que está fazendo? Você parece um animal!" Condenamos qualquer coisa que pareça animalesca. Condenamos o sexo porque ele é animalesco. Condenamos qualquer coisa que pareça ter ligação com os animais.

Com a consciência veio a condenação — a condenação do animal. E foi essa condenação que produziu toda a repressão, pois o homem *é* um animal. Ele pode transcender os animais, mas originou-se deles. Ele é um animal. Talvez um dia deixe de ser; pode transcender essa natureza animal. Mas não pode negar essa herança. Ela existe. Depois que esse pensamento ocorreu ao homem — a idéia de que somos diferentes dos animais —, ele começou a reprimir em si mesmo tudo o que era parte dessa herança. Essa repressão criou uma bifurcação que dividiu o homem em dois. O verdadeiro, o básico, continua animal; o intelectual, o cerebral, continua pensando em idéias fantasiosas e abstratas — sobre o "divino". Portanto, só uma parte da sua mente você identifica como sendo você mesmo, todo o resto é negado.

Até no corpo, nós temos divisões. A parte inferior é condenada. Ela não é considerada inferior só do ponto de vista físico; ela é inferior em termos de valor também. A parte superior não é só superior; ela é mais "evoluída". Você se sente culpado com relação à parte inferior do seu corpo. E se alguém pergunta em que parte do seu corpo você está, você aponta para a cabeça. Esse é o foco da atenção — o cérebro, a cabeça, o intelecto. Nós nos identificamos com o intelecto, não com o corpo. E se alguém nos pressiona um pouco mais, então nos identificamos com a parte superior do corpo, nunca com a inferior. A inferior é vista com condenação.

Por quê? O corpo é um só. Você não pode dividi-lo em dois. Ele não está dividido. A cabeça e os pés são uma coisa só, assim como o cérebro e os órgãos sexuais. Eles funcionam como uma unidade. Mas, para negar o sexo, para condená-lo, você condena toda a parte inferior do corpo.

Adão pecou porque, pela primeira vez, ele se sentiu diferente dos outros animais. E o sexo é o que existe de mais animalesco. Eu uso a palavra *animalesco* de modo puramente factual, sem nenhum tom condenatório. O sexo é o que existe de mais animalesco porque sexo é vida, é a origem e a fonte da vida. Adão e Eva tomaram consciência do sexo. Eles tentaram esconder o sexo não só externamente; tentaram esconder o próprio fato na consciência interior. Isso criou uma divisão entre mente consciente e inconsciente.

A mente também é uma só, assim como o corpo. Mas, se você condena algo, isso que você condena passa a ser inconsciente. Você condena tanto isso que fica com receio até mesmo de saber que ela existe em algum lugar dentro de você. Você cria uma barreira; um muro. E tudo o que condena, você joga para trás desse muro e depois esquece. Aquilo que você condenou fica ali, continua influenciando você, dominando-o, embora você viva na ilusão de que aquilo não existe.

Essa parte condenada do nosso ser torna-se o inconsciente. É por isso que nunca achamos que o nosso inconsciente é mesmo nosso. Você sonha à noite; tem um sonho extremamente erótico ou violento no qual assassina alguém, assassina sua mulher. Pela manhã, você não sente nenhuma culpa; você diz que tudo não passou de um sonho. Não foi apenas um sonho. Nada é "apenas" o que parece. Foi um sonho, mas esse sonho pertence ao seu inconsciente. Pela manhã, você se identifica com o seu consciente, então diz: "Foi apenas um sonho; não tem relação nenhuma comigo; simplesmente aconteceu. Não significa nada, foi puro acaso". Você nunca acha que possa estar associado ao sonho. Mas o sonho era seu e foi você quem o criou. E foi a sua mente e você que criaram o roteiro. Mesmo no sonho, é você quem comete assassinatos, quem mata, quem estupra.

Por causa desse fenômeno condenatório da consciência, Adão e Eva ficaram com medo, envergonhados da própria nudez. Eles tentaram esconder o corpo nu — não só o corpo, mas em seguida a mente também. Nós continuamos a fazer a mesma coisa. O que é "bom", o que a sociedade considera bom, você deixa na consciência. O que é "ruim", o que é condenado pela sociedade, você joga na inconsciência. A inconsciência se tornou uma lata de lixo. Você continua a jogar coisas dentro dela e ela continua ali. Mas, nas profundezas do seu ser, ela continua influenciando você. Influencia você o tempo todo. A mente consciente nada pode contra o inconsciente, pois ela é só um subproduto da sociedade, ao passo que o seu inconsciente é natural, biológico; é ele que tem energia, força. Por isso você pode continuar pensando em coisas "boas", mas continuará fazendo coisas "ruins".

Contam que Santo Agostinho uma vez disse: "Deus, eis o meu único problema: tudo o que eu sei que vale a pena fazer eu nunca faço e tudo o que eu sei que não devo fazer eu sempre faço". Esse problema não é só de Agostinho, é um problema de todas as pessoas que são divididas em consciente e inconsciente.

Com o sentimento de vergonha, Adão se dividiu em dois. Ele teve vergonha de si mesmo. E a parte da qual ele sentiu vergonha foi eliminada da sua mente consciente. Desde então o homem vive uma vida bifurcada, fragmentada. E por que Adão sentiu vergonha? Não havia nada — nenhum pregador, nenhuma igreja — que lhe dissesse para se envergonhar.

No momento em que você fica consciente, o ego entra em ação. Você vira um observador. Sem a consciência, você é só parte de uma vida grandiosa; você não é diferente nem está separado dela. Se uma onda do mar passasse a ter consciência, ela criaria no mesmo instante um ego que a diferenciaria do mar. Se a onda passasse a ter consciência — passasse a dizer "eu sou" —, ela deixaria de pensar em si mesma como parte do oceano, deixaria de ver a si própria e as outras ondas como uma coisa só. Ela se veria como uma coisa separada, diferente. Surgiu o ego. O conhecimento faz com que o ego passe a existir.

As crianças não têm ego, pois elas não têm conhecimento. Elas são ignorantes e o ego não pode existir na ignorância. À medida que a criança cresce, o ego vai ganhando contornos. As pessoas idosas têm um ego extremamente forte e enraizado. Isso é natural. O ego dessas pessoas tem setenta, oitenta anos de idade. Ele tem uma longa história para contar.

Se você retroceder na memória e tentar se lembrar da sua infância, talvez fique surpreso ao constatar que não se lembra de quase nada. Você não tem nenhuma lembrança anterior à época em que tinha três ou quatro anos. Você talvez se lembre de fatos que aconteceram quando você tinha quatro ou cinco anos, no máximo três; mas os primeiros três anos serão um completo vazio. Eles existiram e muita coisa aconteceu nesse período, então por que você não se lembra? Porque nessa época você não tinha ego, por isso é tão difícil lembrar. De certa forma, você nem estava presente, então como pode se lembrar? Se estivesse, você se lembraria, mas você não estava.

Você não consegue se lembrar. A memória só passa a existir depois que o ego entra em ação, pois ela precisa de um centro no qual possa se estabelecer. Se não houver um centro, onde será seu ponto de apoio? Três anos é um período considerável e, para a criança, cada minuto é um acontecimento. Tudo é extraordinário; nada é corriqueiro. Na verdade, a criança deveria ter mais lembranças dessa época. Deveria se lembrar dos seus primeiros anos, dos primeiros dias da sua vida, pois tudo era colorido e fora do comum. Tudo o que acontecia era uma novidade. Mas a criança não tem nenhuma lembrança desse período. Por quê? Porque ele é anterior ao aparecimento do ego. A memória precisa do ego para poder se firmar.

No momento em que a criança sente que é um ser separado dos outros, ela começa a sentir vergonha. Começa a sentir a mesma vergonha que Adão sentiu. Adão se viu nu — nu como os animais, como tudo na natureza. Você tem de ser diferente e único, não pode ser como os outros; só assim o ego pode surgir. A primeira providência de Adão é esconder a nudez. De repente, ele percebe que é diferente; não é um animal.

A criança nasce como Adão — e o homem nasce com a vergonha de Adão. A criança não é um homem ainda. Ela se torna um homem só quando começa a se sentir um ser separado, diferente dos outros — a partir de então, ela se torna um ego. Portanto, na realidade, não é apenas a religião que provoca em nós o sentimento de culpa, mas o ego também. A religião explora esse sentimento; esse é um outro problema. Os pais da criança também exploram esse sentimento; esse é outro problema. Todo pai diz ao filho: "O que você está fazendo? Comportando-se como um animal? Não ria! Não chore! Não faça isto, não faça aquilo! Não faça isso na frente dos outros! Você está parecendo um bicho!" E se a criança achar que está parecendo um bicho, fica com o ego ferido. Para satisfazer o ego, ela obedece e se comporta como as outras pessoas.

Ser um animal é maravilhoso, pois isso nos dá liberdade, uma grande liberdade para fazer o que quisermos. Mas isso é doloroso para o ego, portanto, temos de fazer uma opção. Se você optar pela liberdade, então será como os animais — condenado. Será condenado neste mundo e no outro também; a sociedade o mandará para o inferno, pois ela diz: "Você tem de ser um homem, não um animal!" Assim o ego é alimentado.

Primeiro você começa a viver de acordo com o ego, depois quer agir de forma que ele se sinta satisfeito. No entanto, você não pode negar sua natureza. Ela certamente o influenciará. Você passa então a viver duas vidas: a vida pré-adâmica e a vida pós-adâmica. Surge uma outra face que você mostra à sociedade. Você passa a ter um rosto pessoal e outro público. Mas, na realidade, você é o seu rosto pessoal. Todo mundo é um Adão — nu, animalesco, mas você não pode mostrar isso em público. Em público, você mostra sua face pós-adâmica — tudo limpo, tudo de acordo com as regras sociais. Nada que você mostre aos outros é real, é apenas o que você quer mostrar. Você não mostra o que é, apenas o que deveria ser.

Por isso, todas as pessoas têm que mudar continuamente de rosto. Você passa o tempo todo mudando do rosto público para o pessoal e vice-versa. Isso causa uma grande tensão e consome muito da sua energia. Mas eu não estou dizendo para que você seja como um animal — agora isso é impossível, pois já comemos do fruto proibido. Você já o comeu; ele já faz parte de você. Não há como jogá-lo fora; nem é possível voltar atrás e dizer a Deus, nosso pai: "Estou devolvendo o fruto proibido do conhecimento e peço que me perdoe". Não existe um meio de voltar atrás. Agora ele faz parte do seu sangue. Não podemos retroceder, só avançar. Não existe caminho de volta. Não podemos ir aquém do conhecimento; só podemos ir além dele. Só é possível conquistar um outro tipo de inocência — a inocência da consciência plena.

Existem dois tipos de inocência. Um está aquém do conhecimento — ele é infantil, pré-adâmico e animalesco. Não existe conhecimento, nem ego nem nada que crie confusão; você existe como parte do todo cósmico. Você não sabe que faz parte desse todo cósmico, não sabe nem sequer que ele existe, não sabe nada. Você apenas existe. É claro que nesse estágio não existe sofrimento, pois o sofrimento só é possível quando existe conhecimento. Para sofrer, é preciso que a pessoa tenha consciência do sofrimento. Como você pode sofrer se não sabe que o sofrimento existe?

Você está passando por uma cirurgia — se estiver consciente, você sentirá dor. Se estiver inconsciente, não sentirá nada. Sua perna é amputada e você não sente nada, pois o sofrimento não é registrado nem percebido — você está inconsciente. Você não sofre quando está inconsciente, só quando está consciente. Quanto mais consciência, mais sofrimento. É por isso que o sofrimento do homem aumenta à medida que ele adquire conhecimento.

Os povos primitivos não sofrem tanto quanto nós sofremos — não porque eles sejam melhores, mas porque são ignorantes. Mesmo hoje, os aldeões que ainda não tomam conhecimento do mundo moderno vivem de um jeito mais inocente. Eles não sofrem tanto. Por causa disso, os filósofos são vítimas de muitas falácias. Por exemplo, Rousseau, Tolstoy ou Gandhi: como os camponeses são pessoas mais alegres, eles acham que o mundo inteiro deveria se tornar primitivo outra vez, voltar a viver no mato, na selva, em meio à natureza. Mas eles estão errados, pois, ao contrário dos camponeses, o homem que vive numa cidade metropolitana sofrerá se viver numa aldeia.

Rousseau persiste na idéia da volta à natureza, no entanto, ele continua a viver em Paris. Ele mesmo nunca pensou em morar numa aldeia. Ele fala da poesia da vida campestre, da beleza, da inocência, mas ele mesmo nunca pensou em ir para lá. E se fosse, ele sofreria como nenhum camponês jamais sofreu, porque, depois de tomar consciência, você já não pode voltar atrás. Ela passa a fazer parte de você — não é algo que possa ser descartado; ela passa a ser você mesmo — como você pode se desvencilhar de si mesmo? Sua consciência é você!

Adão sentiu vergonha ao constatar sua nudez. O ego é a razão dessa vergonha. Adão chegou ao centro — embora falso, o ego não deixa de ser um centro. Adão passa a ser diferente do resto do cosmo. As árvores ainda estão ali, as estrelas também, tudo está ali, como antes, mas Adão é agora uma ilha de sofrimento. Agora a sua vida só pertence a ele mesmo, não é mais parte do todo cósmico. E no momento em que a vida é só sua, você começa a lutar pela sobrevivência. Você tem de batalhar pelo próprio sustento.

Os animais não têm de lutar para sobreviver. Mesmo que a vida deles pareça aos nossos olhos, ou aos olhos de Darwin, uma luta pela sobrevivência, isso não é verdade; só o que fazemos é projetar as nossas idéias sobre eles. Eles parecem lutar para sobreviver porque, para nós, tudo é uma luta. Da perspectiva do ego, tudo é uma luta. Os animais parecem lutar para existir, mas não lutam. Eles apenas fluem com a unidade cósmica. Mesmo que estejam fazendo alguma coisa, não existe por trás ninguém que esteja empreendendo uma ação; existe apenas um fenômeno natural.

Se um leão está matando sua presa para comer, nesse ato não existe o sujeito da ação, nem existe violência. Trata-se de um simples fenômeno, a fome por comida. Não existe um ser faminto, existe apenas a fome — um mecanismo para se encontrar comida, não violência. Só o homem pode ser violento, pois só ele pode ser sujeito da ação. Você pode matar mesmo sem ter fome, mas o leão nunca fará isso se não estiver com fome; no caso dele, é a fome que mata, não ele próprio. O leão nunca mata por brincadeira. Ele não caça por esporte. Isso só existe entre os homens. Você pode matar por diversão, só de brincadeira. Se o leão estiver satisfeito, não existe violência, nem brincadeira, nem caça, nem nada. Trata-se do fenômeno da fome. Não existe um sujeito da ação.

A natureza é um profundo fluxo cósmico. Nesse fluxo, Adão tomou consciência de si mesmo depois de comer o fruto proibido do conhecimento. O conhecimento era proibido: "Não coma o fruto da Árvore do Conhecimento!", era a ordem. Adão desobedeceu-a e depois não pôde voltar atrás. E, segundo a Bíblia, toda a humanidade sofrerá graças à rebeldia de Adão, pois, de certa forma, ele vive em todos os homens.

Você não pode sofrer por isso — como você pode sofrer por uma coisa que outra pessoa fez? Mas essa é uma história repetida todos os dias. Toda criança tem de passar pelo Jardim do Éden e ser expulsa dali. Toda criança nasce de Adão e depois é expulsa, banida. É por isso que existe tanta nostalgia nos poetas, nos pintores e nas pessoas do meio literário. Todos aqueles que sabem lidar com as palavras e com as tintas, como meio de expressão, sempre sentem uma certa nostalgia. Eles acham que a infância é a era dourada.

Todo mundo acha que a infância foi uma época boa, utópica, e quer voltar a vivê-la. Até mesmo um homem à beira da morte pensa na infância com nostalgia — pensa na beleza, na felicidade, na bem-aventurança, nas flores, nas borboletas, nos sonhos, nas fadas. Na infância, todo mundo vive num país das maravilhas — não só Alice, mas todo mundo. Essa idéia persegue a todos.

Por que a infância é tão linda, tão feliz? Porque você ainda é uma parte do fluxo cósmico, sem nenhuma responsabilidade, consciência ou fardo sobre os ombros; só a mais absoluta liberdade. Você não vive com a sensação de que tem de fazer alguma coisa; só se preocupa em viver, livre de qualquer preocupação. Mas então surge o ego e junto com ele os conflitos e a labuta. Tudo vira responsabilidade e a vida passa a ser um cativeiro.

Os psicólogos dizem que as religiões só refletem essa nostalgia — o desejo de voltar à infância. E eles vão além: dizem que, no fundo, todo mundo anseia por voltar ao útero materno, pois ali somos de fato parte do cosmos. O cosmo até mesmo alimentava você. Você não precisava nem sequer respirar. Sua mãe respirava por você. Você não tinha consciência dela nem de si mesmo. Você não tinha consciência de nada. O útero é o Jardim do Éden.

Portanto, todo homem nasce como Adão e tem de comer o fruto proibido do conhecimento, pois à medida que cresce aumenta o conhecimento que ele tem. Isso é inevitável. A verdade é que Adão não se rebelou. A rebelião faz parte do crescimento. Ele não tinha saída; foi obrigado a comer o fruto. Toda criança tem de se rebelar, tem de comer o fruto. Toda criança tem de se rebelar e desobedecer. A vida ordena que ela faça isso. Ela tem de ir muito além do que a mãe ou o pai foram. Ela ansiará por isso; dia após dia ela ansiará e sonhará, mas chegará o dia em que realizará esse sonho. Esse é um processo inevitável.

Perguntaram-me qual o significado mais profundo por trás desse sentimento. Eis o que ele significa: o conhecimento dá a você o ego; o ego lhe dá a comparação, o julgamento e a individualidade. Você não pode pensar em si mesmo como um animal. O homem tem feito tudo o que está ao seu alcance para esconder o fato de que é um animal. Tem feito tudo! Dia após dia fazemos coisas para esconder que somos animais, mas a verdade é que somos! E a tentativa de esconder esse fato não mudará nada; isso só serve para deturpá-lo, pervertê-lo. Por isso, sempre que essa perversão escondida vem à tona, o homem prova que ele é mais animalesco do que qualquer animal. Se você for violento, nenhum animal poderá competir com você. Como poderia? Nenhum animal sabe alguma coisa sobre Hiroshima ou sobre o Vietnã. Só o homem é capaz de criar uma Hiroshima. Não há comparação.

Todos os animais, em toda a história deste planeta, estão apenas brincando de boneca em comparação com Hiroshima. A violência do animal não é nada em comparação com a do homem. A nossa violência está acumulada. Como temos o hábito de escondê-la, ela está represada. E quanto mais ela se acumula, mais vergonha sentimos, pois sabemos o que ocultamos dentro de nós. Não podemos escapar disso.

Um certo psicólogo estava fazendo experiências com fatos reprimidos que, embora tentemos, não conseguimos esconder de fato. Por exemplo, se um homem diz que não sente atração por mulheres, ele pode se obrigar a isso e convencer os outros e a si mesmo de que não sente essa atração. Mas Adão não tinha outra escapatória senão sentir atração por Eva e o mesmo vale para ela; isso faz parte da natureza humana — até que possamos ir além dessa natureza e nos tornarmos budas.

Mas Buda nunca disse: "Não sinto atração pelas mulheres", pois, até para dizer isso, você precisa pensar em termos de atração e repulsão. Ele não diria: "Sinto repulsa pelas mulheres", pois não podemos sentir repulsa por alguma coisa sem antes nos sentirmos atraídos. Se você lhe fizesse essa pergunta, ele lhe diria simplesmente: "Nem os homens nem as mulheres têm relevância para mim. Não sou nem um nem outro. Se eu sou um homem, então existe uma mulher escondida em algum lugar dentro de mim. Se sou uma mulher, existe um homem oculto em algum lugar".

O psicólogo a que me referi encontrou um homem que, segundo ele próprio, não sentia nada pelas mulheres. Até onde parece, ele de fato não sentia. Segundo dizem, ele nunca se sentiu atraído por ninguém. Então esse psicólogo mostrou a esse homem dez figuras de coisas diferentes. Uma delas mostrava uma mulher nua. O psicólogo não sabia que figura o homem tinha à sua frente, só podia observar o modo como ele olhava para elas. Ele mostrava uma figura para o homem e só olhava nos olhos dele. — Se você não se sentir atraído pela figura, eu saberei — disse o psicólogo. — E direi quando você estiver olhando para a figura da mulher nua só observando seus olhos. Eu não verei a figura.

Quando o psicólogo lhe mostrou a foto da mulher nua, ele soube na hora, pois as pupilas do homem se dilataram. Foi algo involuntário; ele não pôde controlar. Você não pode fazer nada, é uma ação reflexa. As pupilas se dilatam por fatores biológicos. O homem afirmou que não se sentia atraído, mas essa afirmação quem fez foi a sua mente consciente. O inconsciente sentia atração por mulheres como qualquer outro homem.

Quando você esconde certos fatos, eles começam a manipular você, deixando-o cada vez mais envergonhado. Quanto mais sofisticada a civilização, quanto mais sofisticada a cultura, mais vergonha sente o ser humano. Na realidade, quanto mais vergonha você tem do sexo, mais civilizado você é. Mas o homem civilizado está fadado a enlouquecer, a ficar esquizofrênico, dividido. Essa divisão começou com Adão.

Essa pessoa me perguntou: "Dizem que o fruto proibido da Árvore do Conhecimento é o conhecimento do sexo. Qual a sua opinião a esse respeito?"

É claro que é o conhecimento do sexo. Mas não é só isso. O sexo é o primeiro conhecimento e também o último. Quando você passa a fazer parte da humanidade, a primeira coisa que sente e da qual toma conhecimento é o sexo. E a última coisa, depois que transcendeu a humanidade, é também o sexo. Ele é a primeira e a última coisa de que você se dá conta. Por ser a mais fundamental, ele também é a primeira. É alfa e ômega.

A pessoa continua sendo criança até se tornar sexualmente madura. No momento em que isso acontece, ela passa a ser um homem ou uma mulher. Com a maturidade sexual, o mundo todo fica diferente. Ele muda porque muda a sua visão e seu modo de encarar a vida e de lidar com as coisas. Quando você começa a prestar atenção nas mulheres, você começa a se tornar um homem. E vice-versa.

Na realidade, nas antigas escrituras bíblicas, a palavra conhecimento é usada na língua hebraica com uma conotação sexual. Por exemplo, nas sentenças "Ele não 'conheceu' a esposa por dois anos" ou "Ela não 'conheceu' o marido por dois anos", a palavra "conhecer" significa ter relações sexuais. "Ele 'conheceu' a esposa pela primeira vez naquele dia" — isso significa que teve relações sexuais com ela pela primeira vez naquele dia. A palavra "conhecimento", em hebraico, tinha uma conotação sexual, por isso é correto supor que Adão tenha tomado consciência do sexo ao comer a maçã.

O sexo é um fato básico, fundamental. Sem sexo não há vida. A vida existe graças ao sexo e desaparece com ele. É por isso que, segundo Buda e Mahavira, você continuará reencarnando até que possa transcender o sexo. Você não pode ir além da vida porque, com o desejo sexual queimando interiormente, você tem de nascer outra vez. Portanto, o sexo não é apenas dar vida a outra pessoa, mas, em última análise, é também dar vida a si mesmo. Ele tem duplo sentido. Você gera uma criança por meio do sexo, mas isso não é o mais importante — pois, graças ao seu desejo sexual, você próprio renasce; você gera a si mesmo vezes sem conta. Adão tomou consciência do próprio sexo; essa foi a sua primeira tomada de consciência. Mas esse sexo é só o começo; daí advirão todas as outras coisas.

Na verdade, os psicólogos dizem que toda curiosidade tem, de certa forma, uma conotação sexual. Portanto, se uma pessoa nasce impotente, ela não terá curiosidade com relação a nada, nem sequer com relação à verdade, pois a curiosidade é basicamente sexual. Descobrir algo que está oculto, saber algo que se desconhece, explorar o desconhecido, tudo isso tem uma conotação sexual. As crianças brincam umas com as outras para conhecer as partes encobertas do corpo. Esse é o começo da curiosidade e o começo de toda ciência — descobrir o que está oculto, explorar o desconhecido.

Na realidade, quanto mais sexual for a pessoa, mais criativa ela é; quanto mais sexual for a pessoa, mais inteligente ela é. Quanto menos energia sexual, menos inteligência. Quanto mais energia, mais inteligência — pois o sexo é um desejo oculto de descobrir não só o que não se conhece no corpo do outro, mas de descobrir qualquer coisa que esteja oculta.

Portanto, se uma sociedade condena demais o sexo, ela nunca será científica, pois estará condenando a própria curiosidade. O Oriente não poderia ser científico, pois alimenta um grande antagonismo contra o sexo. E o Ocidente também poderia não ter se tornado científico se o Cristianismo o tivesse reprimido. Foi só quando o Vaticano desapareceu, quando Roma deixou de ter importância, só nesses últimos trezentos anos em que o Cristianismo veio abaixo e se esfacelou, que o Ocidente pôde se tornar científico. Quando a energia sexual foi liberada, a pesquisa científica também foi.

A sociedade sexualmente livre poderá ser científica, mas a sociedade que condena o sexo não poderá. O sexo faz com que tudo comece a ficar mais vivo. Se seu filho começa a ficar rebelde quando chegar à maturidade sexual, não se preocupe. Isso é natural. Com uma nova energia correndo nas veias, com uma nova vida palpitando, é fatal que ele fique rebelde. Essa rebeldia faz parte do que ele está passando. Também é provável que ele fique mais criativo. Ele poderá inventar coisas novas, novos caminhos, novos estilos, novas maneiras de viver, uma nova sociedade, enfim. Ele pode ter outros sonhos, imaginar uma nova utopia. Se você condena o sexo, então não existiu rebeldia na sua juventude. No mundo todo, a rebeldia dos jovens é uma parte da liberdade sexual.

Nas culturas mais antigas, essa rebelião não existia porque o sexo era muito condenado; a energia sexual era reprimida demais. Quanto mais reprimida a energia, menos rebelião. Se você dá vazão à energia sexual, todo tipo de rebelião é possível.

O conhecimento, por si só, tem uma dimensão sexual. Por isso, de certa forma, está correto dizer que Adão tomou consciência do sexo, da dimensão sexual. No entanto, ao tomar consciência dessa dimensão, ele ficou ciente de muitas outras coisas também. Toda essa dimensão do conhecimento, essa explosão de conhecimento, essa sondagem do desconhecido, essas viagens à lua e aos outros planetas nada mais são do que anseio sexual. E iremos cada vez mais fundo nessa busca pelo conhecimento, porque agora a energia está liberada. Agora a energia tomará novas formas e nos levará a novas aventuras.

Com o sexo e a consciência do sexo, Adão começou uma longa jornada. Nós estamos nessa jornada, todo mundo está, pois o sexo não é apenas uma parte do seu corpo — ele é você. Você nasceu do sexo e morrerá por meio dele, exausto. Seu nascimento é o nascimento do sexo e sua morte é a morte do sexo. Portanto, no momento em que você sentir que a sua energia sexual está se esgotando, saiba que a morte está próxima.

Trinta e cinco anos é a idade em que você está no auge. A energia sexual está em seu ápice; a partir daí, tudo começa a declinar e a envelhecer, caminhando para a morte. A morte chega em torno dos setenta e poucos anos. Se o auge da energia sexual fosse aos cinqüenta, então só morreríamos ali pelos cem anos. No Ocidente, as pessoas logo começarão a chegar aos cem anos, pois atualmente um homem de cinqüenta anos comporta-se como um garoto. Isso é bom. Mostra que a sociedade está viva. Mostra que as pessoas começarão a viver mais.

Se um homem de cem anos se comportasse como um playboy, então a vida se estenderia até os duzentos anos, pois o sexo é a energia básica. Por causa do sexo, você fica jovem e, por causa dele, você fica velho. Por meio do sexo, você nasce e, por meio dele, você morre. E não é só isso: Buda, Mahavira e Krishna dizem que, por causa do desejo sexual, você nascerá outra vez. Não é só o seu corpo atual que sente o clamor do sexo; os corpos das suas vidas futuras também sentirão.

Evidentemente, quando Adão tomou consciência pela primeira vez, ele se deu conta do sexo. Esse é o fato mais fundamental da vida. No entanto, ele foi mal interpretado pelo Cristianismo, o que deu origem a um monte de bobagens. Disseram que, se Adão tomou consciência do sexo e ficou envergonhado, isso era um sinal de que o sexo é pecado — o pecado original. Sexo não é pecado. Ele é a luz original. Adão ficou envergonhado não porque sexo é ruim; ele ficou envergonhado porque viu que o sexo é uma coisa animalesca. Então ele pensou: "Eu não sou um animal". Por isso ele precisou brigar contra o sexo na tentativa de se ver livre dele. De alguma forma, precisamos ficar sem sexo. Essa é uma interpretação errada que o Cristianismo fez da parábola. A religião se tornou apenas uma batalha contra o sexo. E, se a religião é uma batalha contra o sexo, então a religião é uma batalha contra a vida.

Na verdade, a religião não é uma batalha contra o sexo. Antes, ela é um esforço para ir além dele, não contra ele. Se você for contra o sexo, nunca conseguirá ir além do nível sexual. Nunca poderá transcendê-lo.

Portanto, os místicos e santos cristãos nunca param de lutar contra o sexo. Lutam contra ele até a morte. A tentação vem e a todo momento eles se sentem tentados. Não há ninguém ali para tentá-los, a própria repressão é que causa a tentação. Sua mente interior vive num mundo de tortura, onde eles estão constantemente brigando com eles mesmos.

Religião significa ir além do sexo, não contra ele. Se você quer transcendê-lo, terá de primeiro passar por ele. Portanto, use a energia sexual para transcendê-lo. Você tem de seguir com ele, não combatê-lo. É impossível voltar a ser ignorante. Conhecimento é liberdade. Se você sabe mais a cada dia, chegará um momento em que estará totalmente consciente; nesse dia o sexo desaparecerá. Na total consciência, a energia é transformada e sofre uma mutação. Você passa para uma dimensão diferente da mesma energia.

O sexo é horizontal. Quando você atinge a consciência plena, o sexo passa a ser vertical. Esse movimento vertical do sexo é a kundalini. Se o sexo for horizontal, você continua reproduzindo outros seres e a si mesmo. Se a energia começar a se mover para cima, na vertical, você simplesmente sai da roda da existência ou, como dizem os budistas, livra-se da roda da vida. É isso que os budistas chamam de "nirvana". Você pode chamar de moksha — libertação —, de salvação ou da maneira que quiser. Isso não faz muita diferença.

Portanto, existem dois caminhos. Adão tomou consciência do próprio sexo e então pôde reprimi-lo: pôde avançar na horizontal, combatendo o sexo em constante aflição, sempre consciente de que existia um animal oculto dentro dele, mas nunca reconhecendo esse fato. Essa é a maior aflição e a pessoa pode passar muitas vidas avançando na horizontal, sem chegar a lugar nenhum, pois esse é um círculo vicioso. Por isso que o chamamos de roda. Mas você também pode saltar para fora da roda. Esse salto não será por meio da repressão; será por meio do conhecimento. Então eu lhe direi que, uma vez que você comeu o fruto da árvore proibida; agora coma a árvore inteira! Esse é o único jeito. Agora coma a árvore inteira! Não deixe nem sequer uma folha! Acabe com a árvore, devore-a totalmente, só assim você ficará livre do conhecimento — não existe outra forma.

E quando eu insisto para que coma a árvore inteira, quero dizer: agora que ficou consciente, tome consciência de tudo! A consciência fragmentada é um problema. Ou seja um total ignorante ou fique totalmente consciente. A totalidade é uma bem-aventurança. Seja totalmente ignorante e você também sentirá essa bem-aventurança. Você não terá consciência dela, mas estará imerso na bem-aventurança; só quando você dorme profundamente — um sono sem sonhos, com a mente em total repouso — você consegue ficar nessa bem-aventurança, embora não possa senti-la. Você pode dizer pela manhã que teve uma ótima noite de sono, mas não consegue sentir nada enquanto está dormindo. Só consegue sentir alguma coisa depois que acordou. Junto com o conhecimento, vem a consciência e aí sim você pode dizer que teve uma ótima noite de sono.

Ou seja totalmente ignorante, o que é impossível, ou seja totalmente consciente, o que é possível. Com a totalidade vem a bem-aventurança. A totalidade é bem-aventurança. Então coma a árvore, as raízes, tudo, e fique consciente. Isso é o que significa ser um homem desperto, um buda — um iluminado. Ele comeu a árvore inteira. Não existe mais ninguém para ficar consciente; existe apenas consciência. Essa consciência é a volta para o Éden. Você não pode achar o mesmo caminho de volta; você o perdeu para sempre. Mas pode achar um outro caminho que o levará até lá. E, na verdade, o que o diabo prometeu a Adão, será cumprido: vós sereis deuses. De certa forma ele estava certo. Se comer do fruto do conhecimento, você será como um deus.

Não podemos conceber uma idéia dessas no estado mental em que nos encontramos, pois vivemos simplesmente num inferno. Graças à tentação do demônio, estamos num inferno. É como se estivéssemos suspensos entre duas coisas, sempre divididos — em agonia, angustiados. Parece que o demônio enganou Adão e a todos nós. Essa não é a história toda; ela está incompleta. Você pode completá-la e só então poderá julgar se o diabo disse a verdade ou não. Coma a árvore inteira e você será como um deus.

A pessoa que se tornou totalmente consciente é divina, não é humana. A natureza humana é uma espécie de doença — quero dizer, um desconforto. Seja como os animais e você será saudável, ou seja como um deus e você também será saudável, saudável porque será inteiro, pleno. A palavra inglesa *holy* é muito boa. Ela não tem apenas o significado de "puro", "sagrado"; na verdade, ela significa "inteiro". E a menos que esteja inteiro, você não poderá ser puro. Fique inteiro — e só existem dois tipos de "inteireza": uma é do tipo animal e a outra é do tipo divino.

· 8 · Ilusões e Realidades

O Ocidente parece ter obsessão por sexo. As pessoas estão saturadas com tantas técnicas e imagens pornográficas. Por que, depois de tanto tempo, elas ainda não conseguem sair disso e ver o sexo de uma maneira mais tântrica?

Essa não é uma questão de Ocidente ou Oriente. Ambos têm obsessão por sexo — de maneiras diferentes, é claro. O Ocidente é indulgente com relação a sexo, o Oriente é mais repressor, mas a obsessão é a mesma. A questão principal é saber por que o Ocidente é tão indulgente. Foram dois mil anos de Cristianismo e de métodos de repressão que causaram essa indulgência.

O Oriente é repressor; mais cedo ou mais tarde, ele vai se tornar indulgente. A mente do homem oscila como um pêndulo, da direita para a esquerda, da esquerda para a direita. E, lembre-se, enquanto o pêndulo estiver se movendo para a direita, ele está ganhando impulso para ir para a esquerda, e vice-versa. Parece que você está indo para a esquerda, mas está ganhando impulso, energia, para ir para a direita. Quando uma sociedade é repressora, ela ganha impulso para ser indulgente e, quando ela é indulgente, está ganhando impulso para ser novamente repressora.

Por isso é inevitável que uma coisa estranha aconteça e, na verdade, ela já está acontecendo: o Ocidente tem sido indulgente nas últimas décadas, mas está voltando a ser repressor. Hoje existem muitos cultos que pregam o celibato. O movimento Hare Krishna prega o celibato, *brahmacharya*, e milhares de pessoas optaram por segui-lo. Estão surgindo muitos cultos que compartilham a mesma crença: o sexo tem de ser reprimido. Em nome da Ioga, em nome do Zen, em nome do Cristianismo, muitos cultos repressivos surgiram nesses últimos tempos. O Ocidente logo passará a ser repressor.

No Oriente, o número de revistas pornográficas cresce a cada dia; filmes desse tipo também são cada vez mais freqüentes. O Oriente é um pouco mais lento em tudo, é um pouco mais preguiçoso, por isso aqui as coisas demoram um pouco mais. O Ocidente caminha num passo acelerado. Mas, aos poucos, o Oriente está ficando cada vez mais parecido com o Ocidente e vice-versa. Esse é um dos nossos maiores problemas. Se isso acontecer, o nosso sofrimento será o mesmo. Mais uma vez o pêndulo oscilará e continuaremos a fazer as mesmas coisas.

Isso já aconteceu muitas vezes no passado. Uma sociedade repressiva mais cedo ou mais tarde torna-se indulgente. Quando a repressão chega a um ponto em que não consegue mais reprimir, ela explode; as pessoas começam a enlouquecer. Ou, no caso contrário, quando a sociedade é indulgente demais, ela começa a ver a futilidade disso, o desperdício de energia. E a indulgência não traz nenhum contentamento; pelo contrário, ela faz com que as pessoas fiquem cada vez mais frustradas. Então elas começam a pensar em celibato: "Talvez os antigos profetas estivessem certos..."

No Oriente, isso também já aconteceu muitas vezes. A religião hindu, a princípio, era extremamente indulgente; não era uma religião repressora. Os profetas hindus podiam se casar. E não só podiam se casar como também podiam ter outras mulheres como concubinas. Eles podiam até mesmo comprar mulheres, pois naquela época, na Índia, homens e mulheres eram vendidos no mercado como se fossem uma mercadoria.

Desconfie dessas pessoas que ficam falando da Era Dourada da Índia. Nunca houve um tempo assim, nem mesmo na época de Rama. Os hindus falam muito de Ramarajya — o reino de Rama é considerado o apogeu da Índia. Mas as pessoas eram vendidas em mercados, e as mulheres, especialmente, eram consideradas bens que qualquer um podia comprar ou vender. As pessoas costumavam dá-las de presente. Um hóspede poderia vir à sua casa e gostar de uma de suas mulheres, então você a dava de presente a ele. Até mesmo os chamados santos costumavam ter muitas mulheres; eles eram todos indulgentes. Todas as histórias daquela época, mesmo sobre os deuses, eram muito indulgentes.

Você precisa conhecer os templos de Shiva — templos devotados ao deus Shiva. A imagem desse deus é um símbolo fálico, nada mais do que isso. Se você o observar detalhadamente, ficará surpreso: ele tem tanto órgãos femininos quanto masculinos. Representa o encontro do homem e da mulher. A história é a seguinte:

Certo dia, Vishnu e Brahma foram ver Shiva... Essa é a trindade hindu: Brahma, Vishnu e Shiva. Brahma é o deus da criação, Vishnu é o deus da manifestação e Shiva é o deus da destruição. Todos os três são necessários para que o mundo continue existindo. Um cria, outro mantém e o outro destrói; isso continua indefinidamente, criando um fluxo contínuo.

Brahma e Vishnu foram ver Shiva. Quando isso aconteceu, o guarda estava dormindo profundamente e eles entraram sem pedir permissão. Shiva estava fazendo amor com sua mulher, Parvati. Ele estava absolutamente inebriado em sua paixão. Ele bem podia ter tomado alguma droga, pois sabe-se muito bem que ele consumia drogas. Maconha, haxixe, ópio, tudo isso ele já conhecia.

Shiva continuou fazendo amor enquanto os dois deuses observavam. Grandes deuses! Eles não poderiam nem pedir desculpas e sair. Tinham de apreciar a cena — sexo explícito! Seis horas se passaram e os deuses continuaram ali, observando Shiva fazer amor. Um longo filme de sexo! — e nada mais do que isso, apenas sexo. Nada mais aconteceu ao longo dessas seis horas, nada mais do que isso... só Shiva fazendo amor com a esposa.

Mas Brahma e Vishnu ficaram muito zangados. Quando Shiva acabou, eles disseram: — Esperamos durante seis horas e você nem sequer notou a nossa presença. Estamos muito zangados e por isso lhe jogaremos uma maldição: você sempre será lembrado pelos seus órgãos sexuais.

É por isso que, no templo de Shiva, há um símbolo fálico. Shiva é representado pelo seu órgão sexual.

Esses hindus devem ter sido muito indulgentes. Os deuses hindus também eram muito indulgentes. Mas depois veio a reação, o pêndulo oscilou novamente. O budismo e o jainismo se rebelaram contra essa indulgência e criaram um mundo extremamente repressor, uma moral repressora.

A Índia ainda vive sob essa influência, mas aos poucos está ficando mais indulgente. Os filmes e romances ocidentais estão influenciando os indianos. O Ocidente está começando a ser influenciado por Buda, pelo Zen, por Patajali, pela Ioga, pela meditação; e o Oriente está sendo influenciado pela *Playboy*! As pessoas estão lendo *Playboy* e escondendo-a dentro dos Bhagavad Gitas. Você diz: "O Ocidente parece ter obsessão por sexo".

Não é só o Ocidente que tem obsessão por sexo. Toda a humanidade sempre teve essa obsessão e continuará tendo até que mudemos toda a *gestalt*. Até agora a *gestalt* foi repressão/indulgência, indulgência/repressão, uma oscilação entre esses dois pólos. O que temos de fazer é parar exatamente entre eles.

Você já tentou parar o pêndulo de um relógio no meio? O que acontece? O relógio pára. O tempo pára. Esse é justamente o meu objetivo aqui. Eu não quero que você seja nem indulgente nem repressivo. Gostaria que você fosse equilibrado, que ficasse entre esses dois pólos. É entre eles que a transcendência é possível e que podemos criar uma humanidade que não seja nem ocidental nem oriental. E isso é extremamente necessário; é imperioso que apareça sobre a terra um homem que não seja nem oriental nem ocidental; um homem que tenha novas visões e esteja livre de toda a escravidão do passado.

Você pergunta: "Por que, depois de tanto tempo, as pessoas ainda não conseguem sair disso e encarar o sexo de uma maneira mais tântrica?"

O Tantra não é nem repressor nem indulgente. A experiência tântrica só é possível se você meditar profundamente. Só quando fica extremamente quieto, silencioso, consciente e alerta é que você pode conhecer alguma coisa do Tantra. Do contrário, o Tantra também pode se tornar uma desculpa para a indulgência — só um novo nome, um termo religioso — e você pode ficar ainda mais indulgente em nome do Tantra. Mudar os nomes não adianta nada; é o seu ser que precisa mudar.

Toda a humanidade sofre com essa obsessão, seja pela indulgência seja pela repressão. Toda a humanidade só pensa em sexo 24 horas por dia.

Os psicólogos descobriram que os homens pensam em mulher pelo menos uma vez a cada três minutos, e toda mulher pensa em homem pelo menos uma vez a cada seis minutos. Essa diferença entre homens e mulheres talvez seja o maior problema; talvez seja ela a responsável por tantos conflitos entre os dois sexos.

O sexo tântrico não é sexo absolutamente; é meditação. A meditação tem de fazer parte de todos os aspectos da sua vida. Não importa o que você faça, faça com um espírito meditativo. Caminhe como se estivesse meditando, coma como se estivesse meditando. Se estiver fazendo amor, faça amor como se estivesse meditando. A meditação tem de fazer parte da sua vida 24 horas por dia; só assim será possível uma transformação. Você transcenderá o sexo, transcenderá o corpo, transcenderá a mente. E pela primeira vez, você tomará consciência do estado de divindade, do êxtase, da bem-aventurança, da verdade e da libertação.

Todos os desejos são no fundo a mesma coisa? O que é esse meu desejo por amor?

No fundo, todos os desejos são a mesma coisa, pois o desejo significa que você não está satisfeito do jeito que é. Desejo é descontentamento.

Basicamente, o desejo é o anseio de que as coisas não sejam como são; é uma reclamação contra a vida. Você diz: "Não quero viver assim. Essa não é a casa onde quero morar, essa não é a esposa que eu quero ter. Não estou satisfeito com este mundo, com o meu corpo, com a sociedade, com o meu jeito de pensar".

Desejo significa descontentamento e esperança no futuro — esperança de que exista um lugar em que tudo esteja de acordo com o que você quer. Desejo significa que você não está em sintonia com o mundo em que vive, por isso, aspira por um outro mundo que esteja mais em sintonia com você. Mas você não vai estar em sintonia com mundo nenhum, pois, se existe uma coisa que você esteja aprendendo nesta vida, pode ter certeza de que *não* é ficar em sintonia.

Você não está em sintonia com o dia de ontem nem com o dia antes de ontem. Na infância, não existe sintonia entre você e o mundo. Quando jovem, você não está em harmonia. Na velhice, também não está. Mas você continua com esperança: "Amanhã, eu estarei em sintonia com a vida e a vida estará em sintonia comigo". No entanto, passamos a vida toda nos disciplinando para *não* ficar em sintonia. Amanhã não será diferente de ontem.

Em hindi, só existe uma palavra para ontem e para amanhã. Isso é bem significativo — a mesma palavra para ambos! Usamos a palavra *kal* ao nos referirmos ao dia de ontem e ao nos referirmos ao dia de amanhã. Isso significa simplesmente que o amanhã não será nada mais do que a repetição do ontem e que o futuro nada mais será do que a repetição do passado. Portanto, não espere nada do futuro, pois ele será, nada mais nada menos, que a repetição do passado.

Não ter desejos significa viver aqui e agora, com contentamento; tudo está bom do jeito que está; as coisas são do jeito que são — não poderiam ser de outro jeito; nem sequer existe outro jeito. A vida é como tem de ser. De repente você se sente cercado de paz.

Acostume-se a pensar dessa forma. Aprecie cada momento, seja ele como for; celebre a vida e sinta-se grato por ela.

Portanto, no fundo, todos os desejos são uma coisa só, pois a natureza do desejo é a mesma. No entanto, se você não pensar no significado mais profundo do desejo, eles lhe parecerão diferentes.

Você perguntou: "O que é esse meu desejo por amor?"

O desejo por amor pode significar três coisas — depende de você. O significado mais profundo é um só: você não está feliz em ser você mesma. Você acha que será feliz se tiver alguém ao seu lado. Mas isso é estupidez! Não é possível. Você não é feliz nem com você mesma? Então como pode ser feliz com outra pessoa? Você pode conseguir um alguém para viver com você, mas só uma pessoa que também não esteja feliz em ser ela mesma — do contrário, por que ela se importaria com você?

Você pode convencer alguém a viver com você, mas só se essa pessoa tiver esse mesmo desejo insano. Serão duas pessoas infelizes se encontrando; duas pessoas que não são felizes sendo o que são. Você espera um milagre — milagres não existem.

Duas pessoas infelizes que se encontram não podem ser felizes; elas só serão duas vezes mais infelizes, só isso. É simples aritmética. Elas ficarão muito mais infelizes. Essa infelicidade não só ficará duas vezes pior, ela será mil vezes pior, pois a infelicidade de uma entrará em choque com a infelicidade da outra. Elas ficaram com raiva uma da outra. Vão querer se vingar. Uma achará que a outra é uma fraude, pois "prometeu-me um jardim de rosas e tornou minha vida um vale de lágrimas".

Todas as promessas são mentirosas, pois como alguém pode cumprir uma promessa se é infeliz? Como pode dar alguma coisa a outra pessoa? Você não tem nem para você, como pode dar para o outro? Você só pode dar o que tem. Se você está feliz, pode compartilhar a sua felicidade. Se está infeliz, só pode compartilhar infelicidade. Se está triste, só pode compartilhar suas tristezas.

Então você me pergunta: "O que é esse meu desejo por amor?" Depende de você.

Pode ser apenas um desejo por sexo. Isso é simples, não é muito complicado — é bem básico. Na verdade, não é certo chamar isso de amor. Mas nós chamamos de amor. As pessoas dizem: "Amo tomar sorvete!", "Amo a minha casa", "Amo o meu cachorro", "Amo a minha mulher", "Amo jogar golf!" Então o que fazer?

"Amor" é uma das palavras mais mal usadas. Nós a usamos para milhares de coisas diferentes. Então, quando as pessoas precisam de sexo, elas dizem que precisam de amor. O sexo é uma forma muito rudimentar, muito primitiva de amor; é só o bê-a-bá do amor. Ele não pode ser muito profundo nem satisfazer plenamente.

Você também pode estar se referindo ao desejo por um amor *verdadeiro*. Isso significa que você é uma pessoa feliz e gostaria de poder compartilhar essa felicidade. Você está transbordando de felicidade. Quando a amor significa sexo, isso é sinal de que você tem energia sexual em excesso e gostaria de encontrar uma válvula de escape. O amor sexual é extremamente físico. Se, ao dizer "amor", você está se referindo ao amor verdadeiro, então você tem de ser uma pessoa feliz, realizada, que tem uma grande alegria de viver. Então é o seu coração que está celebrando a vida e quer compartilhar essa celebração. Esse desejo de compartilhar vem do coração. Fazer sexo é compartilhar o corpo; amar é compartilhar o coração.

E ainda existe uma outra possibilidade que eu chamo de prece. Quando você já conseguiu transcender até mesmo o coração e todo o seu corpo tem uma necessidade profunda de florescer e de compartilhar, esse amor significa prece.

O sexo acontece entre dois corpos; ele pode acontecer até mesmo com um corpo sem vida. Isso é o que acontece quando você sai com uma prostituta. A prostituta não está ali; só o corpo dela está. A prostituta oferece o corpo a você, mas a alma dela não está ali — ela nunca amou você, como pode estar ali? Ela se ausenta. Essa é a arte de ser prostituta. Ela se ausenta de você; simplesmente esquece que você está ali. Pode começar a pensar no namorado dela; pode fantasiar com ele, esquecer completamente de você e deixar o corpo dela à sua disposição. Mas trata-se de um corpo sem vida. Você pode usá-lo, mas ele é só um expediente para que você possa chegar ao orgasmo. É ruim, é tremendamente ruim fazer sexo com um corpo sem vida.

Mas não estou dizendo que isso aconteça só com prostitutas. Pode acontecer entre você e a sua mulher. Sua mulher pode não estar ali. Se não existe amor, como ela pode estar ali presente? Sua mulher pode estar muito longe dali enquanto vocês fazem amor, e o mesmo pode acontecer com o seu marido. Ele pode estar simplesmente cumprindo uma obrigação. Isso também é prostituição. Talvez o casamento seja um tipo de prostituição mais duradouro, mais institucional, mais conveniente e seguro, mas a diferença não está na qualidade — talvez esteja na quantidade, mas não na qualidade.

Sempre que você faz amor com uma pessoa que não está presente ou sem que você mesmo esteja presente, tudo o que existe é uma cópula entre dois corpos. É um ato mecânico. Quando faz amor com uma pessoa, você tem de estar presente ali; tem de estar consciente da presença da outra pessoa. Então duas presenças se encontram, sobrepõem-se, fundem-se e sentem uma imensa alegria; uma paz e silêncio profundos.

Se existem tantas pessoas religiosas que condenam o sexo é porque elas não entenderam o que é o amor. Elas só entendem o amor no que ele tem de mais básico — o sexo. Por isso elas continuam a condená-lo. Não entenderam a beleza do amor; só conhecem a feiúra do sexo. Se você encontrar um santo falando mal do sexo ou pregando contra ele, pode apostar que ele nunca conheceu o amor. E uma pessoa que nunca tenha conhecido o amor não pode rezar, sejam quais forem suas pretensões, pois o sexo só se aperfeiçoa por meio do amor e o amor só se aperfeiçoa por meio da prece. É uma hierarquia, uma pirâmide. A base é o sexo e o cume é a prece; entre os dois está a vastidão do amor.

Quando você está consciente da presença da outra pessoa, sente-se realizado com essa presença, feliz com essa presença, existe um compartilhar. O amor pode se tornar sexual, pode ter uma dimensão sexual também, mas o sexo se sublima, deixa de ser uma coisa obscena e atinge um plano mais elevado. Ele passa então a ter um atributo diferente.

Quando você ama uma pessoa e o sexo acontece espontaneamente, só como uma forma de compartilhar — sem que você tenha desejado esse momento, esperado por ele, planejado um encontro ou imaginado que ele aconteceria —, vocês simplesmente compartilham a presença um do outro e seus corpos se encontram e se fundem; nesse caso, o sexo também é diferente.

No amor, ou o sexo deixa de existir ou é transformado. Primeiro ele é transformado, depois começa a diminuir lentamente. A partir daí começa a surgir um outro tipo de amor — que é a prece. Na prece, não há espaço para o sexo. O amor é meio caminho entre o sexo e a prece.

No amor, ambos são possibilidades: o amor pode se espalhar pelas próprias raízes do sexo, como também pode, às vezes, elevar-se até as alturas da prece. Ao amar uma pessoa, você às vezes ama de uma forma erótica e outras vezes ama como quem faz uma prece. O amor pode se espalhar por esses dois terrenos. Ele é como um rio: está em contato com as duas margens. Há casos em que o corpo e há casos em que a pessoa fica a tal ponto transfigurada que você parece estar diante de um deus ou de uma deusa. Enquanto o seu amor não começar a sentir a presença do outro como um ser divino, não existirá prece.

Quando você chega no estágio da prece, o sexo deixa de existir no seu relacionamento. Desse ponto em diante, não há como recair no sexo; isso é impossível. A prece é a outra margem. Ela não tem nenhum contato com o sexo — que é a margem oposta. Eles se encontram no amor, portanto, o amor é a coisa *mais* complexa que existe na natureza humana, pois no amor as duas margens se encontram. No amor, matéria e espírito se encontram, corpo e alma se encontram, criador e criação se encontram. Nunca perca uma oportunidade de aprender a amar.

Mas tudo depende. Você me perguntou: "Todos os desejos são, no fundo, a mesma coisa? O que é esse meu desejo de amar?"

Você terá de observar. Eu não posso lhe dar uma resposta agora. Você terá de prestar atenção. Procure descobrir o que sente. Se esse desejo é sexual, não há nada que precise esconder ou com que precise se preocupar — isso é natural. O amor tem de partir de uma fonte natural; você tem de começar pelo sexo. Não esconda esse desejo nem tente racionalizá-lo — deixe que ele se expresse livremente. Se for por sexo, tudo bem. Tente entender esse desejo. Ajude-o para que ele avance na direção do amor — e fique cada vez mais centrado na pessoa e cada vez menos no corpo.

Se você sentir que se trata de um desejo por amor, ajude-o a avançar na direção da prece. Então ame a pessoa, mas lembre-se de Deus. Abrace a pessoa, mas lembre-se de Deus. Envolva a pessoa que você ama, segure a mão dela, mas lembre-se de que essa mão pertence a Deus. Então deixe que essa lembrança fique cada vez mais profunda.

Eu não posso dar a você uma resposta — você terá de descobrir sozinho. Mesmo que eu pudesse, você teria de interpretar a minha resposta do seu próprio jeito. Eu posso falar sobre a prece, mas se a sua energia continuar presa ao sexo, você interpretará o que eu disse de uma outra forma.

Há anos eu digo que a religião é a ponte entre o sexo e a supraconsciência. Todo tipo de pessoa já me ouviu dizer isso. As que têm obsessão por sexo pensam: "Que bom! Então a supraconsciência também é sexo!" Eles reduzem o samadhi ao sexo. Aquelas que estão realmente fluindo para o samadhi ficam muito felizes e dizem: "Ótimo! Agora não há necessidade de condenar mais nada — até o sexo tem relação com o samadhi. Podemos aceitá-lo, absorvê-lo e ficar mais em paz, pois quando não há conflito a paz impera".

Já fiz palestras para muitas pessoas e elas sempre entendem minhas palavras à moda delas. Deixe-me contar uma piada antes que vocês caiam no sono:

Mulla Nasruddin foi ao médico. Ele estava velho, muito velho, era quase um ancião, e parecia muito debilitado. O médico então disse: — Nasruddin, fale-me a respeito da sua vida amorosa, pois parece que você está gastando muita energia.

Nasruddin disse: — Minha vida amorosa é muito simples: quatro vezes por semana eu faço amor com minha mulher; quatro vezes por semana eu faço amor com minha secretária e quatro vezes por semana eu faço amor com minha datilógrafa.

O médico ficou horrorizado: — Nasruddin, você vai se matar desse jeito! É hora de pensar mais em você mesmo!

— Isso eu também faço quatro vezes por semana! — retrucou Nasruddin.

Cada cabeça é uma sentença. Mesmo que eu fale sobre prece, você só ouvirá o que quiser ouvir. É melhor que observe, que sonde sua mente e o jeito como ela funciona.

Só quero lhe dizer uma coisa: não se condene, nunca faça isso. A mente que condena nunca será capaz de entender a vida. Nunca julgue. Nunca avalie. Seja um mero observador. Pois, depois que fez um julgamento, você não consegue fazer com que a mente se abra totalmente para você — seu julgamento vira uma barreira. Se você já se convenceu de que sexo é pecado, como vai conseguir encarar sua própria sexualidade? Você só enganará a si mesmo. Racionalizará. Encontrará expedientes, palavras, filosofias para escondê-la.

Nunca cultive nenhum preconceito; faça com que a sua vida seja transparente aos seus próprios olhos. Seja como for, pelo menos até onde eu sei, tudo o que existe na vida é bom — seja o que for, é bom. É a sua mente, é o seu corpo, é a sua energia. O primeiro requisito básico é se ver sem subterfúgios — a partir daí é fácil.

Se o desejo que você tem é sexual, não há por que se preocupar com isso. É bom que você não seja impotente — pense nisso. Se for sexual, tudo bem — é sinal de que você tem energia. Agora você pode usar essa energia. Você já ouviu falar de algum homem impotente que tenha alcançado a iluminação? Eu nunca ouvi. E, acredite-me, isso nunca aconteceu — não pode acontecer. O homem impotente é o homem mais infeliz da face da terra, pois ele não pode chegar à iluminação. Mesmo se tentasse, não conseguiria, pois ele não tem energia para ser transformada.

E deixe-me dizer uma outra verdade: a iluminação sempre acontece a pessoas extremamente interessadas em sexo — sempre! Porque elas têm mais energia e podem avançar por meio dela. A iluminação não acontece a pessoas "mornas" — nada acontece a esse tipo de pessoa; elas ficam sempre no mesmo banho-maria. A iluminação só acontece a pessoas "quentes".

Buddha era assim. Ele tinha uma vida sexual muito ativa e graças a isso sua consciência aumentou enormemente. E um dia ele percebeu que estava gastando muita energia desnecessariamente; então ele começou a canalizar essa energia numa direção diferente — no amor, na prece, na compaixão, na meditação.

Era a mesma energia! Só existe uma única energia neste mundo e trata-se da energia sexual. Mesmo Deus, se tivesse de criar algo, teria de ser por meio do sexo. As crianças nascem, a vida é gerada, por meio do sexo. Uma flor desabrocha — é energia sexual. O cuco canta em todo o seu esplendor — é graças à energia sexual. Baste que você olhe à sua volta! O mundo todo palpita graças à energia sexual. Essa é a única energia que existe! O sexo é a matéria-prima do universo. Portanto, não condene o sexo. Navegue em suas ondas, nas ondas estrondosas do sexo, e você começará a se sentir numa outra dimensão.

O sexo será a primeira entrada, a segunda porta será a prece. Mas você só pode começar do ponto em que está. Portanto, o mais importante agora é saber em que ponto você se encontra — e só você pode dar essa resposta com certeza.

Observe... nunca pare de prestar atenção. E, se você não condenar, não justificar, não dizer "isso é bom, isso é ruim", não for um moralista puritano, se for um mero observador, você será capaz de ver — pois a resposta está dentro de você, assim como a sua energia. Depois que você descobrir onde ela está, comece a se empenhar.

Se ela estiver próxima ao seu centro sexual, não há nada com que se preocupar. Só lembre-se de uma coisa: nunca faça amor com alguém que não ame. Isso é perversão, pois só servirá para deixá-lo obcecado por sexo. Faça amor com uma pessoa que você realmente ame, do contrário espere, pois, quando você ama uma pessoa, o próprio amor eleva a sua energia. E, depois que a energia começar a avançar na direção do amor, o amor fica tão gratificante que você não tem mais motivo para se preocupar com o sexo. O sexo nunca satisfez ninguém. Ele só cria mais e mais insatisfação. O sexo nunca fez com que ninguém se sentisse realizado — ele não conhece a realização.

Só tenha relações sexuais quando você tiver uma relação de amor, pois amor e sexo ficarão associados. E o amor é o maior centro, é o centro mais elevado. Depois que o amor se atrelou ao sexo, ele começa a se elevar. Depois que você sentir que está amando, nunca mais vá a uma igreja, a uma mesquita ou a um templo — é bobagem. Faça o mesmo que fez antes: sua primeira prece tem de ser feita ao lado da pessoa que você ama. Antes ou depois de fazer amor, assuma a atitude de quem vai fazer uma prece; ou então, e essa é a melhor alternativa, assuma essa atitude enquanto faz amor.

Se você unir o amor à meditação, será mais fácil sublimá-lo, pois ele se valerá dela para se elevar. O amor tem de puxar a energia sexual para cima e a meditação tem de fazer o mesmo com relação ao amor. Depois que você estiver no ponto mais alto, no *sahasrar*, é preciso transcender o amor e o centro do coração. Desse centro, você pode seguir nas duas direções — não há nada de errado nisso. Depois que tiver alcançado o *sahasrar*, o florescimento definitivo do seu lótus interior, o sexo desaparecerá completamente. Ele não fará mais parte da sua vida.

No sexo não existe prece. Na prece não existe sexo. No amor, ambos se unem e se fundem. É por isso que vou repetir: o amor é a porta de entrada deste mundo e é também a porta de entrada para o outro mundo. O amor é uma porta que abre para os dois lados.

Jesus estava certo quando disse que Deus é amor. Mas eu gostaria de dizer — e eu acho que a minha proposição é melhor do que a dele — que o amor é Deus. Jesus disse que Deus é amor. Eu digo que o amor é Deus.

Como a filosofia zen encara o sexo? Seus adeptos parecem não ter sexo ou ter uma aura assexuada em torno deles.

O zen não tem uma postura definida com relação ao sexo e essa é a beleza do zen. Ter uma postura significa que você ainda tem uma obsessão pela coisa. Se uma pessoa é contra o sexo, ela tem uma postura com relação a isso; se ela for a favor do sexo, ela também tem uma postura. A postura a favor e a postura contra são como as duas rodas de uma carroça. Elas não são oponentes; são amigas, parceiras do mesmo negócio.

O zen não tem uma postura definida com relação ao sexo. Por que é preciso ter uma postura? Essa é a beleza do zen — ele é absolutamente natural. Você tem alguma postura com relação ao ato de beber água? Tem alguma postura com relação ao fato de se alimentar? E sobre dormir à noite? Não, você não tem.

Eu sei que existem pessoas tão malucas a ponto de ter opiniões muito definidas com relação a essas coisas também: não é bom dormir mais do que cinco horas por noite, por exemplo. O sono é uma espécie de pecado, algo como um mal necessário, por isso não se deve dormir mais do que cinco horas; na Índia, existem pessoas que acham que dormir três horas é o suficiente. E eu conheci uma pessoa que não dorme há dez anos. E ela é adorada como um deus só por causa disso; não tem nenhum outro talento criativo. Esse é o único talento dela. Talvez ela só tenha insônia. Talvez nem se trate de um talento, só de falta de sono.

Essa pessoa ficou tão neurótica que já não consegue relaxar; parece uma louca. A pessoa fica louca se não consegue dormir por dez anos. E chegam multidões para adorá-la, como se ela tivesse conseguido algo de grandioso. O que há de grandioso nisso? O que há de grandioso no fato de não se dormir? Trata-se apenas de uma pessoa anormal, doente. Dormir é natural. E é inevitável que ela fique muito tensa — ela é uma pessoa tensa. Deve ferver por dentro. Imagine só, dez anos sem dormir! Mas agora isso está se revelando um ótimo investimento; do ponto financeiro, valeu a pena. A loucura delas virou um investimento; agora milhares de pessoas a idolatram — só porque ela não dorme!

Essa tem sido uma das maiores calamidades ao longo das eras: as pessoas idolatram coisas tão pouco criativas e até mesmo patológicas. Então você tem uma opinião com relação ao sono. Existem aqueles que têm uma opinião com relação à comida. É melhor comer isso àquilo; é melhor comer pouco do que muito. Elas não ouvem o próprio corpo, para saber se ele está com fome ou não. Elas têm uma idéia formada a respeito do assunto e querem impor essa idéia sobre a natureza.

O zen não tem idéias formadas a respeito de sexo. O zen é muito simples, inocente. Ele é pueril. Segundo essa filosofia, não é preciso ter idéias sobre nada. Por quê? Você tem alguma idéia formada sobre o ato de espirrar? Espirrar ou não espirrar? Trata-se de um pecado ou de uma virtude? Não, você não tem nenhuma opinião a respeito. Mas eu já cruzei com um homem que é contra os espirros e, cada vez que espirra, ele repete um mantra para protegê-lo. Ele pertence a uma pequena seita idiota. De acordo com essa seita, quando você espirra, sua alma sai do corpo. Se você não se lembrar de Deus no momento do espirro, a alma pode não voltar. Então você tem que se lembrar imediatamente de Deus para que sua alma não vá embora. Se morrer enquanto espirra, você vai para o inferno.

Você pode ter opiniões sobre qualquer coisa. Depois que forma uma opinião, você perde a inocência e essas opiniões começam a controlar você. O zen não é contra nem a favor. Ele diz que tudo que é comum é bom. Seja um sujeito comum, seja um joão-ninguém, um zero à esquerda; não tenha ideologia nenhuma, nenhum caráter, seja uma pessoa sem caráter...

Se você tem caráter, isso é sinal de que tem um tipo de neurose. Caráter significa algo que se fixou em você. Caráter significa passado; significa condicionamento, hábito. Quando você tem caráter, esse caráter o aprisiona, tira a sua liberdade. É como se você estivesse vestindo uma armadura. Você deixa de ser uma pessoa livre. Agora você tem grades em torno de você; grades muito sutis. O homem de verdade não tem caráter.

O que eu quero dizer com isso? Quero dizer que esse homem não está preso ao passado. Ele age de acordo com o momento. Ele é espontâneo; só um homem sem caráter pode ser espontâneo. Ele não consultará sua memória para saber como agir. Quando surge uma situação, você costuma consultar sua memória — isso significa que você tem caráter. Você olha para o passado para saber o que fazer. Quando não tem caráter, você simplesmente contempla a situação e dela vem a inspiração de como agir. É uma coisa espontânea, em que você responde às circunstâncias em vez de reagir a elas.

O zen não tem um sistema de crença com relação a nada e isso inclui o sexo — o zen não diz nada sobre esse assunto. A razão disso? É uma tentativa de compensar o que a sociedade faz. O Tantra é terapêutico. A sociedade reprimiu o sexo; o Tantra serve como um remédio que ajuda a restaurar o equilíbrio. Você está saindo do seu eixo, o Tantra tenta ajudá-lo a se equilibrar novamente. E para restaurar o equilíbrio, às vezes é preciso ir para o outro extremo. Você já viu um equilibrista na corda bamba? Ele carrega uma vara na mão para conseguir se equilibrar. Se sente que está pendendo para a esquerda, ele imediatamente joga o corpo para a direita. Faz isso até perceber que recuperou o equilíbrio. É assim que ele consegue andar na corda bamba. O Tantra é um remédio.

A sociedade criou uma mente repressora, uma mente negativa e contra o prazer. A sociedade é extremamente contra o sexo. Por que ela é tão contra o sexo? Porque, se as pessoas puderem ter prazer sexual, elas nunca deixarão que as façam de escravas. Nunca! Não é possível escravizar uma pessoa que tenha prazer de viver. Esse é o truque. Só pessoas tristes podem ser escravizadas. Uma pessoa feliz é uma pessoa livre; ela tem um certo tipo de independência.

Você não pode recrutar para a guerra pessoas que sejam felizes. É impossível. Por que elas iriam para a guerra? Mas uma pessoa que reprimiu sua sexualidade está pronta para ir à guerra; ela tem sede de guerra, pois não é capaz de apreciar a vida. É completamente incapaz de apreciar a vida, portanto, ela perdeu toda a sua criatividade. Agora ela só pode fazer uma coisa: destruir. Todas as energias dela tornaram-se destrutivas e venenosas. Ela está pronta para guerrear — não só pronta como ávida por isso. Ela quer matar, quer destruir.

Na verdade, enquanto destrói seres humanos, ela sente um prazer semelhante ao da penetração. Essa penetração poderia ter sido feita com amor e beleza. Quando o homem penetra o corpo de uma mulher com amor, esse ato é espiritual. Mas, quando ele penetra o corpo de alguém com uma espada, com uma lança, esse é um ato repulsivo, violento, destrutivo. Ele está apenas procurando algo que substitua a penetração sexual.

Se a sociedade não condenasse o prazer, a alegria, ninguém seria destrutivo. As pessoas poderiam amar com beleza e nunca ter sede de destruição. E as pessoas que sabem amar e têm prazer de viver não competem entre si. Esse é o problema.

É por isso que os povos primitivos não são competitivos. Eles aproveitam a vida. Quem se preocupa em ter uma casa maior ou uma conta bancária mais polpuda? Para quê? Você está feliz com seu marido ou com a sua mulher e está aproveitando a dança da vida. Quem quer ficar atrás de uma barraca no mercado por anos a fio, esperando que no fim possa ter dinheiro suficiente para se aposentar e, aí sim, aproveitar a vida? Esse dia pode nunca chegar. É bem provável que nunca chegue, porque você passou a vida inteira vivendo como um asceta.

Lembre-se, os homens de negócios são ascetas. Eles dedicam toda a vida deles ao dinheiro. Agora, um homem que sabe amar, que descobriu a emoção e o êxtase que o amor proporciona, nunca será competitivo. Ele ficará feliz apenas em ganhar seu pão de cada dia. Esse é o significado da prece de Jesus: "Pão nosso de cada dia, nos dai hoje". Isso já é mais do que suficiente. Agora Jesus parece um tolo. Ele deveria pedir: "Uma conta bancária bem polpuda, nos dai hoje". Ele só pede o pão de cada dia! Acontece que o homem feliz nunca pede mais do que isso. A alegria de viver já é extremamente gratificante.

Só as pessoas insatisfeitas é que são competitivas, pois elas sempre acham que a vida poderia ser melhor. "Eu tenho de ir a Déli e ser presidente" ou "à Casa Branca e me tornar isso ou aquilo". "Eu tenho de conseguir isso; só assim serei feliz" — elas dizem isso porque não aproveitam o dia de hoje. Por isso estão sempre em busca de alguma coisa no futuro. Estão sempre em busca de algo e nunca conseguem o que querem. O homem que aproveita a vida vive aqui e agora. Por que ele deveria ir a Déli? Ele já é tão feliz aqui e agora! Tem tão poucas necessidades! Não tem nenhum desejo. Ele pode ter necessidades, mas não desejos. As necessidades podem ser satisfeitas, mas não os desejos. As necessidades são naturais, os desejos são perversões.

Toda esta sociedade agora depende de uma única coisa: da repressão do sexo. Do contrário, a economia será destruída, sabotada. A guerra deixará de existir e com ela todo o armamento bélico; a política deixará de ter sentido e os políticos não terão mais importância. O dinheiro deixa de ter valor quando as pessoas podem amar. Como elas não podem, o dinheiro torna-se um substituto, torna-se o amor dessas pessoas. Portanto, existe uma estratégia sutil. O sexo tem de ser reprimido, do contrário toda a estrutura da sociedade vem imediatamente abaixo.

Só a possibilidade de amar pode causar uma revolução. O comunismo não deu certo, o fascismo não deu certo, o capitalismo não deu certo. Nenhum dos "ismos" deu certo porque, no fundo, todos eles reprimiam o sexo. Nesse ponto não existe nenhuma diferença entre eles — nenhuma diferença entre Washington e Moscou, Beijing e Déli — diferença nenhuma. Eles todos concordam com respeito a uma coisa — o sexo tem de ser controlado, as pessoas não podem ter prazer com o sexo.

Para restaurar o equilíbrio existe o Tantra; o Tantra é uma espécie de remédio. Por isso ele enfatiza tanto o sexo. As chamadas religiões dizem que o sexo é pecado e o Tantra diz que o sexo é só um fenômeno sagrado. O Tantra é um remédio. O Zen não é um remédio. O Zen é o estado em que não existem mais doenças, e é claro que, se não existem doenças, não é preciso remédio. Depois que estiver curado da sua doença, você não precisará mais carregar a receita e o remédio com você. Você o joga fora. Ele vai para a lata do lixo.

A sociedade comum é contra o sexo; o Tantra é uma forma de ajudar a humanidade, de devolver o sexo à humanidade. E quando isso acontece, surge o Zen. O Zen não tem nenhuma postura com relação ao sexo. O Zen é saúde pura.

Wilhelm Reich diz que "todos os pacientes têm distúrbios sexuais. Eles têm de recuperar a saúde sexual, ou seja, têm de descobrir e abandonar todas as atitudes patológicas que impedem a realização do potencial para o orgasmo". Como terapeuta e como alguém que também faz terapia, eu gostaria de saber se essa afirmação é factual e se ela tem um fundamento sólido em que possamos nos basear.

Trata-se de uma afirmação correta. O organismo saudável é sempre capaz de atingir picos de orgasmo. Ele é orgásmico. Ele é uma corrente, um fluxo.

Quando um homem saudável dá risada, ele ri como se todo o seu corpo risse. Não são apenas os lábios ou o rosto dele que riem. Ele ri da cabeça aos pés, como um só organismo. Ondas de risada fluem por todo o seu ser. Toda a bioenergia dele flui em ondas, quando ele ri. É como uma dança. Quando um homem saudável é triste, ele é realmente triste, totalmente. Quando um homem saudável está com raiva, ele fica tomado pela raiva. Quando faz amor, ele é amor; nada mais do que isso. Quando ele faz amor, ele só faz amor.

Na verdade, dizer que ele faz amor não é o mais correto. Essa expressão é vulgar, pois o amor não é algo que pode ser feito. Não é que ele faça amor — ele é amor. Ele não é nada mais do que energia de amor. E ele é assim em tudo o que faz. Se está caminhando, ele é só energia em movimento. Não existe ali ninguém que esteja caminhando. Só existe a caminhada. Se estiver cavando um buraco, ele só está cavando.

O homem saudável não é uma entidade; ele é um processo, um processo dinâmico. Ou podemos dizer que o homem saudável não é um substantivo, mas um verbo; não é um rio, mas uma corrente. Ele está fluindo constantemente em todas as dimensões, transbordando. E qualquer sociedade que impeça isso é patológica. Qualquer pessoa que sofre de qualquer inibição é doente, desequilibrada. Só uma parte, não o todo, está em atividade.

As mulheres não sabem o que é orgasmo. Muitos homens também não sabem o que é um orgasmo total. Muitos atingem só um orgasmo genital; ele se restringe aos genitais. É um pequeno frêmito nos genitais — não passa disso. Não é como a possessão que ocorre quando todo o corpo entra num redemoinho e se perde num abismo profundo. Por alguns instantes, o tempo pára e a mente fica paralisada. Por alguns instantes, você não sabe quem é. Esse é o orgasmo total.

O homem é doente porque a sociedade o mutilou de várias formas. Você não pode amar com todo o seu coração; não pode sentir raiva; não pode ser você mesmo. Milhares de limitações se impõem sobre você.

Se quer mesmo ser saudável, você tem de se desinibir. Tem de apagar tudo o que a sociedade fez com você. A sociedade é extremamente criminosa, mas essa é a única que temos, portanto, não há nada que possamos fazer no momento. Cada pessoa tem de encontrar um meio de escapar das garras dessa sociedade patológica, e o melhor jeito de começar é tornar-se orgásmico de todas as formas possíveis.

Se for nadar, nade com todo o seu ser, a ponto de se transformar no próprio ato de nadar, no próprio verbo; o substantivo desaparece. Se for correr, torne-se a própria corrida, não no corredor. Nos Jogos Olímpicos, há corredores, egos, competidores... ambições. Se você conseguir correr fazendo com que o corredor desapareça, essa corrida será zen; ela se torna uma meditação. Dance, mas não seja o dançarino, pois o dançarino vai começar a manipular você e ele não é total. Contente-se em dançar e deixe que a dança leve-o aonde ela quiser.

Deixe que a vida o leve, confie na vida e, pouco a pouco, ela acabará com todas as suas inibições. A sua energia começará a fluir em todas as partes em que hoje ela está estagnada.

Portanto, faça o que fizer, nunca se esqueça de que você tem de se tornar mais fluido. Se segurar a mão de alguém, segure-a de fato. Se quer mesmo segurá-la, então por que não fazer desse um ato consciente, em vez de perder essa oportunidade. Segure-a de verdade! Não deixe que sejam apenas duas mãos mortas segurando uma à outra, esperando apenas o momento de se largarem. Se estiver conversando com alguém, fale com paixão, do contrário você só vai aborrecer os outros e a si mesmo.

A vida tem de ser uma paixão; uma paixão vibrante e palpitante, uma energia imensa. Faça o que fizer, procure não demonstrar apatia; do contrário, é melhor não fazer nada. Não há problema em não fazer nada; mas se resolver fazer, faça com paixão.

Todas as suas inibições desaparecerão pouco a pouco e toda a sua vida lhe será devolvida. Seu corpo e sua mente lhe serão restituídos. A sociedade mutilou o seu corpo, a sua mente — tudo. Eles deram a você algumas oportunidades, algumas brechas muito estreitas, e você só pode olhar por essas brechas. Não pode ver o todo.

Isso é o que eu chamo de mente saudável. A mente saudável é orgásmica, extática.

Por que o sexo sempre foi associado à raiva, ao ciúme, à crueldade, à ganância, à possessividade, à violência e nunca ao divertimento, ao prazer, ao amor, à brincadeira, à amizade e a outras coisas boas a que você o associa?

O sexo não tem nada que ver com ciúme, raiva e possessividade. Mas a mente do homem foi condicionada de tal forma por grupos de pessoas com interesses escusos que eles aproveitaram a própria fonte da vida — o sexo — em benefício próprio.

Por exemplo, o homem é polígamo por natureza e, quando digo homem, não estou me referindo só a eles, mas às mulheres também. Os seres humanos são polígamos, mas todas as sociedades impuseram a monogamia. Foi essa imposição que criou um problema. Não foi o sexo, mas a monogamia.

Você estabelece vínculos com alguém, com um homem ou com uma mulher. É natural que, de vez em quando, você tenha vontade de variar. O mesmo homem, o mesmo cheiro, a mesma mulher, a mesma geografia que você já explorou milhares de vezes. E você tem de explorá-la mais uma vez, embora já conheça todos os recônditos — não há mais nada a explorar. Você já está saciado. Isso é inteligente; só a inteligência fica saciada. Você adoraria ter outra mulher de vez em quando ou um outro homem.

Se a sociedade fosse comandada por pessoas inteligentes — não por pessoas que quisessem explorar você, mas por pessoas que quisessem respeitar a sua natureza e levá-la a mais completa realização —, não haveria mais ciúme. A mulher entenderia que o marido, de vez em quando, precisa de outras mulheres, "assim como ela mesma precisa de outros homens". Isso é perfeitamente natural. Somos todos seres humanos.

O que há de errado em jogar tênis com um parceiro hoje e com outro amanhã? Um parceiro vai sentir ciúme do outro? Não existe ciúme nesse caso. E o sexo é igual a uma partida de tênis — duas energias se encontram e se fundem. E, depois da pílula, o argumento básico de todas as religiões ficou completamente obsoleto.

Todas as religiões insistiam na monogamia por causa dos filhos; do contrário, quem se responsabilizaria por eles? Com a invenção da pílula, o sexo não precisa mais ser um cativeiro, pois a gravidez indesejada não é mais um problema. O sexo ficou livre do cativeiro da biologia. Por isso eu torno a dizer que, depois da descoberta do fogo, a pílula é a maior revolução, a maior descoberta, de todos os tempos.

Quando não existe ciúme, não existe raiva; e todas as qualidades que eu menciono surgirão espontaneamente. Uma mulher que dá liberdade ao marido ou um homem que nunca tenta possuir a companheira — ela pode viver da maneira que bem entender —, você acha que não surgirá daí uma amizade entre essas duas pessoas? Um homem que dá liberdade à esposa e uma mulher que dá liberdade ao marido — é inevitável que nasça uma grande amizade, uma grande intimidade, entre essas duas pessoas.

A mulher pode contar ao marido como são os outros homens. O homem pode descrever à esposa como foram suas outras parceiras. Ele não precisa esconder nada. A amizade que existe entre eles os aproxima e os deixa mais íntimos. Mas as sociedades do passado nunca quiseram que isso acontecesse. Eles queriam que as pessoas ficassem entediadas: amarravam uma mulher a um homem para sempre, de modo que a vida deles fosse um imenso tédio. Essas pessoas entediadas, sofredoras, não podiam se rebelar. Elas não conseguiam chegar ao clímax da inteligência; o tédio destruía qualquer possibilidade.

Por que Xantipa tinha raiva de Sócrates? Por que costumava bater nele? Por que um dia ela jogou na cabeça de Sócrates a água fervente que usaria para fazer o chá? Metade do rosto do marido sofreu queimaduras e ficou deformada pelo resto da vida. Que problema havia entre eles?

O problema era o fato de que ele estava mais interessado em seus discípulos do que nela. Ele conversava com eles quando aconteceu o triste episódio da água fervente. A esposa já tinha avisado mil vezes: — Venha, o chá está pronto! — Mas, para um homem como Sócrates, um chá não significava nada quando estava em curso uma conversa interessante.

Ela acabou ficando furiosa e jogando a água fervente no rosto do marido. Mas Sócrates foi um dos maiores homens da história. Ele secou o rosto e continuou a conversa do ponto onde havia parado. Um dos discípulos disse: — Não posso entender! Como o senhor pode tolerar uma mulher como essa?

— Eu não a tolero — respondeu Sócrates. — Ela me ajudou a aprender muitas coisas; a paciência é uma delas. Sou grato a ela. Ela acabou de me dar outra lição agora: mesmo quando jogam água fervente em você, é possível manter a calma. Sem ela, eu teria dificuldade em descobrir coisas como essa. — Sócrates nunca ficava zangado com a esposa; ele sempre a tratava com compaixão.

Quando duas pessoas dão liberdade uma à outra, ambas ganham experiência. Talvez a sua mulher guarde um tesouro que você ainda não tenha descoberto. Ao fazer amor com outra mulher, talvez você descubra esse tesouro; uma amante pode ser muito útil. A sua mulher deixa de ser uma geografia muitas vezes explorada: ela revela outras paisagens, outras frestas, outros segredos, outros espaços... Você começa procurando pelas novas paisagens que encontrou em outra mulher, pois não existe uma mulher igual à outra, assim como não existe um homem igual ao outro.

É preciso deixar que o homem entre em contato com o maior número possível de mulheres. O mesmo vale para as mulheres. Ambos ficarão muito mais ricos em experiências, intimidade e amizade; eles descobrirão esferas superiores do amor que de outro modo nunca conheceriam.

Mas pessoas com interesses escusos não querem que você seja inteligente, que você tenha muitas experiências ou que realize todo o seu potencial, pois isso é perigoso para elas. Você só continua sendo um escravo, se não for inteligente nem tiver muitas experiências. Você só continuará sendo um escravo se continuar sendo um marido dominador. Você sabe perfeitamente bem que não consegue nem controlar a sua esposa. Você sabe que nunca tentará se destacar em nenhum campo, pois sabe que a sua mulher o superaria imediatamente.

E a mulher fica aprisionada em casa. De quem ela se vingará? Quem é responsável por isso? O marido.

Essa situação terrível nós mesmos é que criamos.

Meu objetivo é ajudar as pessoas a entenderem que o amor não é uma mercadoria. Você acha que, se a sua mulher sair com outro homem, ele tirará dela um pedaço. Quando voltar, ela estará vazia e não existirá mais amor? O amor não é uma mercadoria. Na verdade, ao conhecer outros homens, de diferentes ângulos, ela poderá se dar conta dos diferentes ângulos de si mesma. Ela poderá voltar mais amorosa, pois estará mais experiente e pode lhe fazer uma surpresa — fazer algo que nunca fez antes!

Eu sou a favor da riqueza em todas as dimensões da vida. E sou contra a miséria em qualquer dimensão da vida. E você passou a vida toda na miséria psicológica, espiritual e física. É por isso que poucas pessoas podem se tornar presidentes, primeiros-ministros, reis e rainhas; poucas pessoas podem se tornar papas ou alguém como Aiatolá Khomeini. Por causa de algumas pessoas, toda a humanidade sofre!

Eu quero que você se rebele contra qualquer coisa que tire a sua liberdade.

A liberdade, para mim, é a maior experiência que existe; é a mais bela e a mais divina.

Nunca, por razão nenhuma, deixe que tirem a sua liberdade. Preserve-a, custe o que custar. É isso que fará de você um homem de verdade, uma mulher de verdade. Agora, você é apenas uma marionete; nada em você é real, é verdadeiro. E porque tudo é irreal, você sofre.

A realidade liberta você do sofrimento e lhe proporciona um mundo de bênçãos. Esse é o reino para o qual estou tentando levar você.

Qual é a relação entre o sexo e a morte?

O homem tem medo dos dois. É por isso que eles são tabus. Ninguém fala de sexo e ninguém fala de morte.

Ficamos em silêncio quando o assunto é sexo ou morte. Faz séculos que mantemos esse silêncio. Eles são assuntos tabus, que nunca são mencionados. No momento em que isso acontece, você começa a tremer.

Parece que existe uma grande repressão. É por isso que temos palavras que substituem essas duas. No Ocidente, as pessoas não dizem que "fazem sexo", elas dizem que "fazem amor". Esse é um termo substituto. E é mentiroso, porque o amor é uma coisa totalmente diferente. Fazer sexo é fazer sexo, não é fazer amor. O amor pode incluir sexo, mas é algo completamente diferente.

Nunca falamos da morte diretamente. Se alguém morre, também contornamos o assunto com palavras mais amenas. Dizemos que a pessoa "foi para o céu" ou "descansou". A morte nunca é encarada de frente.

Criamos muitos fenômenos falsos em torno da morte e do sexo. Se duas pessoas vão se casar, o sexo nem sequer é mencionado. E eles vão se casar só para poder fazer sexo! Criamos uma grande ilusão em torno do casamento, mas o fato nu e cru é o sexo. Criamos um ritual, um ritual magnífico de casamento, só para esconder esse fato. Por quê? Por que essas duas coisas são tabus? Porque elas estão profundamente relacionadas.

Elas estão relacionadas pelo seguinte:

Primeiro, você nasce do sexo; o nascimento é conseqüência do sexo. E nascimento e morte são os dois pólos da mesma coisa. A morte está oculta no seu próprio nascimento. É por isso que o homem se dá conta da relação entre sexo e morte. A morte não pode acontecer sem o sexo, assim como o nascimento não pode acontecer sem o sexo.

Você talvez esteja se perguntando... Existem organismos — como as amebas e as bactérias — que não nascem do sexo, mas de uma simples divisão. As amebas continuam crescendo e se alimentando. Ao chegar num ponto, ocorre uma divisão, pois ela fica tão grande que não pode mais se movimentar. Ao chegar num certo limite, o corpo se divide em dois. Então esses dois corpos continuam crescendo até se dividir em quatro. Não existe sexo, só uma simples divisão. É por isso que a ameba é considerada imortal. Elas nunca morrem. Enquanto tiver um suprimento de comida, elas não morrem. Não é preciso morrer, porque não há sexo.

O homem não pode se tornar imortal enquanto não encontrar algo que mude todo o processo da reprodução. Se puder nascer sem que o sexo seja necessário, ele nunca morrerá. A Ioga, particularmente a Hatha Ioga, já fez várias tentativas para encontrar um método que prolongue a vida. É por isso que a Hatha Ioga é contra o sexo. Segundo ela, se você quiser ter uma vida mais longa, não pode praticar sexo, pois o sexo antecipa a morte.

Mas você já nasceu, por isso já está interessado em sexo. Se você se reprime sexualmente ou se expressa livremente nesse campo, pouco importa. Você já escolheu de que lado ficar. Logo, logo estará do outro.

O sexo está profundamente relacionado com a morte num outro sentido também. Num ato sexual profundo, você pode sentir uma espécie de morte, como se você não existisse mais. Se de fato estiver totalmente entregue ao ato, você se fundiu com o parceiro. Sua entidade individual desapareceu e uma força maior que você tomou conta do seu ser. De início, o ato sexual é voluntário, mas nunca termina como um ato voluntário. Chega um ponto em que o mecanismo voluntário é sobreposto por outro involuntário. Chega um ponto em que a sua mente consciente fica de lado e o inconsciente assume o comando. Chega um ponto em que o ego deixa de existir e o não-ego assume o controle. Você sente uma morte repentina do ego; sente que está morrendo.

Essa é a razão por que as pessoas muito egocêntricas não conseguem chegar ao orgasmo sexual. Elas não conseguem se entregar; não conseguem deixar que o inconsciente assuma o comando. Elas permanecem conscientes e tentam controlar todo o processo. Por isso não conseguem ter um orgasmo profundo. Quanto mais civilizada for a pessoa, menos possibilidade ela tem de chegar ao orgasmo. Esse momento de bem-aventurança em que o ego se esvai e você se funde com a existência é uma espécie de morte; a morte do ego, do consciente, da individualidade.

É por isso que as pessoas que temem o sexo também têm medo da morte. E aquelas que temem a morte também temem o sexo. Essas pessoas pensam: "Eu posso me perder. Como ter certeza de que poderei voltar?" Não há nenhuma certeza. Quem pode saber se você vai voltar ou se vai continuar até desaparecer por completo?

Esse mesmo medo acontece na meditação também. A meditação também leva a um orgasmo profundo, muito parecido com o orgasmo sexual. De certo modo, trata-se da mesma coisa.

A psicologia moderna, particularmente a junguiana, descobriu um conceito que, na verdade, trata-se de um conceito tântrico muito antigo. O Tantra diz que todo ser humano é bissexual. Nenhum homem é apenas um homem. Ele é, num certo sentido, um homem e uma mulher. E nenhuma mulher é simplesmente uma mulher. Lá no fundo, ela é um homem também. Portanto, todo indivíduo, homem ou mulher, é bissexual. O sexo oposto encerra-se nas profundezas de cada ser humano.

Quando está em meditação profunda, a pessoa tem um orgasmo sexual — não com outra pessoa, mas com o oposto polar que tem dentro de si. Vocês se encontram ali: sua mulher interior e seu homem interior. Esse encontro é espiritual, não físico. Eles se penetram, o yin e o yang. Eles se penetram, tornam-se uma coisa só e se fundem um no outro. A meditação é um orgasmo sexual profundo entre os seus próprios opostos polares. Isso também provoca medo.

Se meditar profundamente, um dia, mais cedo ou mais tarde, você saberá quando será a sua hora. A morte é anunciada: "Agora eu vou morrer!" O medo toma conta de você. Esse medo pode fazer você voltar. Se voltar, você terá perdido uma grande oportunidade que só acontece muito raramente. Vidas e vidas passarão até que esse raro momento aconteça outra vez, fazendo com que você comece a sentir um profundo orgasmo interior. A mulher interior e o homem interior se encontram; seus dois opostos polares penetram um no outro, tornando-se uma coisa só. Nesse momento, você se sente inteiro. Mas surge o medo, pois o ego desaparece. Você, como você se conhece, a sua imagem, esvai-se. Surge um novo ser que não tem nenhuma relação com o anterior, que não tem nenhuma semelhança com o anterior. Mas antes você terá de morrer, levando consigo todo o seu passado. Isso causa medo.

Na meditação, você depara com a morte; no orgasmo sexual, você também depara com a morte. Mas, se conseguir enfrentar essas mortes, você será capaz de enfrentar a morte suprema: a morte do ego. E sem sentir medo. Depois que você descobre que você pode perder o ego e continuar existindo, depois que você percebe que essa perda não é bem uma perda, mas um ganho, e essa morte não é uma morte, mas a vida eterna — depois que descobre isso, a morte deixa de existir para você. Seu corpo pode morrer, tudo o que você tem pode morrer, mas não você — o seu ser, o fundamento da sua existência — é eterno.

E isso é ótimo. Se você conseguir enfrentar a morte no sexo, ele se tornará espiritual; tornar-se-á uma meditação. Depois que você a conhecer com outra pessoa, com a pessoa que ama ou com um amante, será muito fácil passar para a meditação e criar o mesmo fenômeno dentro de você.

A pessoa também pode criar esse fenômeno no reino interior. Será difícil, mas não impossível. Depois que ele for criado e a pessoa tiver passado por esse encontro profundo, por uma profunda comunhão interior entre seus opostos polares, o sexo deixará de existir, pois ele é um mero substituto do sexo interior. Eu chamo a meditação de sexo interior. Você está sozinho, mas tem um orgasmo profundo com seu oposto polar.

Sinta a morte sempre que tiver oportunidade. Não fuja dela. A morte é bela; é o maior mistério deste mundo; chega a ser mais misteriosa que a vida. Por meio da vida, você ganha o mundo, o mundo das futilidades — totalmente sem sentido, sem valor. Por meio da morte, você ganha o eterno. A morte é a passagem para ele.

Sócrates estava morrendo; ele havia sido envenenado. Seu rosto tinha uma expressão de êxtase. Os amigos então lhe perguntaram: — Sócrates, você está nos seus últimos instantes de vida. Por que parece tão feliz, tão alegre? Nunca vimos ninguém morrer com tamanha expressão de bem-aventurança, com um olhar tão extasiante! O que acontece com você?

— Estou no limiar da morte — respondeu ele —, o maior mistério da vida. A vida não é nada diante disso. O desconhecido está se abrindo para mim, o ilimitado, o inexplorado. Estou prestes a embarcar numa grande viagem. Estou me perdendo de mim mesmo, mas ganhando todo o universo, toda a existência.

Não tenha medo da morte. É esse medo que o impede de passar por todas as experiências profundas: o amor, a meditação, o êxtase.

Você pode dizer alguma coisa sobre a Aids?

Não é aconselhável que eu diga alguma coisa sobre a Aids, pois não sou médico. Só posso dizer que não se trata de uma doença de fato. Ela está muito além das limitações da medicina.

A meu ver, ela não está na mesma categoria que as outras doenças; esse é o maior perigo da Aids. Talvez ela mate dois terços da humanidade. Trata-se, basicamente, da incapacidade de resistir às doenças. Lentamente, a pessoa fica vulnerável a todo tipo de infecção e perde a resistência para combater essas infecções.

Para mim, isso significa que a humanidade está perdendo a vontade de viver.

Sempre que uma pessoa perde a vontade de viver, sua resistência diminui, pois o corpo segue a mente. O corpo é um servo muito cauteloso da mente; ele a serve religiosamente. Se a mente perde a vontade de viver, isso se refletirá no corpo, fazendo com que ele perca a resistência contra as doenças e contra a morte. Evidentemente, os médicos nunca se preocupam em verificar a vontade de viver que o paciente tem — é por isso que eu acho melhor falar alguma coisa a respeito desse assunto.

Esse mal vai se tornar um problema tão grande para a humanidade que qualquer reflexão, de qualquer natureza, pode ser extremamente útil.

A vontade de viver está enraizada no sexo. Se ela desaparece, o sexo torna-se a parte mais vulnerável da vida da pessoa.

Lembre-se sempre de que eu não sou médico e de que tudo o que digo parte de um ponto de vista totalmente diferente. Mas é bem provável que eu esteja mais certo do que os chamados pesquisadores, pois as pesquisas que eles fazem são superficiais. Eles só pensam nos casos da doença; coletam dados, fatos.

Eu não sigo esse raciocínio — não coleto dados. Meu trabalho não é de pesquisa, mas de introspecção. Eu procuro ver todo problema da forma mais profunda possível. Simplesmente ignoro o superficial, que é o campo de estudo dos pesquisadores. Você pode chamar o meu trabalho de pesquisa interior.

Eu procuro sondar profundamente e vejo claramente que o sexo é o fenômeno mais relacionado com a vontade de viver. Se essa vontade diminui, o sexo fica mais vulnerável; portanto, a Aids não é uma questão de heterossexualismo ou homossexualismo.

Aos meus olhos, essa doença é espiritual.

O homem chegou num ponto que ele considera o fim do caminho.

Voltar não faz sentido, pois tudo o que ele viu e viveu não significou nada; é absolutamente sem sentido. Voltar não vale a pena; pela frente, não há nenhuma estrada, só um imenso abismo. Numa situação como essa, se ele perder o desejo, a vontade de viver, isso não será nenhuma surpresa.

Pesquisas já comprovaram que, se a criança não viver cercada de pessoas amorosas — a mãe, o pai, os irmãos —, se ela não for criada com amor, o seu corpo definhará mesmo que ela tenha uma ótima alimentação. Você pode proporcionar tudo de que ela precisa — todos os cuidados médicos ou de higiene —, mas mesmo assim a criança começará a definhar.

O que ela tem é uma doença? É, para a medicina tudo é doença; alguma coisa deve estar errada. Eles continuarão investigando os fatos, a razão por que a criança está definhando. Mas não se trata de uma doença.

A vontade de viver da criança nem chegou a despertar. Ela precisa de calor humano, de rostos risonhos, de crianças peraltas por perto, do calor do corpo materno — um ambiente que a faça sentir que a vida tem tesouros inimagináveis que ela pode explorar, que a vida não é um deserto árido, mas um oásis de imensas possibilidades.

Ela precisa ser capaz de ver essas possibilidades nos olhos das pessoas que a rodeiam, nos corpos que a envolvem nos braços. Só assim brotará na criança a vontade de viver — essa vontade brota como uma semente ao sol. Do contrário, ela definhará até a morte — mesmo sem contrair nenhuma doença, ela definhará até a morte.

A criança órfã definha até a morte porque a sua vontade de viver nunca chega a brotar dentro dela, nunca chega a despertar, tornando-se uma corrente fluida.

A Aids é o mesmo fenômeno, no pólo oposto da vida. Você de repente se sente como se fosse um órfão existencial. Esse sentimento de ser um órfão da vida acaba com a sua vontade de viver. E quando isso acontece, o sexo é a primeira coisa afetada, pois a vida começa com o sexo; ela é uma conseqüência do sexo.

Portanto, enquanto você estiver vivo, vibrante, cheio de esperança e sonhos e o amanhã for uma utopia — de modo que você possa esquecer que viveu e ainda vive uma vida sem sentido —, amanhã, quando o sol nascer, tudo pode ser diferente... Todas as religiões dão a você essa esperança.

Essas religiões fracassaram. Embora você conserve o rótulo — cristão, judeu, hindu —, isso não passa de um rótulo. No fundo, você perdeu toda a esperança. As religiões não podem ajudar em nada; elas são pseudo-religiões. Os políticos também não são de nenhuma valia. Eles nunca pretenderam ser; tudo não passou de uma estratégia para explorar você. Mas por quanto tempo essa falsa utopia — política ou religiosa — pode ajudar você? Mais cedo ou mais tarde, as pessoas amadurecem; e é isso o que está acontecendo agora.

O ser humano amadureceu, tomou consciência de que ele foi enganado pelos padres, pelos pais, pelos políticos e pelos pedagogos. Ele foi simplesmente enganado por todo mundo, pois incutiram nele falsas esperanças. No momento em que amadurece, ele percebe isso e a vontade de viver diminui. E a primeira coisa que sofre as conseqüências disso é a sexualidade. Para mim, essa é a explicação da Aids.

A Aids, para mim, é uma doença existencial; é por isso que os médicos enfrentarão muitas dificuldades caso não procurem entender a raiz dessa doença. E para isso, a medicina não ajudará em nada; só a meditação pode levá-los a uma resposta.

Só a meditação pode fazer fluir a sua energia aqui e agora. Depois que ela começa a fluir, não há mais necessidade nenhuma de cultivar esperanças, utopias ou sonhos. Todo momento será maravilhoso.

Mas eu não estou qualificado para dizer nada sobre a Aids. Eu nunca fiz nem mesmo um curso de primeiros socorros! Portanto, peço que me perdoem por fazer comentários sobre um assunto que não domino. Mas não vou nunca deixar de fazê-los.

Nota do Editor: As idéias expressas por Osho sobre a Aids não dão a entender que essa doença tenha uma origem apenas psicológica. Na verdade, Osho foi uma das primeiras pessoas que perceberam os perigos da pandemia incipiente da Aids, em 1984, e recomendou na época que as pessoas adotassem práticas severas de sexo seguro e, logo que possível, fizessem o teste que detectava anticorpos ao vírus HIV.

Por que tantas pessoas se sentem constrangidas e embaraçadas com o contato físico, mesmo que se trate apenas de um abraço?

Por séculos, o homem foi condicionado a ver o corpo de modo negativo. Todas as religiões pregam que, se você quer ser uma pessoa espiritualizada, precisa ir contra o seu corpo. Se você quer conquistar o outro mundo, precisa renunciar a este. E o abraço é uma experiência sensual e física extremamente importante. Mas o que dizer do abraço? O mero toque já é considerado um tabu.

Esses programas religiosos que você aprende são tão desumanos que, se conseguisse esquecer tudo o que aprendeu com eles e deixasse o passado de lado, você sentiria uma imensa explosão de calor humano, amor, vontade de abraçar e de tocar as pessoas; pela primeira vez você se sentiria vivo.

No passado, tudo o que as religiões queriam era fazer com que as pessoas se sentissem meio mortas, apenas preocupadas em sobreviver, respirar, cavar a própria cova e esperar a morte chegar para lhes trazer a libertação.

E o corpo físico é um fenômeno tão belo! Ele é você. É a sua circunferência; se você negá-la, nunca poderá encontrar o centro dela. O centro dessa circunferência é o seu ser; esse centro não é contra o corpo, pois ele não pode viver sem o corpo nem por um só instante; o corpo é o que o sustenta.

Você vê no mundo todo pessoas semimortas andando como sonâmbulos, miseráveis, sofrendo por inúmeras razões; mas tudo isso tem como base um único fenômeno: você se voltou contra o seu corpo. Seu centro e sua circunferência foram apartados um do outro. Mas, para chegar ao centro, é preciso passar pela circunferência.

Você já deve ter percebido que, no Oriente, as pessoas não se cumprimentam com um aperto de mãos. Isso é contra a espiritualidade. Você está entrando em contato com o corpo de outra pessoa, com o calor que irradia dela. No Oriente, ninguém abraça ninguém, pois as pessoas acham que o abraço tem uma conotação sexual. Mas não tem. É claro que ele é um gesto sensual, mas não sexual. E é preciso que você entenda muito bem essas duas palavras.

O homem que se sente vivo é sensual. Isso significa que todos os sentidos dele estão funcionando bem. Ele enxerga melhor. Quando ele aperta a sua mão, você não tem a impressão que está apertando um objeto inanimado. Seu toque tem vida; tem uma linguagem própria, uma mensagem. A energia dele é transferida para você e a sua é transferida para ele.

O encontro de duas energias é sempre agradável. É como dois bailarinos dançando no mesmo ritmo, dois instrumentos musicais tocando no mesmo tom e complementando um ao outro. Mas, mesmo no Ocidente, onde as pessoas se cumprimentam com um aperto de mãos, não existe essa troca de energias. O cristianismo é a causa disso. Você aperta a mão de outra pessoa, mas, em vez de lhe passar energia, você a retém. Você tem medo de ser sexual, de ser sensual, de se interessar pelo corpo da outra pessoa — pois nada disso é considerado espiritual.

Descobriu-se que, se você olhar uma mulher por mais de três segundos, essa atitude é considerada antiespiritual. Dois segundos é considerado um olhar casual. Ao cruzar com alguém na rua, você não consegue evitar; uma mulher cruza com você, alguém tão belo quanto Cleópatra passa por você — um olhar de três segundos é inevitável. Além disso, é como se seus olhos acariciassem o corpo dela — é como um toque à distância, por controle remoto. E, se você fitar os olhos dela por mais de três segundos, ela ficará ofendida; você já devorou o corpo dela com o olhar. E as regras de etiqueta também não permitem que você volte a olhar para ela várias vezes.

Mas você sabe qual é o significado da palavra *respeito*? Significa olhar outra vez. Respeito não significa consideração, respeito significa que você foi enfeitiçado. Significa fazer uma reinspeção; você gostaria de olhar outra vez... e outra vez... Talvez você mude seu trajeto e siga essa mulher.

Numa sociedade mais humana, a mulher não se sentiria ofendida. E mesmo hoje, ela não se sente ofendida de verdade. Mesmo depois de milhares de séculos de condicionamento, esse sentimento é superficial. Lá no fundo, ela se delicia com esse olhar; lá no fundo, ainda flui a corrente subterrânea da natureza. Não olhar para uma mulher outra vez, não olhar para trás, é certamente um insulto. Não olhar nos olhos de um homem ou de uma mulher por mais de três segundos é uma humilhação. A pessoa rejeitou você, não a considerou bonita.

O abraço é um gesto mais íntimo que o olhar. Se um simples olhar faz com que as pessoas se sintam ofendidas, se um simples aperto de mãos faz com que elas retraiam a energia, que dirá um abraço? As pessoas costumam usar a expressão "boas-vindas calorosas", mas isso raramente acontece. As boas-vindas são sempre frias, pois as pessoas costumam retrair a própria energia. Sua mão fica fria, em vez de irradiar calor. Existem alguns perigos para as pessoas religiosas: se a mão delas estiver quente e a outra pessoa também estiver aberta para dar e receber, as coisas não vão parar aí.

Se um caloroso aperto de mãos já é suficiente para nos causar uma sensação agradável, um abraço será mil vezes melhor. E quanto a fazer amor? Esses são apenas os primeiros passos. Ao abraçar o corpo de outra pessoa, você se aproxima dela, mas vocês ainda estão separados. Fazer amor significa que vocês se fundiram.

Aqueles chamados santos, messias, profetas sempre foram extremamente astutos. Eles não deixavam que as pessoas dessem o primeiro passo, pois uma coisa leva a outra... e, no final, esse contato poderia acabar num profundo orgasmo sexual.

Portanto, você não vai encontrar essa mesma qualidade, essa mesma intensidade, no mundo exterior. Se as pessoas o abraçam, isso é só uma regra de etiqueta, pois elas continuam tão distantes quanto as estrelas — a milhões de anos-luz de você. E você já se viu abraçando alguém? Você não sente uma sensação agradável; apenas cumpre uma obrigação. Você tem de abraçar a sua mãe, o seu pai, a sua irmã em algumas ocasiões, mas a distância entre vocês continua a mesma. O medo do sexo ficou tão condicionado que qualquer coisa que leve ao sexo é proibido.

Para mim, para o meu pessoal, calor humano é vida. Quando você compartilha esse calor com alguém, ele aumenta. Quanto mais faz isso, mais calor humano você tem. E cada pessoa tem um calor diferente. Se você é uma pessoa sensual — e é assim que eu quero que você seja —, ficará surpreso ao constatar, com um aperto de mãos, como a energia das pessoas é diferente. A qualidade, a força, a intensidade, o sabor, a fragrância dessa energia — tudo isso muda de pessoa para pessoa. Mas, quando aperta a mão de alguém com frieza ou abraça uma pessoa como se fossem dois esqueletos se abraçando na sepultura, você não sente nenhuma diferença na energia.

A vida faz com que todas as pessoas sejam diferentes; a morte as torna todas iguais. Dois corpos mortos são absolutamente idênticos; são apenas dois cadáveres. Mas dois corpos vivos nunca são iguais. A vida não acredita em cópias. Ela acredita em originais; ela só cria seres originais.

Se você for uma pessoa sensual, ficará surpreso com as riquezas das quais ainda não se deu conta. Até mesmo um vestido bonito tocando seu corpo lhe proporcionará uma sensação de bem-estar. O tecido não tem vida, mas você é vibrante e sensual. Seus sentidos estão funcionando perfeitamente. Você já reparou que às vezes se sente sujo ao usar certas roupas, mesmo que elas estejam limpas? Se usar suas roupas como os homens de negócios usam seus ternos cinza, assim como eles, você também não sentirá nada. Esses homens não conseguem sentir nem os seres humanos, o que dizer das roupas?

Mas eu digo a você, com base em toda a minha experiência, que, se for uma pessoa sensual, você sentirá até mesmo as coisas mais comuns — roupas, bebidas refrescantes, uma xícara de chá ou café quente, o aroma do café, a aroma do chá fervendo na chaleira, a fragrância que ele deixa no ar — e tudo isso fará de você uma pessoa muito mais rica, muito mais vibrante. Não há limites para isso. Essa vibração, esse sentimento de estar vivo, não tem limites. Tudo depende de quantas programações você tem coragem de jogar fora.

Cristãos, hindus, muçulmanos — as doutrinas religiosas dessas pessoas podem ser diferentes, mas isso pouco importa. Trata-se simplesmente de um jogo de palavras, de uma ginástica mental, mas a base é a mesma: fazer com que você fique mais morto possível. Eles não dirão isso a você, é claro. Usarão palavras bonitas como: renúncia — renuncie ao mundano, ao profano.

É estranho que você não tenha sido capaz de perceber uma coisa tão simples como essa. Por um lado, eles dizem para você renunciar ao mundo, aos prazeres, ao calor humano, ao amor, às riquezas da vida, de modo que possa ter, no paraíso, essas mesmas riquezas, esse mesmo calor humano, esse mesmo amor, essa mesma alegria multiplicados. Por outro lado, eles não param nunca de dizer: "Não seja ganancioso!"

Eu não consigo entender essas bobagens que eles têm ensinado a você. E você continua ouvindo, assimilando, sendo programado por essas bobagens, a ponto de não conseguir perceber uma contradição tão simples como esta: eles o estão ensinando a ser ganancioso! Renuncie aqui para que, depois da morte, você possa ter mil vezes mais.

Que ótimo! Isso é alguma espécie de loteria espiritual? Não pode ser nenhum tipo de negócio. Nos negócios, você tem uma pequena porcentagem de lucro; não ganha mil vezes mais! É por isso que as pessoas cheias de ganância ficam religiosas. E as recompensas por esse sacrifício são enormes. Cristãos, muçulmanos, judeus — todos os três acreditam que vivemos só uma vida. Isso significa que só vivemos em média setenta anos — nada mais do que isso. Esses poucos anos não contam no mundo da eternidade; eles passam rápido. Sacrificar setenta anos para ser recompensado com as alegrias da eternidade só significa uma coisa: você é simplesmente ganancioso.

E você deixa de ver um fenômeno muito simples: se essas coisas são pecaminosas aqui, então os santos estão cometendo muito mais pecados do que você. Você pelo menos só os comete por setenta anos e não o tempo todo, pois também tem de comer, de tomar banho, de fazer a barba, de ganhar o pão de cada dia, de brigar com a mulher e com os vizinhos, de responder pelas infrações que faz à lei, de se engajar na política, de freqüentar igrejas e sinagogas. O que sobra desses setenta anos? Se sobrarem umas sete horas, já é muito.

Você tem de dormir durante um terço da sua vida; oito horas por dia você passa dormindo. Além disso, você tem de fazer muitas outras coisas. Tem de assistir aos jogos de futebol, tem de ver as Olimpíadas. Tem de ir ao cinema, tem de jogar cartas. Experimente fazer a conta; você vai ficar surpreso: não sobram nem umas sete horas! Em troca de sete horas de alegria, calor humano e amor, você ganha toda a eternidade — e que eternidade!

Ouvi dizer que um mestre morreu e, depois de alguns dias, um de seus discípulos também morreu. Talvez ele não fosse capaz de viver sem o mestre, talvez a vida já não fizesse sentido para ele. Ele teve de arriscar tudo para estar com o mestre. Perdeu a ânsia de viver — e morreu.

Evidentemente, ele tinha certeza de que iria para o paraíso. Ele não era um homem comum. Era um grande discípulo de um grande mestre. Com certeza ele iria para o paraíso. Mas, ao entrar, ele mal pôde acreditar no que viu: viu seu velho mestre sentado à sombra de uma árvore, com Marilyn Monroe nua no colo. O discípulo fechou os olhos.

— Meu Deus! — exclamou ele. — O que está acontecendo? — Mas então ele se lembrou de que aqueles que renunciam ao mundo recebem mil vezes mais no paraíso, portanto, não havia nada de errado. Ele caiu aos pés do mestre e disse: — Grande mestre, você provou o que sempre nos disse, que aqueles que renunciam a este mundo recebem mil vezes ou um milhão de vezes mais no outro mundo.

Antes que o mestre pudesse falar, Marilyn retrucou: — Seu idiota! Eu não sou a recompensa dele! Ele é que é o meu castigo!

As religiões sempre têm suas histórias para contar. Eu também tenho as minhas, que são muito melhores. Elas continuam incutindo em você a esperança no outro mundo e tirando tudo o que você tem neste mundo. Sim, este mundo se estende até o infinito, a um infinito multidimensional, mas este é o único mundo que existe; não existe nenhum outro. E essa vida de setenta anos é só um período de treinamento.

Se você foi enganado pelas religiões e pelos líderes políticos e jogou fora esses setenta anos de prazer, alegria, amor e êxtase, uma coisa é certa: o paraíso não é para você, pois você não conseguiu tirar o diploma nem sequer desses setenta anos de vida. Nesses setenta anos, você treinou para ir para o inferno! Todas as religiões lhe dão treinamento para ir para o inferno. Para sofrer, para se torturar, para jejuar, para praticar a abstinência sexual, para não fumar, para não beber, para não sentir o sabor do que come.

O hinduísmo fez disso um dos seus princípios básicos: não ter paladar. Agora me diga o que essas pessoas lhe ensinam sobre sensualidade? O paladar é um dos sentidos.

Você não pode sentir o paladar dos alimentos da mesma forma que eu sinto. Posso dizer isso porque um dia eu fui um camelo como você, por isso eu conheço esses dois tipos de paladar. Enquanto eu contemplo o pôr-do-sol, você pode estar do meu lado, mas você não pode vê-lo. Seus olhos perderam a sensibilidade.

Para entender a música clássica do Oriente, você precisa ter ouvidos muito sensuais, muito treinados e disciplinados, pois a música é extremamente sutil. O mesmo vale para todos os cinco sentidos.

No mundo todo existe o consenso de que nós temos cinco sentidos, embora agora tenhamos que mudar isso, pois existe um sexto sentido oculto em seus olhos. E nada pode perturbá-lo. Trata-se do sentido do equilíbrio.

Quando você bebe muito, esse sentido é afetado; você não consegue andar em linha reta. Acima de tudo, não deixe de andar em linha reta! Quando você bate a cabeça, tudo começa a girar ao seu redor e você cai; isso é sinal de que esse senso de equilíbrio foi afetado.

Se todos os seus seis sentidos estiverem funcionando bem, estiverem receptivos, você terá uma vida extremamente rica.

Quando eu digo que eu sou o guru de um homem rico, não quero dizer que Rockefeller, Ford, Morgan e os Kennedys são meus discípulos. Quando digo isso, estou me referindo a riquezas de verdade. O dólar é uma farsa! Que riqueza ele tem? A riqueza só vem por meio dos sentidos.

Torne-se uma pessoa cada vez mais sensual. Cuide do seu corpo, pois ele está cuidando de você. Depois que ele é danificado, não há como consertá-lo. Ele faz tanto por você, o que você faz por ele? Jejua, pratica abstinência sexual, fica sem roupa sob um sol de quarenta graus ou fica nu em meio a um frio cortante. E esses maníacos têm sido reverenciados por séculos como os maiores heróis da humanidade.

Livre-se desses heróis. Eles precisam ser todos presos, precisam de tratamento psiquiátrico, pois são todos loucos. Mas uma linhagem de profetas e messias enlouquecidos tem incutido estranhas idéias na sua mente delicada.

PARTE III

NEM PECADO, NEM ORIGINAL

· 9 · O Entendimento na Prática

Apaixonar-se é muito fácil. Por que é tão difícil se livrar de uma paixão? São tantas discussões, lágrimas, brigas, medos... Eu não quero magoar a pessoa que está ao meu lado, porque ela não deixou de ser importante para mim. Estou tão confusa. Você pode me dizer algo sobre isso?

Há alguma coisa a dizer? Acabou! É só isso!

Cair de amores por alguém é sempre fácil. Cair é fácil. Em qualquer buraco você pode cair; o difícil é sair. Mas você terá de sair — depois que o amor acaba, esse buraco vira um inferno. Só há brigas, discussões, censuras e todo tipo de grosseria de ambos os lados. Ninguém quer magoar ninguém, mas como ele está magoado, ela está magoada, inconscientemente um começa a despejar essa mágoa sobre o outro.

Em primeiro lugar, saiba que o melhor momento de me fazer essa pergunta é quando você está começando a se apaixonar, quando ainda não caiu no buraco, porque eu tenho um tipo totalmente diferente de caso de amor que eu chamo de elevar-se no amor.

Nesse tipo de amor, não há nenhum problema. Elevar-se no amor é muito bonito e sair dele também é muito fácil, porque será uma espécie de queda. Cair é fácil, portanto, deixe a queda para o final; o primeiro passo sempre deve ser elevar-se, nunca cair.

O passo mais fácil você já deu; agora tem de dar o mais difícil. E todas essas lágrimas e conflitos acontecerão, mas nada poderá trazer o amor de volta.

É preciso entender uma coisa bem simples: o amor — o amor do qual você está falando — não está sob o seu comando. Você *caiu* de amores por alguém. E cair é algo que está além da sua vontade, portanto, quando esse amor acontece, ele leva você com ele. Mas ele é como uma brisa, chega e vai embora. E é bom que seja assim, porque, se ficar, começará a ficar rançoso e aborrecido.

É preciso que os dois lados entendam que o amor acabou, mas que vocês não precisam se odiar por isso, pois ninguém é responsável pelo fim desse amor. Ninguém fez com que ele surgisse — ele vem como a brisa, você o aproveita só por alguns momentos; sejam gratos um ao outro e se ajudem a sair do buraco. Quando você já está no buraco, não existe outro jeito. O homem, se for um homem de verdade, deve oferecer os ombros para que a mulher se apóie neles e consiga sair do buraco. E o homem pode encontrar um meio de sair dali por si próprio.

Mas ninguém me faz esse tipo de pergunta antes de cair de amores por alguém. Isso é estranho! Há 35 anos eu tenho esperado que alguém me pergunte como fazer para se apaixonar. Ninguém me pergunta, pois, do contrário, eu teria sugerido: "Nunca caia de amores por ninguém; procure se elevar no amor". Elevar-se no amor é algo totalmente diferente.

Elevar-se no amor significa aprender, mudar, amadurecer. Quando se eleva no amor, você sempre acaba se tornando adulto de verdade. E duas pessoas adultas não brigam; elas tentam se entender, tentam resolver os problemas.

Quem se eleva no amor não cai de amores, pois essa elevação acontecerá graças ao seu empenho, e o amor que cresce graças a esse empenho está sob o seu comando. Mas cair de amores não é algo que aconteça graças ao seu empenho.

Cair de amores por alguém — esse tipo de caso de amor sempre acaba em rompimento; e quanto mais rápido você perceber que ele acabou, melhor. Do contrário, vão começar a surgir mil complicações. São essas complicações que tornam a separação tão difícil.

Quando você cai de amores por alguém, não há nenhum tipo de questionamento. Você está livre, a outra pessoa está livre. Mas, quando vocês querem se separar, os dias, as noites, os anos de convivência, o amor que sentiram um pelo outro resultam em algo que representa uma das maiores dádivas da natureza — vocês continuam emaranhados.

Vocês continuam fazendo promessas um ao outro... e não é que estejam mentindo ou se enganando; naqueles momentos de felicidade, essas promessas pareciam vir do coração. Mas, quando esses momentos acabam — e um dia eles acabam, pois esse amor foi como uma queda e ninguém pode continuar caindo a vida inteira. Um dia a pessoa tem de se elevar outra vez. E, no momento em que vocês começam a se separar, todas essas complicações, as promessas que você fez, as promessas que a outra pessoa fez tornam a coisa muito mais complexa.

Elevar-se no amor é uma atitude espiritual.

Cair de amores por alguém é uma atitude biológica.

A biologia é cega, é por isso que dizem que o amor é cego. Mas o amor do qual estou falando é a única introvisão que está ao alcance de qualquer pessoa. Basta um pequeno esforço...

O amor tem de ser fruto do silêncio, da consciência, da meditação. Ele é suave, livre — pois como o amor pode criar grilhões para aquele que ama? O amor faz com que as pessoas libertem cada vez mais uma à outra. Quanto mais profundo o amor, maior a liberdade. À medida que aumenta o seu amor por outra pessoa, mais você a aceita do jeito que é. Você pára de querer mudá-la.

Uma das piores coisas do mundo é o hábito que as pessoas têm de querer mudar o parceiro. Elas não percebem que, se o parceiro realmente mudar, o amor acabará, pois ele não será mais a pessoa pela qual elas se apaixonaram. A pessoa por quem se apaixonaram ainda não havia sido influenciada pelas idéias delas sobre as mudanças que devia fazer em si mesma.

Ao se elevar no amor, você toma mais consciência de que o outro tem suas próprias regras territoriais e você não pode transgredi-las.

Se o amor se transformar em liberdade, a separação não será necessária. A idéia de separação só aflora porque você percebe que, a cada dia que passa, mais você parece um escravo — e ninguém gosta da escravidão.

Mas todo mundo só me pergunta sobre isso quando já caiu no buraco e não consegue sair. Uma coisa é certa: eu não vou entrar no buraco para tirar você de lá! Você e seu parceiro é que terão de dar um jeito de sair. Se eu entrasse no buraco para ajudá-los a sair dali, vocês dois sairiam e eu ficaria no buraco! E eu não conheço ninguém a quem poderia perguntar como sair de lá.

Para começar, eu nunca aceito conselhos que eu não tenha solicitado. Eu digo a esses "conselheiros" que eles têm de entender que conselho é a única coisa que todo mundo dá de graça, mas ninguém quer. Para que ouvir conselhos? Conselhos não solicitados nunca são muito sábios. O homem sábio nunca impõe suas idéias a ninguém. Se alguém pede a ele um conselho, ele simplesmente expõe sua maneira de pensar. Não se trata de uma imposição, de algo que a outra pessoa tenha de fazer; ele nunca diz: "Você deve agir assim..."

Só posso dizer uma coisa a respeito: vocês proporcionaram belos momentos um ao outro — sejam gratos por isso. A despedida nunca é dolorosa quando o encontro é agradável.

A vida espera que vocês façam da despedida um momento de beleza. E vocês devem isso a ela. Esqueçam todas as promessas que fizeram — elas eram válidas no momento em que foram feitas, mas os tempos mudaram, vocês também mudaram. Vocês dois estão diante de uma encruzilhada, prontos a tomar caminhos diferentes; talvez nunca mais se encontrem novamente. Faça com que essa despedida seja o mais cortês possível. Depois que perceberem que ela é inevitável, a melhor coisa a fazer é despedirem-se com educação e amabilidade. Assim, pelo menos, seu parceiro terá boas lembranças suas e o mesmo acontecerá com você. Afinal, os momentos que passaram juntos, de uma forma ou de outra, enriqueceram a vida de vocês. Portanto, sejam amáveis na despedida.

E isso não é difícil caso você saiba o significado do amor, que é um fenômeno extremamente difícil. Você caiu de amores por alguém antes mesmo de poder refletir a respeito, portanto, você pode compreender por que ele acabou tão facilmente. Aceite esse fato e não culpem um ao outro, pois ninguém é responsável por isso. Pelo contrário, ajudem-se com amabilidade; despeçam-se como amigos.

As pessoas, quando rompem um relacionamento amoroso, viram inimigas. Esse tipo de atitude é muito estranho. Elas deveriam se tornar amigas, na verdade. E se isso acontecer, se o amor virar uma amizade, não haverá culpa, nem ressentimento, nem o sentimento de que foram enganados ou explorados. Ninguém abusou de ninguém; foi apenas a energia biológica que deixou vocês dois cegos.

Eu ensino um tipo de amor diferente. Ele não acaba em amizade, mas começa com a amizade. Começa no silêncio, na consciência. Trata-se de um amor que é criação sua e não o deixa cego.

Um amor como esse pode durar para sempre e ficar, a cada dia, mais profundo.

Esse amor é extremamente sensível. Nesse tipo de relacionamento, a pessoa começa a sentir de que o parceiro precisa mesmo antes que ele comunique isso a ela. Conheço alguns poucos casais, muito poucos — conheço muitos casais, mas só cruzei com dois ou três que não se apaixonaram simplesmente, mas elevaram-se no amor. E a coisa mais espetacular sobre eles é o fato de que começaram a sentir as necessidades um do outro mesmo antes de pronunciarem qualquer palavra. Se o homem está com sede, a mulher traz o copo d´água. Ele não disse nada a ela; é tudo uma questão de sincronia. Se a pessoa amada está com sede, você começa a sentir em você mesmo essa sede. Existe uma transferência contínua de sentimentos que torna as palavras desnecessárias. Há uma troca direta de energia que dispensa a linguagem.

Um amor como esse não espera nenhuma retribuição. Ele se sente agradecido só com o fato de a pessoa amada aceitar o que ele oferece. Os parceiros nunca se sentem presos um ao outro, porque esse amor não é uma prisão.

Num relacionamento como esse, o sexo pode acontecer de vez em quando, pode ficar meses sem acontecer, até finalmente desaparecer completamente. Nesse contexto, o sexo deixa de ser sexual; ele passa a ser apenas uma forma de estar junto com o parceiro, de aumentar a cumplicidade e conhecê-lo mais profundamente. Nesse caso, o sexo não tem nenhuma relação com a reprodução biológica.

E depois que o casal entender que independentemente do que faça... No sexo, só os corpos podem se encontrar, por isso ele aos poucos deixa de existir. No lugar dele, surge um outro tipo de encontro, que é apenas um encontro de energias. Ficar de mãos dadas, contemplar as estrelas lado a lado, isso é muito mais do que um orgasmo sexual pode proporcionar — trata-se de duas energias se fundindo.

O orgasmo sexual é físico, é o tipo mais inferior que existe. Não o chame de amor. Amor é uma palavra tão bela! Quando diz que "caiu de amores" por alguém, você está usando mal essa palavra. Diga que "caiu de quatro" — será mais verdadeiro. No amor, você sempre se eleva, nunca cai.

Mas primeiro vocês têm de sair do buraco. Ajudem um ao outro. A biologia não vai ajudar em nada. Contentem-se em ser humanos um com o outro e compreendam que o amor que os deixava cegos acabou. Seus olhos agora estão abertos. Não tente fazer com que o outro acredite que você ainda o ama, que ainda sente alguma coisa. Diga simplesmente: "Não sinto mais nada. Sinto muito, eu gostaria muito de sentir o mesmo amor, mas não sinto. E eu sei que você não sente também". Depois que entenderem que o amor acabou, ajudem um ao outro a sair do buraco, tratando-se como seres humanos.

Se vocês se ajudarem, não haverá nenhum problema. Mas, em vez de ajudar, o que vocês querem é se livrar da situação, mas sem deixar que o outro também saia do buraco. Vocês continuam puxando o parceiro para o buraco. Entenda, é o medo que faz isso. O amor de antigamente não existe mais, um novo amor não apareceu ainda. Ele não pode chegar enquanto você estiver no buraco; você terá de sair primeiro. Portanto, você sente medo do desconhecido. O passado foi tão belo que você gostaria que ele voltasse outra vez, então você começa a forçar esse amor e o parceiro faz a mesma coisa. Mas isso não é algo que esteja ao seu alcance.

O amor forçado não é amor. Se você for obrigado a beijar alguém com uma espada fincada no pescoço, que tipo de beijo será esse? Você até pode beijar, mas não será um beijo de verdade. Qualquer amor que seja forçado não é amor. E vocês dois sabem o que é amor, pois já o sentiram no passado; portanto, vocês podem fazer uma comparação e ver que não se trata da mesma coisa. Ajudem um ao outro a sair dessa situação — isso é muito fácil se houver uma colaboração mútua — e se despeçam com carinho.

Da próxima vez, tente não cair de amores pela pessoa, mas elevar-se no amor. Não deixe que seus instintos biológicos dominem você. Sua consciência deve ser seu mestre.

Parece que o ciúme é um problema freqüente nos relacionamentos — no meu próprio e no da maioria das pessoas que eu conheço. Você pode falar um pouco mais a respeito e esclarecer a causa disso?

O ciúme não é um fator primário. É secundário; é um fato secundário do sexo.

Sempre que você sente vontade de fazer sexo, sente o desejo sexual queimando o seu corpo, sente-se sexualmente atraído por alguém, o ciúme entra em jogo, porque você não ama de verdade. Se amasse, não haveria ciúme.

Tente entender a questão como um todo. Sempre que se sente sexualmente atraído por alguém, você sente medo, pois o sexo não é um relacionamento de verdade; é um tipo de exploração. Se você tem um relacionamento apenas sexual com um homem ou com uma mulher, você sempre terá medo de que esse homem ou que essa mulher saia com outra pessoa. Pois não existe um relacionamento entre vocês, só uma exploração mútua. Vocês estão explorando um ao outro, mas não se amam e sabem disso, por isso o medo.

Esse medo vira ciúme e então você começa a não permitir certas coisas; você começa a vigiar o outro. Usa de todos os artifícios para que o parceiro não possa nem sequer olhar para outra pessoa. Mesmo uma simples olhada pode ser um sinal de perigo. O homem não pode falar com outra mulher, pois essa conversa pode levá-los a se apaixonar e você tem medo de perdê-lo. Então você fecha todos os caminhos, todas as possibilidades de esse homem encontrar outra mulher; você fecha todas passagens, todas as portas.

Mas então surge um problema. Quando todas as portas são fechadas, o homem vira um morto-vivo, um prisioneiro, um escravo — e você não consegue amar uma coisa morta. E isso vale também para as mulheres. Você não consegue amar alguém que não tem liberdade, porque o amor só é belo quando é oferecido livremente, quando não é tomado à força ou exigido.

Primeiro você toma todo tipo de cuidado para prender o parceiro, então ele vira uma coisa morta, como um objeto inanimado. O ser amado é uma pessoa, mas a esposa passa a ser um objeto; o marido passa a ser um objeto que tem de ser guardado, possuído, controlado. Mas quanto mais você controla o parceiro, mais você o aniquila como pessoa, pois ele perde a liberdade. Ele pode até continuar com você por outras razões, mas não por amor, pois como você pode amar uma pessoa que quer possuir você? Ela mais parece um inimigo!

O sexo provoca ciúme, mas esse é um efeito secundário. Portanto, não se trata de saber como acabar com o ciúme; não é possível acabar com o ciúme, pois você não pode acabar com o sexo. A questão é saber como transformar o sexo em amor; só assim o ciúme deixará de existir.

Se você ama uma pessoa, o próprio amor já é uma garantia, o próprio amor é uma segurança. Se você ama uma pessoa, sabe que ela não sairá com mais ninguém. E se sair, tudo bem; não há nada que se possa fazer. O que você pode fazer? Você pode matar a pessoa, mas uma pessoa morta não terá muita utilidade.

Quando ama uma pessoa, você confia nela e sabe que ela não sairá com mais ninguém. Se sair, isso é sinal de que não existe amor e não há nada que se possa fazer a respeito. O amor traz esse entendimento. O ciúme é algo que não existe entre as pessoas que se amam.

Portanto, se existe ciúme, saiba que não existe amor. Você está fazendo um jogo de sedução, está escondendo o sexo por trás do amor. O amor é só uma palavra, o sexo é a coisa real.

Na Índia, como o amor é de certa forma proibido, é totalmente proibido — o casamento é arranjado —, as pessoas sentem muito ciúme. O marido está sempre com receio. Ele nunca amou, portanto, sabe — e a mulher está sempre com receio porque nunca amou, portanto, ela também sabe — que tudo não passou de um acordo. Foram os pais, os astrólogos, a sociedade que arranjou aquele casamento; a esposa e o marido nunca foram consultados. Em muitos casos, eles nem sequer se conheciam antes do casamento; nunca tinham se visto. Por isso existe o medo. A mulher tem receio, o marido tem receio e um vive vigiando o outro. Não há nem ao menos uma possibilidade de que venham a se amar.

Como o amor pode brotar do medo? O casal pode viver junto, mas não convivem de fato; eles só toleram um ao outro, só suportam um ao outro. O casamento é só um acordo útil e você pode até suportar esse fardo, mas o êxtase fica impossível. Você não pode celebrar essa união, não pode se alegrar com ela; ela vira um aborrecimento.

O marido, portanto, vira um morto-vivo mesmo antes de morrer e com a esposa acontece exatamente a mesma coisa. São dois mortos-vivos vingando-se um do outro, pois um acusa o outro de o ter matado. Eles se vingam, ficam com raiva e têm ciúme um do outro — o casamento vira uma coisa horrorosa.

Mas, no Ocidente, acontece um outro tipo de fenômeno que é, na verdade, apenas o outro extremo da mesma situação. Os ocidentais não têm mais o costume de arranjar casamentos e isso é bom; não valia mais a pena manter essa instituição. Mas isso não fez com que as pessoas se amassem mais, só aumentou a liberdade sexual. E quando existe liberdade sexual, as pessoas sempre ficam com medo, pois os relacionamentos tornam-se apenas um acordo temporário. Você fica com uma garota esta noite, amanhã ela estará com outra pessoa e ontem esteve com uma outra. Ontem ela estava com outro homem, amanhã estará com um terceiro e só ficará com você esta noite.

Como esse casal pode ter alguma intimidade ou cultivar um sentimento mais profundo um pelo outro? O relacionamento só poderá ser superficial. Você não pode conhecer o outro a fundo porque isso requer tempo, requer profundidade, intimidade, convivência, cumplicidade. É preciso um tempo razoável para que o relacionamento possa se aprofundar e o casal se conheça intimamente.

Isso é apenas familiaridade. Talvez nem chegue a isso — no Ocidente, você pode encontrar uma mulher no trem, fazer amor com ela e, à meia-noite, deixá-la em alguma estação. Ela não vai se importar se nunca mais encontrá-lo; talvez nem sequer pergunte o seu nome.

Se o sexo se tornar uma coisa trivial — apenas um encontro entre dois corpos, no qual superfícies se unem e se separam —, os parceiros jamais chegam a conhecer as profundezas um do outro. Vocês deixam de conhecer algo — algo extraordinário e extremamente misterioso —, pois você só consegue tomar consciência dos recônditos do seu ser quando outra pessoa os conhece. Só por meio do outro você pode tomar consciência do seu eu interior; só nos relacionamentos profundos o amor da outra pessoa de fato ressoa dentro de você e revela as profundezas do seu ser. Só por meio de outra pessoa você pode descobrir a si mesmo.

Existem duas maneiras de uma pessoa se conhecer. Uma delas é a meditação — quando você sonda suas profundezas sem a ajuda de outra pessoa. A outra é o amor — quando você sonda suas profundezas com a ajuda de outra pessoa. Nesse caso, ela se torna uma rota que levará você a se encontrar. O relacionamento cria um círculo e um parceiro ajuda o outro. Quanto mais profundo o amor, mais profundamente eles se conhecem; o eu interior de ambos é revelado. Não existe ciúme entre o casal. O amor nunca é ciumento, isso é impossível. O amor sempre confia e, caso algo acabe com essa confiança, ele simplesmente aceita; nada pode ser feito a esse respeito, pois qualquer coisa que você fizer só servirá para destruir o outro.

A confiança não pode ser forçada; o ciúme tenta forçá-la. O ciúme tenta fazer o possível para que essa confiança seja mantida, mas a confiança não é algo que se possa manter. Ou ela existe ou não existe, e eu afirmo que nada pode ser feito a respeito. Se ela existe, vocês recorrem a ela; se não existe, a separação é o melhor caminho.

Mas não briguem por causa dela, pois vocês estarão perdendo tempo e desperdiçando a vida. Se você ama uma pessoa e sua essência está em contato com a essência dela — vocês se encontraram de fato —, ótimo, maravilhoso; se isso não aconteceu, então se separem. Mas não criem nenhum tipo de conflito, dificuldade ou briga por causa disso, pois brigas não levam a nada; são pura perda de tempo — não só de perda, mas da sua própria capacidade de amar. Você está arriscado a começar tudo outra vez com outra pessoa, repetindo o mesmo padrão.

Se não houver confiança, então se separem — quanto mais rápido, melhor —, pois assim vocês não se destroem, não saem prejudicados, e a sua capacidade de amar continua intacta, possibilitando que você ame outra pessoa. Esse homem, essa mulher, esse relacionamento não são para você. Separem-se, mas não se destruam.

A vida é muito curta e a capacidade de amar é algo extremamente delicado. Ambos podem acabar sendo afetados e, uma vez que isso aconteça, não será possível voltar atrás.

Ouvi dizer que Winston Churchill uma vez foi convidado para falar num pequeno clube de amigos. Todo mundo sabia que Churchill era viciado em álcool e adorava beber, por isso o presidente do clube, ao apresentá-lo, disse: — *Sir* Winston já bebeu tanto vinho que, se despejássemos nesta sala tudo que ele já bebeu, o nível ultrapassaria a nossa cabeça. — A sala era bem grande e o homem só estava brincando.

Winston Churchill ficou quieto por um momento, olhou a linha imaginária, depois olhou para o teto — que era bem alto — e disse, demonstrando tristeza: — Tanto a fazer e tão pouco tempo!

Com o amor acontece o mesmo: há tanto a fazer e tão pouco tempo disponível. Não perca sua energia com brigas, ciúme, conflitos; tome uma atitude, mas de forma amigável.

Busque em outro lugar a pessoa que será capaz de amar você. Não fique preso à pessoa errada, que não serve para você. Não fique com raiva, isso não o levará a nada; e também não tente forçar a confiança; isso não é possível. Você só perderá tempo, desperdiçará energia e só se dará conta disso quando não for mais possível voltar atrás. Vá embora. Ou confie ou vá embora.

O amor sempre confia. Se ele percebe que não é mais possível confiar, ele se afasta amigavelmente, sem brigas nem conflitos. O sexo provoca ciúme. Ache, descubra o amor. Não faça do sexo o principal — ele não é.

A Índia não compreendeu o casamento arranjado; o Ocidente não compreendeu o "amor livre".

Na Índia não existe amor, porque os pais são extremamente calculistas e ardilosos. Eles não deixam que os filhos se apaixonem; isso é muito perigoso, ninguém sabe no que isso poderá levar. Os pais são espertos demais e, por causa dessa esperteza, os indianos perderam toda a possibilidade de amar.

No Ocidente, as pessoas são rebeldes demais, jovens demais; não são espertas — são muito novas, muito infantis. Eles liberaram o sexo em todos os lugares; não é preciso ir muito fundo para descobrir o amor; faça sexo e ponto final.

O Ocidente se perdeu pelo sexo e o Oriente, pelo casamento. Mas, se ficar alerta, você não precisa adotar nem o estilo ocidental nem o oriental. O amor não é nem uma coisa nem outra.

Procure descobrir o amor dentro de você. Se você amar, mais cedo ou mais tarde, conhecerá a pessoa certa, pois um coração amoroso sempre acaba encontrando outro coração amoroso — sempre. Você encontrará a pessoa certa. No entanto, se for ciumento, se só estiver preocupado com sexo ou se estiver em busca apenas de segurança, você não encontrará essa pessoa.

O amor é um caminho perigoso e só os corajosos optam por trilhá-lo. Eu posso dizer o mesmo da meditação — ela é só para os que têm coragem. E só existem dois caminhos para se chegar ao divino: a meditação e o amor. Descubra qual é o seu caminho, o seu destino.

O que você quer dizer quando sugere que eu "medite a respeito". Por gentileza, diga o que isso significa com relação ao problema que eu tenho com o ciúme.

Quando eu digo para alguém meditar a respeito, não estou pedindo que pense no assunto, que se concentre nele ou o contemple de uma forma contemplativa. Quando eu digo "Medite a respeito", quero dizer "Observe", "seja uma testemunha". Seja o problema que for — a raiva, a sexualidade, a ganância, o ego —, o remédio é o mesmo.

Se você sofre de ciúme, simplesmente observe como ele brota em você, como ele se apossa de você, envolve-o, tolda sua visão, tenta manipular você. Como ele consegue levá-lo por caminhos que você nunca quis trilhar, como ele consegue criar uma frustração tão grande em você, destruir sua energia, dissipá-la e deixar você tão deprimido e frustrado. Simplesmente observe tudo isso.

E lembre-se de não se condenar, pois, se fizer isso, é sinal de que já começou a pensar. Estou dizendo para não se condenar. Simplesmente registre o fato, sem se condenar, sem avaliar seu comportamento, sem fazer nenhum tipo de julgamento, contra ou a favor. Contente-se em observar, de uma certa distância, como se você não tivesse nada a ver com isso. Faça uma observação científica.

Uma das maiores contribuições que a ciência fez ao mundo foi a observação imparcial. Quando um cientista está fazendo uma experiência, ele simplesmente observa sem fazer nenhum julgamento, sem tirar nenhuma conclusão. Se já tiver uma conclusão em mente, ele não será um cientista; essa conclusão influenciará o resultado da experiência.

Nos Estados Unidos, as pessoas são muito supersticiosas e não gostam do número 13. Mesmo nos hotéis, você não encontra quartos com esse número. Depois do quarto 12, vem o 14, pois ninguém quer ficar no quarto 13. Às vezes não há nem mesmo o 13º andar! Depois do 12º, vem o 14º, pois quem iria querer ficar no 13º?

Um homem escreveu um livro, coletou milhares de dados e demonstrou que isso não é uma superstição. É uma verdade. Ele reuniu informações sobre todas as pessoas que se suicidaram no dia 13 do mês. É claro que milhões de pessoas foram assassinadas, suicidaram-se, no dia 13, assim como no dia 12 ou 14, mas ele só coletou dados do dia 13. E muitas pessoas cometeram suicídio pulando do 13º andar ou num quarto de hotel de número 13. E muitas coisas acontecem — no mundo as coisas acontecem o tempo todo. Esse homem trouxe sua tese para me mostrar e eu disse a ele: — Você de fato fez um ótimo trabalho!

— Trabalhei nessa tese por quase cinco anos — ele me contou. Ele havia pesquisado milhões de fatos! — Agora, quem mais poderá dizer que isso é pura superstição? — ele me perguntou.

— Agora faça mais uma coisa — eu disse. — Isso levará mais cinco anos: procure levantar dados sobre o número 12!

Ele já tinha uma conclusão preconcebida: havia alguma coisa errada com o número 13, algo diabólico.

— Faça mais uma coisinha — eu pedi. — Depois que tiver terminado com o número 12, passe os cinco anos seguintes fazendo outro experimento: procure pesquisar as coisas boas relacionadas ao número 13. Hotéis que têm um quarto número 13, histórias relacionadas a esse quarto ou ao 13º andar, fatos relacionados ao 13º dia do mês — descubra quantas coisas boas aconteceram. Só assim sua conclusão terá algum valor científico. Pois você já tem um preconceito.

Conclusões antecipadas fazem crentes, não cientistas.

Quando eu digo para você meditar a respeito, estou recomendando que você observe. Seja um cientista do seu mundo interior. Deixe que a sua mente seja o seu laboratório, e observe — sem condenações, lembre-se. Não diga: "O ciúme é uma coisa ruim!" Será que é? Quem sabe? Não diga: "A raiva é ruim". Será que é mesmo? Sim, você já ouviu dizer que é ruim, já lhe disseram que é, mas isso é o que os outros dizem, não é a sua experiência. E você precisa se pautar em fatos, em experiências: a menos que o seu experimento comprove, não diga nem sim nem não a nada. Você tem de ser absolutamente imparcial. Dessa forma, a observação do ciúme, da raiva e do sexo produzirá milagres.

O que acontece quando você observa sem fazer nenhum julgamento? Você começa a ver cada vez mais profundamente. O ciúme fica transparente; você vê que estupidez ele é, que tolice ele é. Não que você tenha decidido que ele é uma estupidez; se você fez isso, é sinal de que não entendeu nada. Lembre-se: não estou dizendo para você decidir que o ciúme é uma estupidez, uma tolice. Se você decidiu achar que ele é, não entendeu nada do que eu disse.

Você simplesmente observa sem nenhuma idéia preconcebida, observa simplesmente para descobrir o que ele é. O que é o ciúme? O que é essa energia chamada ciúme? Observe-a como se você observasse uma rosa — apenas olha para ela. Quando não existem conclusões, sua visão fica clara; a lucidez só é possível àqueles que não têm conclusões. Observe, olhe profundamente esse ciúme e ele ficará transparente. Então você vai perceber que ele é uma estupidez. E quando você perceber isso, ele desaparecerá naturalmente. Você nem sequer precisará se esforçar para se ver livre dele.

A senhora Weissman resolveu encomendar um retrato dela. Quando ele estava pronto, o pintor mostrou-o a ela e lhe perguntou: — Gostou dele?

— É bonito — respondeu ela. — Mas eu queria que você acrescentasse um bracelete de ouro em cada braço; um colar de pérolas, brincos de rubi, uma tiara de esmeralda e, em cada dedo, quero de você pinte um anel de brilhante de vinte quilates.

— Mas — retrucou o artista perplexo — por que a senhora quer arruinar uma pintura tão linda com esse exagero de jóias?

— Meu marido está saindo com uma mulher mais jovem — explicou a senhora Weissman — e, quando eu morrer, quero que ela morra de raiva ao olhar essas jóias.

• • •

Basta que você olhe o seu ciúme para perceber como ele o deixa maluco! Observe, veja como surge essa loucura — simplesmente observe-o!

Não estou dizendo para deixar de ser ciumento. Aqueles que dizem isso não entendem nada. Eu estou dizendo apenas para você olhar, observar, meditar a respeito e, se esse ciúme for uma estupidez, ele desaparecerá, pois como você conseguirá cultivar um sentimento tão estúpido dentro de si? Mas a constatação de que se trata mesmo de uma estupidez tem de partir da sua própria experiência. Se não for assim, você só o reprimirá, só o condenará. Não olhará para ele. Você o jogará no fundo do inconsciente e ali ele fermentará e ficará cada vez maior. E isso é muito perigoso, pois ele estará crescendo nas profundezas. Virará um câncer e se espalhará por todas as áreas da sua vida. Então bastará apenas uma oportunidade para que ele exploda, mais cedo ou mais tarde. Qualquer dia destes ele explodirá, destruindo você.

Por que eu sinto medo quando alguém se aproxima de mim?

Todo mundo tem esse medo, em menor ou maior proporção. É por isso que as pessoas não deixam que as outras cheguem muito perto delas; é por isso que elas evitam o amor. Às vezes, em nome do amor, elas insistem em evitar o amor. As pessoas mantêm todos bem longe delas — só aceitam o outro a uma certa distância. Do contrário, surge o medo.

O que é o medo? É o receio de que o outro possa ver o seu vazio, caso chegue muito perto. Ele não tem nenhuma relação com a outra pessoa. Você nunca foi capaz de aceitar esse vazio que existe dentro de você — por isso o medo. Você construiu para si uma fachada extremamente bem decorada: você tem um rosto bonito, um sorriso aberto, um discurso fluente e bem articulado, além de cantar bem, ter um corpo perfeito e uma persona maravilhosa.

Mas tudo isso não passa de fachada. Por trás dela, existe simplesmente um vazio. Você tem medo de que, se chegarem perto demais, as pessoas possam ver por trás da máscara, por trás do sorriso, por trás das suas palavras. Isso assusta você. E você sabe que não existe nada além disso. Você é apenas uma fachada — por isso o medo —; você não tem profundidade.

Não que você não possa ter profundidade, você pode, mas acontece que você não deu o primeiro passo. O primeiro passo é aceitar esse vazio interior com alegria e penetrar dentro dele. Não evite o seu vazio interior. Se evitá-lo, você começará a evitar também que as pessoas se aproximem de você. Se você se alegrar com esse vazio, ficará completamente aberto e começará a convidar as pessoas a se aproximar mais para apreciar mais de perto o seu santuário interior. Depois de aceito, esse vazio adquire uma certa característica; se for rejeitado, essa característica é diferente. Essa diferença está na sua mente. Se rejeitá-lo, ele assume a aparência da morte; se aceitá-lo, ele se torna a própria essência da vida.

Só por meio da meditação você conseguirá deixar que os outros se aproximem de você. Só por meio da meditação, quando você começa a encarar seu vazio interior com alegria, celebração, música, quando seu vazio interior já não aborrece você nem o assusta, quando esse vazio passa a ser um conforto, um abrigo, um refúgio, um descanso — e sempre que está cansado você simplesmente mergulha dentro dele e desaparece —, quando você começa a amar seu vazio interior e a alegria que ele lhe traz, milhares de flores de lótus nascem nesse vazio. Elas flutuam nesse vazio, tal qual num lago.

Mas você tem tanto medo de estar vazio que nem sequer olha para ele. Faz todo o possível para evitá-lo. Você ouve rádio, vai ao cinema, assiste à TV, lê jornal, histórias de detetive — faz qualquer coisa — para evitar continuamente seu vazio interior. Quando está cansado, você cai no sono e sonha, mas nunca encara esse vazio, nunca o traz para perto de você, nunca o abraça. Essa é a razão do medo.

Você pergunta por que sente medo quando as pessoas se aproximam de você. Você fez uma enorme descoberta. Todo mundo sente medo quando alguém chega muito perto, mas poucas pessoas têm consciência disso.

A proximidade não é uma coisa apreciada. Para permitir que as pessoas se aproximem você impõe muitas condições — ela é sua esposa, então você deixa que ela durma na sua cama, passe a noite com você. Mas, mesmo assim, você mantém uma parede invisível entre você e ela. A parede é invisível, mas está ali. Se quiser ver essa parede, preste atenção; você conseguirá vê-la. Trata-se de uma parede transparente, uma parede de vidro, mas ela existe. Você continua só consigo mesmo e sua esposa só com ela mesma. O mundo particular que cada um de vocês criou nunca se encontra com o do parceiro. Você tem seus segredos e ela tem os dela. Vocês não estão de fato abertos e disponíveis um para o outro.

Mesmo quando ama, você não deixa que a pessoa se aproxime, não deixa que ela mergulhe dentro de você. E, lembre-se, se você deixasse que isso acontecesse, sentiria uma grande bem-aventurança, pois, quando os corpos de dois amantes se encontram, ocorre o orgasmo físico; quando duas mentes se encontram, existe o orgasmo psicológico e, quando dois espíritos se encontram, existe o orgasmo espiritual.

Talvez você não tenha nem mesmo ouvido falar desses outros dois tipos de orgasmo. Mesmo o primeiro é uma raridade. Muito poucas pessoas chegam ao orgasmo físico verdadeiro, mas se esqueceram disso. Elas acham que ejaculação é sinônimo de orgasmo. Muitos homens acham que chegam ao orgasmo e, como as mulheres não ejaculam, pelo menos não de uma maneira visível, 80% das mulheres acham que não chegam ao orgasmo. Mas ejaculação não é orgasmo. É um alívio local, sexual — não é orgasmo. Esse alívio é um fenômeno negativo — você simplesmente perde energia —, o orgasmo é uma coisa totalmente diferente. É uma dança energética, não um alívio. É um estado energético extasiante. A energia vira um fluxo. E ele abrange o corpo todo, não é apenas sexual, ele é físico. Cada célula e cada fibra do seu corpo pulsa com alegria renovada. Há um rejuvenescimento celular, seguido de uma grande paz.

Mas as pessoas nunca nem sentiram o orgasmo físico, então, o que eu posso dizer a respeito? O que eu posso falar sobre o orgasmo psicológico? Quando você deixa que alguém chegue bem perto de você — um amigo, um ente querido, um filho, um pai, um Mestre, não importa que tipo de relacionamento seja —, quando você deixa alguém se aproximar a ponto de suas mentes começarem a se sobrepor, fundindo-se, então acontece algo que está tão além do orgasmo físico que é como um salto. O orgasmo físico é lindo, mas não é nada comparado ao orgasmo psicológico. Depois que você conhece o orgasmo psicológico, você começa, pouco a pouco, a perder o interesse pelo orgasmo físico. Este é um substituto muito ruim daquele.

Mas mesmo o orgasmo psicológico não é nada quando comparado ao orgasmo espiritual, quando dois espíritos — e com "espíritos" quero dizer dois vazios, dois zeros — sobrepõem-se. Lembre-se de que dois corpos podem se tocar. Eles não podem se sobrepor, pois são físicos. Como dois corpos podem ocupar o mesmo espaço? É impossível. Por isso, no máximo, eles podem ficar muito próximos um do outro. Mas dois corpos só podem se tocar; mesmo no amor sexual, eles só podem se tocar. A penetração é muito superficial, não passa de um toque — pois dois objetos físicos não podem ocupar o mesmo espaço. Se eu estou sentado aqui nesta cadeira, ninguém mais pode se sentar nela. Se existe uma pedra num determinado lugar, você não pode colocar ali um outro objeto. O espaço já está ocupado.

Os objetos físicos ocupam espaço, portanto, eles só podem se tocar — essa é a infelicidade do amor. Se você só conhece o amor físico, você será para sempre infeliz, pois só poderá tocar outra pessoa, enquanto seu maior desejo é que você e ela sejam uma coisa só. Dois objetos físicos não podem se tornar um só. Isso não é possível.

Entre duas psiques ocorre uma comunicação melhor. Elas podem se aproximar mais uma da outra. No entanto, os pensamentos também não podem ocupar o mesmo espaço, pois são objetos sutis. Eles podem se tocar, entrelaçar-se num nível mais profundo do que dois objetos físicos... as coisas são muito sólidas, os pensamentos são muito líquidos. Quando os corpos de dois amantes se encontram, é como duas pedras se encontrando; quando duas psiques se encontram, é como óleo e água se encontrando. Sim, o encontro é mais profundo, mas ainda existe entre elas uma divisão sutil.

Dois pensamentos não podem ocupar o mesmo espaço. Você não pode pensar em duas coisas ao mesmo tempo — primeiro é preciso deixar de pensar numa coisa, para depois começar a prestar atenção em outra. Só há espaço para um pensamento por vez. Portanto, mesmo na amizade, na amizade psicológica, perde-se algo, falta algo. É melhor do que o encontro físico, mas não é nada comparado ao encontro espiritual.

A penetração espiritual é a única possibilidade de realmente se fundir com uma pessoa — pois espírito significa vazio. Dois vazios podem se fundir. E por que só dois? Todos os vazios do mundo podem se fundir no mesmo espaço. Eles podem ocupar o mesmo espaço simultaneamente, ao mesmo tempo, sem problemas, pois não são nem concretos como os objetos, nem líquidos como a água. Eles estão simplesmente vazios de si mesmos. Você pode fundir quantos vazios quiser.

Quando começa a sentir seu vazio — com alegria, lembre-se —, você começa a deixar que as outras pessoas se aproximem de você. Não só deixará que elas se aproximem, como sempre as convidará a se aproximar, dando-lhes as boas-vindas, pois as pessoas só podem se aproximar de você se também deixarem que você se aproxime delas. Não há outro jeito.

É um bom sinal o fato de você perguntar por que sente medo quando alguém se aproxima de você. Você está ficando um pouco mais consciente do seu vazio. Agora deixe que essa consciência aumente; deixe que ela se torne uma grande experiência. Invada esse vazio e logo você ficará surpreso ao constatar que é disso que se trata a meditação, é isso que eu chamo de divindade. A partir daí você se torna um templo, aberto a qualquer desconhecido que queira se aproximar.

Por que as mulheres gostam de parecer atraentes aos olhos dos homens, mas se ressentem quando eles demonstram desejo sexual?

Existe uma estratégia política nessa atitude. As mulheres gostam de parecer atraentes porque isso lhes dá poder; quanto mais atraente é uma mulher, mais poder ela tem sobre os homens. E quem é que não quer ter poder? A vida toda as pessoas lutam para ter poder.

Por que você quer ter dinheiro? Por que dinheiro lhe dá poder. Por que você quer ser primeiro-ministro ou presidente do país? Porque isso lhe dá poder. Por que você quer ter prestígio e ser respeitado? Porque isso lhe dá poder. Por que você quer virar santo? Porque isso lhe dá poder.

As pessoas lutam pelo poder de diferentes formas. Vocês não deixaram para as mulheres nenhuma outra fonte de poder — só uma alternativa: o corpo delas.

É por isso que elas se preocupam o tempo todo em parecer cada vez mais atraentes. Vocês já repararam que a mulher ocidental não se preocupa tanto em parecer atraente? Por quê? Porque elas estão conhecendo outros tipos de política de poder.

Os homens nunca se preocuparam muito em parecer atraentes. Por quê? Só as mulheres têm essa preocupação. Para elas, essa é a única forma de conseguir algum poder. E, para os homens, existem tantas outras fontes de poder que cuidar da aparência parece uma coisa meio efeminada. Isso é para as mulheres.

Isso não foi sempre assim. Houve um tempo, no passado, em que as mulheres eram tão livres quanto os homens. Nessa época, os homens se preocupavam em parecer atraentes tanto quanto as mulheres. Veja Krishna, a aparência dele — com lindas vestes de seda, uma flauta, todo tipo de ornamento, brincos, uma belíssima coroa feita de penas de pavão. Olhe para ele! É belíssimo!

Isso pertence à época em que homens e mulheres eram absolutamente livres para fazer o que bem quisessem. Depois veio uma época obscura extremamente longa em que as mulheres passaram a ser reprimidas. Isso aconteceu por causa dos padres e dos chamados santos. Seus santos sempre tiveram medo das mulheres, pois elas parecem tão poderosas que podem destruir a santidade deles em questão de minutos.

Dizem que a mãe tenta, por 25 anos, fazer do filho um sábio e então chega uma mulher e, em dois minutos, faz dele um completo idiota. É por isso que as sogras nunca conseguirão perdoar as noras. Nunca! Leva 25 anos para a pobre mulher conferir alguma inteligência a esse homem e, em dois minutos, tudo vai por água abaixo! Como ela vai conseguir perdoar essa mulher?

É por causa dos seus santos que as mulheres foram condenadas — eles tinham medo delas. As mulheres tiveram de ser reprimidas. E, por serem reprimidas, todas as formas que elas tinham de competir na vida, de fluir na vida, lhes foram tiradas. Só sobrou uma coisa: o corpo delas.

Você me pergunta por que as mulheres gostam de parecer atraentes aos olhos dos homens. A razão é esta — esse é o único poder que elas têm. E quem não quer ser poderoso neste mundo? A menos que você entenda que o poder só traz sofrimento, que o poder é destrutivo, é violento; só por meio do entendimento sua sede de poder desaparece — quem não gosta de ter poder?

E você também pergunta por que elas se ressentem do desejo sexual masculino, uma vez que querem parecer atraentes. Pela mesma razão. As mulheres só conservam o poder que têm enquanto ficam penduradas na sua frente como uma cenoura na frente do cavalo — nunca ao seu alcance e sempre ao seu alcance, tão perto e tão longe. Só assim elas são poderosas. Se elas logo caíssem no seu colo, perderiam todo o poder. E depois que você as tiver explorado sexualmente, depois que as tiver usado, elas passam a não significar mais nada e perdem todo o poder que tinham sobre você. Por isso elas atraem você e ao mesmo tempo o mantêm à distância. Atraem você, provocam você, seduzem você e, quando você chega mais perto, elas simplesmente dizem "Não"!

Trata-se de uma lógica muito simples. Se a mulher disser "sim", você a reduz a um mero objeto; você a usa. E ninguém quer ser usado. Trata-se do outro lado da mesma política de poder. Poder significa capacidade de usar o outro. Quando alguém usa você, seu poder acaba, você vira um zero à esquerda.

Por isso, nenhuma mulher quer ser usada. E os homens têm feito isso ao longo das eras. O amor virou uma coisa muito feia. Deveria ser a maior glória deste mundo, mas não é, pois o homem continua usando a mulher e a mulher se ressentindo disso, resistindo a isso, naturalmente. Caso contrário, ela passa a ser uma simples mercadoria.

É por isso que você só vê maridos abanando o rabo para as esposas e elas assumindo uma postura do tipo "Não estou interessada nessa bobagem toda" — sou mais santa que você. As esposas continuam fingindo que não estão interessadas em sexo, nessa coisa feia. Elas se interessam tanto quanto os homens; o problema é que elas não podem demonstrar interesse, do contrário, os homens imediatamente as reduzem a nada e começam a usá-las.

Elas, portanto, interessam-se por outra coisa: em parecer atraentes aos olhos dos homens e depois rejeitá-los. Esse é o prazer que o poder dá. Elas atraem você — como se o tivessem laçado com uma corda — e depois dizem "não", reduzindo você a nada. E você fica abanando o rabo para elas como um cão — é disso que elas gostam.

Essa é uma situação lamentável. Não deveria ser assim. Isso é muito ruim, porque o amor foi reduzido a uma política de poder. Isso precisa mudar. Temos de criar uma nova humanidade, um novo mundo, em que o amor não seja mais uma questão de poder. Pelo menos faça com que ele não seja uma questão de poder; deixe que o dinheiro, a política seja — deixe que qualquer coisa seja uma questão de poder, menos o amor.

O amor é algo imensamente valioso; não faça dele uma mercadoria. Infelizmente é isso o que acontece.

O recruta chegou a um posto da Legião Estrangeira no deserto. Então ele perguntou a um cabo que tipo de recreação os soldados tinham ali.

O cabo deu um sorriso matreiro e disse: — Você verá.

O jovem ficou intrigado. — Bem, vocês têm mais de cem homens aqui nesta base e eu não vejo uma única mulher!

— Você verá — repetiu o cabo.

Nessa mesma tarde, trezentos camelos foram colocados no curral. A um sinal, os homens pareceram enlouquecer. Pularam aos montes para dentro do curral e começaram a copular freneticamente com os camelos.

O recruta viu aquela correria e apertou a arma entre os dedos:

— Sei agora o que você quer dizer, mas não entendi nada. Deve haver uns trezentos camelos e uns cem homens. Por que tanta pressa? Cada um não pode esperar a sua vez?

— O quê? — exclamou o cabo, espantado. — E acabar ficando com o mais feio?

Ninguém quer ficar com o mais feio, mesmo que se trate de um camelo. Portanto, quem vai querer ficar com uma mulher feia? As mulheres fazem tudo para ficar bonitas — pelo menos para *parecer* bonitas. E, depois que você cai na armadilha delas, elas fogem de você, pois é nisso que consiste o jogo. Se você começar a fugir delas, elas virão atrás de você, começarão a seguir você. No momento em que você começa a ir atrás delas, elas começam a tentar fugir. Esse é o jogo! Isso não é amor, é desumano. Mas é o que acontece e o que vem acontecendo há muitas eras.

Mas, cuidado! Toda pessoa tem a sua dignidade e não pode nunca ser reduzida a uma mercadoria, a um objeto. Respeitem os homens e respeitem as mulheres — ambos são divinos.

E esqueçam essa idéia antiga de que são os homens que fazem amor com as mulheres — isso é uma estupidez. É como se os homens fossem sempre o fator ativo e as mulheres, sempre o fator passivo. Mesmo na linguagem, é o homem quem faz amor, é o homem que é o parceiro ativo; a mulher se contenta em ficar ali, como um receptor passivo. Mas um está fazendo amor com o outro, ambos são ativos, são participantes, a mulher à sua própria moda. A receptividade é o seu jeito de participar, mas ela participa tanto quanto o homem.

E não pense que é só você que está fazendo algo à mulher; ela também está fazendo algo a você. Ambos são extremamente valiosos um para o outro. Um se oferece ao outro; vocês trocam energias. Ambos se oferecem a si mesmos num templo de amor, num templo do deus do amor. Trata-se de um momento extremamente sagrado. Vocês estão explorando um terreno sagrado. E essa atitude faz uma enorme diferença no comportamento das pessoas.

É muito bom ser bonito. Feio é querer parecer bonito. É bom ser atraente, mas é feio manipular o outro por meio da aparência. Manipular é querer enganar. E as pessoas são naturalmente bonitas! Não é preciso usar nenhuma maquiagem. Todas as maquiagens são feias. Elas fazem com que a pessoa fique cada vez mais feia. A beleza está na simplicidade, na inocência, no fato de ser natural, espontâneo. E, se você for bonito, não use essa beleza para conseguir poder — isso é uma profanação, um sacrilégio.

A beleza é uma dádiva da natureza. Compartilhe-a, mas não a use de modo algum para dominar ou possuir outra pessoa.

Meu marido me ama tanto que, em toda a vida, nunca pensou em outra mulher. Vivemos juntos há quase 25 anos. Para mim, é difícil de acreditar, mas é verdade. O que você me diz disso?

Realmente não posso acreditar!

Existiu uma vez um homem cujo nome era Inacreditável. Ele era casado com uma linda mulher e eles formavam um casal feliz.

Um dia, Inacreditável ficou tão doente que achou que ia morrer, por isso ele chamou a mulher e disse a ela: — Querida, passei a vida toda sendo chamado por esse nome idiota. Agora que estou morrendo, por favor, prometa-me uma coisa — não mencione meu nome no meu epitáfio. Você pode mandar gravar alguns dizeres ou pôr ali um retrato meu, qualquer coisa, mas não escreva meu nome. Não quero carregá-lo pela eternidade.

A esposa concordou. Quando ele morreu, ela mandou gravar os seguintes dizeres no túmulo do marido: "Aqui jaz um marido fiel, que nunca traiu a esposa".

Daquele dia em diante, todas as pessoas que passavam por ali e liam o epitáfio, faziam o mesmo comentário: "Inacreditável!"

Ou o seu marido está morto ou perdeu o juízo — ou talvez você tenha topado com um buda! Mas o que um cara como Buda estaria fazendo com você?

Duas amigas conversavam num hotel à beira-mar.

— É claro que todas essas garotas, quase nuas, são uma tentação constante para os nossos maridos — disse uma.

— Pode ser — respondeu a outra —, mas eu confio totalmente no meu. Ele é loucamente apaixonado por mim.

— Oh! — exclamou a primeira. — E ele nunca teve nenhum momento de sanidade?

Se um homem ama uma mulher, é inevitável que ele ame muitas outras pessoas também, e o mesmo pode-se dizer de uma mulher que ame um homem, pois o amor não pode ser confinado a uma só pessoa. Se ele existe de fato, não pode ser confinado; se não existe, então é diferente.

O amor é como a respiração. Se uma pessoa diz: "Você é o ar que eu respiro. Sem você, eu me sinto sufocar", você não confiará nela. Como pode? Ela já teria morrido se isso fosse verdade. O amor é o ar da sua alma.

Mas é isso que temos feito: por séculos, temos condicionado as pessoas com idéias tão estúpidas e criado tanto sofrimento neste mundo, tanto ciúme, tanta possessividade, tanto ódio, sem nenhuma necessidade! Condicionamos as pessoas com essa idéia estúpida de que só pode existir amor entre duas pessoas; o amor só é verdadeiro se for entre duas pessoas, do contrário não é. Então ele é mentiroso, é um pseudo-amor, uma fantasia. Se o amor for só entre duas pessoas, isso é sinal de que elas estão fingindo e não estão sendo verdadeiras nem com elas mesmas — não só com o parceiro, mas consigo mesmas também.

Se um homem aprecia a beleza, como ele pode não reparar nas mulheres bonitas e não se interessar por elas? O único jeito seria fazer com que ele deixasse de apreciar a beleza, mas isso só serviria para fazê-lo perder o interesse pela própria esposa. É isso o que acontece: por causa dessa idéia idiota de que só pode existir amor entre duas pessoas, o amor desapareceu da face da terra. A única forma de driblar essa regra é impedir que o marido ame a esposa. Ele tem de aniquilar o instinto de amor que existe em si, reprimir a própria idéia de beleza e esquecer que existe beleza neste mundo. Mas assim ele também não poderá amar a própria esposa. Portanto ele fingirá, fará uma encenação — fará gestos vazios, sem nenhum significado. Se dizem a uma mulher que ela só pode amar o marido e não se interessar por mais ninguém, é inevitável que ela perca o interesse pelo marido.

É por isso que maridos e esposas perdem o interesse uns pelos outros. Eles vivem numa briga constante; sempre encontram uma desculpa para brigar. Na verdade, eles brigam porque a energia de amor que têm dentro de si não pode florescer, mas se esqueceram disso porque o condicionamento é muito antigo. Eles foram condicionados pelos pais assim como os pais deles também foram condicionados; esse condicionamento existe desde os tempos de Adão e Eva. Já se tornou parte de nós, é quase como se fizesse parte do nosso sangue, dos nossos ossos, das nossas entranhas; por isso, nem sequer temos consciência desse condicionamento. Ele já mergulhou nas profundezas do nosso inconsciente.

Desse modo, maridos e esposas vivem constantemente zangados uns com os outros — às vezes mais, às vezes menos — e sempre acham desculpas para alimentar essa raiva. Além disso, eles sempre parecem tristes. É inevitável que sejam tristes, que sintam raiva, por essa simples razão. Todas as outras desculpas são falsas. Não estou dizendo que eles saibam disso; os casais não têm consciência desse fenômeno.

A verdade pura e simples é que um homem que aprecie a beleza se interessará por muitas mulheres e uma mulher que aprecie a beleza se interessará por muitos homens. Talvez ela se interesse mais por uma pessoa em particular — isso é possível —, talvez ela se interesse tanto por uma pessoa que queira viver com ela, mas isso não significa que seu interesse pelas outras pessoas desaparecerá. Mas se você estiver andando com seu marido e ele lhe disser: "Veja aquela mulher. Como ela é bonita!", haverá problemas — ele não pode dizer uma coisa dessas! Mas não há nada de errado em dizer isso; na verdade, você deveria ficar feliz, pois isso mostra que seu marido ainda está vivo e em seu juízo perfeito; que ele ainda tem muita vontade de viver! Você deveria ficar feliz ao ver que ele tem um espírito jovem, vibrante, que seus olhos ainda apreciam a beleza e que ele ainda é sensível a tudo o que é bonito. Não existe nenhuma razão para você sentir ciúme.

Mas o marido não pode dizer isso; na realidade, ele tem de fingir que não está olhando a outra mulher. Ele olhou, *está* olhando para ela — talvez esteja usando óculos escuros somente para poder olhá-la! Ele encontrará desculpas para olhar a mulher: pode começar a falar da beleza de uma árvore. Ele não está interessado na árvore, mas na mulher que está sentada sob a árvore! E a esposa sabe perfeitamente bem por que ele de repente ficou tão interessado naquela árvore; do contrário, nunca teria reparado nela.

A esposa não pode dizer para o marido: "Que homem bonito!" O marido se ofenderá — seu ego é ferido. Todo mundo carrega dentro de si a idéia: "Ninguém é mais bonito que eu". Mas sabemos que isso é pura bobagem. Ninguém é igual a ninguém, isso é verdade, mas são poucas as coisas que nos distinguem uns dos outros. Talvez esse homem tenha olhos mais bonitos do que os seus. Você tem um nariz mais bonito do que o dele, mas, quanto aos olhos, ele ganha de você. Você pode ter um rosto bonito, mas e quanto ao resto do corpo?

As pessoas deveriam ser mais inteligentes e saber apreciar a beleza; elas deveriam ajudar umas às outras a apreciar a beleza. Deveriam dizer: "Você está certo.

Aquela mulher é bem bonita, aquele homem é atraente". E não há nada de errado nisso. Isso não vai destruir o amor que existe entre o casal; pelo contrário, vai torná-lo mais intenso, mais forte. A comunicação sincera é algo que sempre beneficia o amor. Sempre que você começa a fingir, que é obrigado a fingir, que é forçado a dizer algo que não quer dizer ou que não pode dizer o que quer, o amor enfraquece e as pessoas se afastam.

Por favor, ajude seu marido a recuperar o prazer de viver, ajude-o a recuperar a sanidade, ajude-o a voltar a ser uma pessoa sensível. Você deve ter contribuído muito para entorpecê-lo. Isso não é bom, não é saudável. É um estado patológico. Se ele diz que nunca pensou em outra mulher na vida dele, lembre-se de que você também é uma mulher — nada mais, nada menos. Você não se tornou mais do que isso só porque é a esposa dele. E se ele não tem mais interesse por mulher nenhuma — e este mundo está cheio de mulheres bonitas —, isso significa que ele também não tem mais nada que ver com você e o relacionamento entre vocês já não signifique nada para ele — ou talvez você o tenha obrigado a isso.

É por isso que você diz: "Para mim é difícil de acreditar, mas é verdade".

É difícil de acreditar porque mesmo você deve pensar em outros homens — como então pode acreditar? Se você ainda pensa em outros homens, como pode acreditar que o seu marido não pense em outras mulheres?

Na verdade, sempre que um homem e uma mulher fazem amor, principalmente se forem marido e mulher, nunca há apenas duas pessoas na cama; há sempre quatro. Ele está pensando em outra mulher e ela está pensando em outro homem. A mulher está pensando em Muhammad Ali, ele está pensando na Sophia Loren e tudo vai muito bem!

Quando se trata de marido e mulher, é sempre bom não fazer amor durante o dia nem deixar a luz sempre acesa à noite, pois assim eles podem dar asas à imaginação; você pode pensar em quem bem entender. Na realidade, não há muita diferença — basicamente não há muita diferença. No nível básico, é tudo a mesma coisa — e quando você está fazendo amor com uma mulher ou com um homem, você tem que ficar no nível básico, tem de ficar no nível mais rudimentar; não dá para ir além disso. E, nesse aspecto, a natureza é generosa — no nível básico, tudo é meio comunista, não existem muitas diferenças. Todas as diferenças são superficiais.

Mas não há nada de errado em estar interessado em outros homens ou mulheres. Ajude seu marido — ele precisa da sua ajuda, pois, segundo a minha experiência com milhares de casais, é sempre a mulher que aniquila o homem. O homem finge estar no comando, mas ele não está. E a mulher é a tal ponto cúmplice desse suposto comando que ela o deixa pensar assim e nem se incomoda com isso.

Ela diz: "Você pode continuar acreditando que está no comando, mas façamos um trato: você continua achando que manda — achando que tem essa liberdade — e eu continuo mandando de verdade".

Fui visitar Mulla Nasruddin um dia destes e o encontrei embaixo da cama. — Qual é o problema? — perguntei a ele. — Por que você está embaixo da cama?

Ele disse: — Por que não? Sou o dono da casa, posso ficar onde eu quiser!

E então a mulher dele veio e disse: — Seu covarde! Saia daí e eu lhe mostro quem manda nesta casa!

— Ninguém pode me obrigar a sair! — gritou ele. — Sou o dono da casa e fico onde eu quiser!

Como a mulher dele está agora muito gorda e não pode entrar embaixo da cama, eu perguntei a ela: — O que você vai fazer agora?

— Espere! — disse ela. — Está quase na hora do almoço; ele terá de sair. Embaixo da cama, ele pode falar que é o dono da casa; em cima da cama, eu sei muito bem quem manda aqui!

Ajude seu pobre marido. Você acabou com ele — e não foi sem querer; foi intencional; as estratégias femininas são muito sutis. Devolva-lhe a vida, traga-o de volta da cova. Só assim ele se interessará por você. E ficará imensamente grato.

Todos os casais deveriam lembrar que, ao se tornar um casal, eles não passarão a mandar um no outro — serão apenas companheiros, amigos. E não pense no seu relacionamento como um bem adquirido; ele não tem nada que ver com possessividade. Homens e mulheres não são mercadorias, são pessoas; eles têm de ser respeitados. Não são objetos para serem usados. Os maridos tratam as esposas como objetos e as esposas tratam os maridos como objetos, e é por isso que este mundo está tão feio e insano e todo mundo parece tão infeliz.

Não é preciso que haja tanto sofrimento — 99 por cento desse sofrimento é criação nossa. Um por cento é claro que ainda existirá, pois o corpo tem muitas limitações. O corpo envelhece, às vezes fica doente, um dia morre, mas isso representa só 1 por cento do sofrimento. E se os outros 99 por cento desaparecessem, esse 1 por cento seria aceito com muito mais satisfação; ele não seria problema.

Outro dia você falou de homossexualismo e nos fez rir com a idéia de todos os homens andando por aí de braço dado e chamando uns aos outros de "querido". Rir é bom, evidentemente, mas às vezes ele tem um quê de zom-

baria. Como homossexual, eu me senti mal naquele momento. Por favor, você pode nos falar como os homossexuais, os negros, os judeus ou qualquer outra minoria poderia encarar essas risadas e lidar com elas?

Você não é o único homossexual aqui. Estão presentes muitos homossexuais e de ambos os sexos. Este é um mundo em miniatura — tenho todo tipo de gente aqui; meu jardim contém todo tipo de flor, todo tipo de planta. Não é tanto um jardim, mas uma selva. E eu aceito todas elas — até as mais silvestres. Todas são bem-vindas.

Por que só você se sentiu incomodado? Existem homossexuais muito famosos aqui. Na realidade, eu nunca soube que você era um deles! Por que ficou tão aborrecido? Por que ninguém mais se ofendeu? Eles aprenderam a aceitar, pois é exatamente isso que eu ensino! Aceite tudo o que você é. Sem condenação, sem julgamento, sem avaliações. Se você é homossexual, qual o problema? Seja homossexual! A vida fez você assim. Esse é o jeito de Deus se expressar por meio de você. E já existiram grandes homossexuais neste mundo, Sócrates inclusive.

Se você analisar a longa história do homossexualismo, ficará surpreso: os homossexuais tiveram companhias melhores do que os heteros. Na verdade, os grandes poetas, pintores, músicos, artistas — todos tinham uma tendência para o homossexualismo. Existe um mistério aqui e ele precisa ser esclarecido. Por que artistas, pintores e poetas? Porque eles são pessoas criativas — nunca se satisfazem com o que já existe; elas sempre querem fazer coisas novas.

O heterossexualismo, por outro lado, é um fenômeno natural; é um simples fato. As pessoas inventivas tentam encontrar novas formas de se relacionar; elas têm imaginação. Viver a vida inteira se apaixonando por mulheres ou por homens parece uma coisa meio monótona. Elas querem passar por experiências novas. Foram essas pessoas que inventaram o homossexualismo. Elas são inventoras.

E algumas delas foram até mais além: tornaram-se bissexuais. Agora o bissexual acha que o homossexual está um pouco atrasado. O bissexual é mais fluido, pode se adaptar tanto ao homem quanto à mulher. Ele tem muito mais oportunidades de fazer amor. Nunca fica carente; sempre acha alguém com quem fazer sexo.

No fundo, você deve se sentir culpado; é por isso que se ofendeu. Do contrário, teria rido e apreciado a piada. E na verdade, eu não sou o responsável por aquelas palavras — adivinhe quem é? Não acho que você vá adivinhar. O papa!

O papa fez uma viagem à Terra Santa. No último dia, ele foi ao Calvário e fez suas preces. Depois desceu a colina com um ar solene e reverente, com o turíbulo fumegando nas mãos. Um homossexual que o observava à distância aproximou-se dele, puxou levemente suas vestes e disse: — Oi, querido, sua bolsinha está pegando fogo.

Eu peguei essa idéia do papa! Mas, por favor, não fique ofendido — eu não sou contra ninguém. Nem negros, nem judeus, nem homossexuais — não sou contra ninguém. Minha mensagem é de total aceitação.

Mas eu não inventei essas piadas, meus amigos é que continuam mandando-as para mim. Por isso, se você quiser algumas piadas contra heterossexuais, por favor, mande-me algumas! Nunca deixo de aproveitar as piadas que me mandam.

Às vezes algumas mulheres me mandam cartas dizendo: "Suas piadas são sempre contra as mulheres". O que eu posso fazer? Mandem-me piadas contra os homens! Não tenho nenhuma intenção de inventar piadas — as pessoas é que as mandam para mim. Mande-me qualquer tipo de piada e eu a aproveitarei.

Mas esse sentimento de culpa não é bom. Lá no fundo você sente como se estivesse fazendo uma coisa errada — é por isso que se magoa. Você tem uma ferida dentro de si; você pode encobri-la, mas ela está ali. E se você está me entendendo, descubra essa ferida. Só quando deixá-la à mostra ela irá sarar. Deixe que o sol e o vento a cure. Deixe-a à mostra!

Não há nenhum problema em você ser do jeito que é. Isso não é da conta de ninguém. Se dois homens sentem-se bem juntos, isso não é da conta de ninguém. Nenhuma lei, nenhum governo, nenhum religião, nenhum igreja deveria interferir. Se eles são felizes, a decisão de ficarem ou não juntos é apenas deles. E nós só queremos que o mundo todo fique feliz; se estão felizes, essas duas pessoas estão contribuindo para a felicidade do mundo todo.

Se duas mulheres sentem-se bem juntas, o mundo fica feliz com isso, ele só tem a ganhar com isso. Não se sinta culpado desnecessariamente. Mas a culpa persiste, pois aprendemos, ao longo das eras, que o homossexualismo é um dos maiores pecados deste mundo.

Talvez você fique surpreso ao saber que existem estados nos Estados Unidos onde, cem anos atrás, o homossexualismo era punido com muitos anos de prisão. E existem países onde a pessoa era decapitada caso fosse pega com outra do mesmo sexo.

A humanidade foi tão estúpida no passado! E todos nós carregamos esses condicionamentos no inconsciente coletivo.

Um ventríloquo estava passando de carro por uma estrada rural, quando seu olhar foi atraído para uma grande fazenda. Ele pediu para conhecê-la e levaram-no para dar uma volta pelas redondezas.

Quando lhe mostraram o interior do celeiro, o ventríloquo achou que poderia se divertir um pouco. Então fez com que o peão da fazenda pensasse que o cavalo estava falando.

Com os olhos arregalados de medo, o homem saiu correndo do celeiro para ir contar ao fazendeiro. — Sam! — ele gritou —, esses animais estão falando! Se aquela ovelha disser alguma coisa de mim, é tudo mentira!

• • •

É assim que surge a culpa. Você não pode escondê-la — ela tem seu próprio jeito de se manifestar.

Você condena seu homossexualismo — é por isso que me fez essa pergunta. Do contrário, você teria rido, teria gostado da piada! E a menos que um homem seja capaz de rir de si mesmo, ele nunca saberá o que significa uma risada nem saberá a beleza que ela tem. Rir dos outros é muito fácil; é uma violência, uma crueldade. A capacidade de rir de si mesmo tem algo de espiritual. Mas nós continuamos a nos esconder por trás das racionalizações.

Você acha que a minoria homossexual se sente ofendida. Há uma coisa que você precisa saber: eu não sou nem heterossexual, nem homossexual, nem bissexual — portanto, não posso ser nem contra nem a favor. Eu não pertenço mais ao mundo do sexo. O sexo não tem mais significado para mim — é por isso que eu consigo aceitar vocês todos.

Os chamados santos não são capazes de aceitar todos vocês, pois eles pertencem ao mundo do sexo; eles mesmos ainda são seres sexuais — reprimidos, obcecados, talvez contra o sexo, mas se são contra é porque ainda são obcecados por ele. Eu não sou nem a favor nem contra, nem a favor disto nem a favor daquilo. Simplesmente não importa! Esses são simplesmente jogos que as pessoas gostam de jogar — são divertidos, só isso. Não há nada de sério quanto a isso. É coisa de criança. Heterossexualismo, homossexualismo, bissexualismo, é tudo coisa de criança.

Eu espero que um dia você possa superar tudo isso. E então acontecerá um fenômeno totalmente diferente: no Oriente nós o chamamos de *brahmacharya*. O Ocidente não tem uma palavra equivalente para isso, pois a consciência ocidental nunca atingiu uma esfera tão elevada. A palavra *celibato* é uma tradução pobre e com conotações muito feias.

"Celibato" significa simplesmente não praticar sexo; é uma palavra muito feia. O celibatário pode não ter transcendido o sexo; apenas reprimido. *Brahma-*

charya significa viver como um deus. O significado literal é "viver como Deus". O que significa isso? Significa que o sexo simplesmente deixou de existir, a fumaça já não sufoca a chama do seu ser; a chama do seu ser está livre da fumaça. E depois que o sexo desapareceu definitivamente, toda a energia contida na sexualidade é liberada na forma de amor, de compaixão.

Mas, ao se sentir ofendido, você se expôs. Num certo sentido, isso é bom. Não se sinta culpado mais. E é sempre bom se expor em toda a sua nudez. Não tenha medo, pois o único jeito de você se conhecer é expondo-se.

Reza a lenda que Sigmund Freud e Carl Jung um dia viajaram juntos num trem e, durante a viagem, Jung começou a analisar Freud, sondando cada vez mais profundamente a psique do homem, na tentativa de encontrar a origem da sua neurose. Freud estava sendo evasivo, por isso quando Jung estava prestes a conhecer a essência de Freud, pediu impacientemente que este lhe revelasse seu eu mais profundo, seu verdadeiro eu.

— Não posso! — disse Freud. — Se eu fizer isso tenho de abrir mão da minha autoridade!

Diante disso, Jung reclinou-se na poltrona do trem e suspirou: — Então você já a perdeu.

O homem de verdade está sempre pronto para expor a sua essência mais profunda, pois ele não tem medo. Ao dizer que não podia expor seu eu verdadeiro, pois senão teria de abrir mão da própria autoridade, Freud estava simplesmente dizendo que carregava consigo um pseudo-eu. Ele o carregara a vida toda — embora fosse o criador da psicanálise, ele nunca passara por ela. Muitas vezes seus discípulos o abordavam dizendo: — Podemos psicanalisar você! — mas Freud sempre se recusava. Ele tinha medo.

Essa historieta é muito significativa — Freud tinha medo de se expor da forma como era. E o medo era o de perder a autoridade. Mas o verdadeiro homem de autoridade nunca tem medo de perdê-la. Ele não pode perdê-la, não há meio de isso acontecer. E essa é a diferença entre um homem de autoridade e um homem autoritário. O homem autoritário não tem autoridade verdadeira; ele finge que tem. O homem de autoridade pode se expor sem medo, pois essa autoridade não é algo imposto de fora; é a sua própria essência, sua experiência, sua autenticidade.

Jung acertou ao se reclinar e dizer: — Então você já a perdeu.

Dizem que, daquele dia em diante, começou uma cisão entre Jung e Freud que nunca mais pôde ser reparada. E eu não posso dizer que Jung foi o único responsável por ela; na verdade, o próprio Freud foi o maior responsável. Freud sofria de muitas coisas que poderiam ser chamadas de neuroses. Mesmo assim ele não permitia que alguém o analisasse.

Todo o meu trabalho aqui consiste em ajudar você a se expor em toda a sua nudez. Seja o que for, seja você mesmo. Eu mergulho em suas profundezas e as trago para a luz. Às vezes isso dói, choca; às vezes você fica zangado, ofendido, mas, por favor, tenha paciência. É como uma cirurgia — é inevitável que seja um pouco doloroso.

Eu amo profundamente meu namorado e o nosso relacionamento é muito bom quando estamos juntos. Mas sempre que ele parece interessado em outra mulher, mesmo que apenas fale dela, eu fico enciumada. Não quero que ele ache que eu lhe tiro a liberdade, mas é difícil esconder esse ciúme. O que eu posso fazer?

O ciúme não é bom, mas o ciúme reprimido é muito mais perigoso do que aquele que é expresso. A melhor coisa é não ter ciúme, mas, se você tem, é melhor expressá-lo.

Procure não ter, mas, se tiver, procure expressá-lo; você só deixará de ter ciúme quando já estiver num ponto avançado do seu crescimento pessoal. A falta de ciúme indica que a pessoa já é extremamente integrada, pois só não sente ciúme aquele que se aceita plenamente e que está tão feliz consigo mesmo que não pensa em se comparar com ninguém. O ciúme nasce da comparação.

Por exemplo, você ama um homem que também a ama, mas um dia você percebe que ele se sente atraído por outra mulher — e você se compara a ela. Quer dizer então que ele vai abandoná-la? Ele encontrou alguém melhor do que você? Uma mulher mais bela do que você?

Talvez você não tenha consciência de que as coisas aconteçam dessa forma, mas é justamente isso o que gera o ciúme; a idéia de que outra pessoa possa ser melhor do que você, mais bonita do que você ou mais atraente. Isso cria um complexo de inferioridade que dá origem ao ciúme. E você criará todo tipo de obstáculo para acabar com essa possibilidade.

Só não existe ciúme quando você já se aceitou a tal ponto que não faz mais comparações; quando você não se compara a mais ninguém. Mesmo que seu companheiro resolva deixá-la por causa de outra mulher, isso não fará com que você comece a fazer comparações. Ele se sentiu atraído por outra mulher e nada vai mudar esse fato, por isso, você não entrará em conflito com ela. A atração que ele sentiu pela outra não significa nada para você. Se significar algo, não é para você, mas para ele; essa atração não diz respeito a você.

Mas essa atitude de desapego só é possível quando você está tão bem consigo mesma que consegue viver sem um par, sem alguém que a ame; quando você consegue ser tão feliz sozinha quanto seria se alguém a amasse; quando o amor deixou de ser uma necessidade e passou a ser apenas uma diversão. Se você for amada, ótimo. Se não for, está ótimo também — você não sente essa necessidade.

Nesse caso, o relacionamento deixa de ser uma necessidade do ego e você não precisa mais dele para se sentir importante. Você já não sai por aí dizendo que esse homem ama você, como se ele a tivesse escolhido entre todas as mulheres da terra porque você é a melhor de todas. Nem sai por aí dizendo que você escolheu esse homem porque ele é o sujeito mais incrível deste mundo e escolheu você, a garota mais sensacional da face da terra. É claro que, com esse raciocínio, vocês dois vão se sentir o máximo — as duas pessoas mais espetaculares deste mundo estão juntas!

Se você começa a se interessar por outro homem, ele fica magoado, pois o que será dele agora, o homem mais sensacional do mundo? Ele já não se sentirá tão sensacional assim. Ou, se ele começa a se interessar por outra mulher, você deixa de se sentir o máximo também.

Isso é o que acontece em nome do amor e do relacionamento. Mas é preciso aceitar a realidade — você não pode fazer o impossível: não ter ciúme. Só duas coisas são possíveis agora: ou expressar o ciúme ou reprimi-lo. Reprimi-lo é muito perigoso. Ao expressá-lo, você esfria a cabeça, livra-se desse sentimento e evita que ele se acumule. Se reprimi-lo, ele continuará se acumulando dentro de você até virar um vulcão — um dia ele explode. Um dia, por nenhuma razão em especial, ele explode; uma coisinha insignificante será a gota d´água e trará todo esse ciúme à tona. Então você parecerá uma completa idiota, pois sua reação será completamente despropositada.

Por exemplo, seu namorado está lendo um livro e não está olhando para você; isso bastará para deixá-la furiosa. Você toma o livro da mão dele e atira-o longe dizendo: — Enquanto eu estiver aqui, você não vai ler livro nenhum!

Essa é uma reação despropositada. O livro não é uma mulher, mas será uma desculpa para você descarregar sobre ele todo o ciúme que acumulou dentro de si. É claro que ele achará muito estranho — tudo isso só por causa de um livro! E você também achará tudo muito estranho, pois sentirá que esse não é o verdadeiro motivo da sua atitude.

É por isso que os relacionamentos ficam tão ruins, pois, no momento em que deveria expressar seu ciúme, você o reprime e, no momento mais inoportuno, ele vem à tona. É melhor expressá-lo quando ele brotar dentro de você, pois pelo menos estará dentro do contexto.

Se você expressar o ciúme sempre que ele surgir, ele nunca se acumulará nem se tornará um vulcão. É melhor dizer ao seu companheiro que você está com ciúme, que está morrendo de ciúme! Não há necessidade de fazê-lo se sentir culpado; basta que você exponha o fato. Não diga que ele não deve mais se comportar desse modo — lembre-se, não há necessidade de dizer isso a ele. Se ele quiser ir embora com outra mulher, ele irá. O que você pode fazer? Não há praticamente nada que você possa fazer nesse caso.

Antes de ser seu namorado, ele deve ter amado outras mulheres, portanto, afastou-se delas para ficar com você. Algum dia ele se afastará de você também. É preciso aceitar a realidade. Se ele não tivesse o hábito de viver trocando de namorada não teria nem sequer conhecido você, pois ficaria a vida toda com a mesma mulher; mas ele é namorador e por isso você teve uma chance. Agora ele já está pensando em trocá-la, é natural.

Não o faça se sentir culpado; simplesmente confesse o seu ciúme. Diga: "Estou com ciúme. Não que você esteja fazendo algo errado; você pode fazer o que quiser. O que eu posso fazer? Se eu não consigo controlar nem mesmo o meu ciúme, como vou conseguir controlar o seu interesse pelas outras mulheres?" Você entendeu o que tem de dizer?

"Se eu não consigo controlar o meu ciúme, como você vai conseguir se controlar? Se uma mulher passa e você de repente fica interessado, o que pode fazer? Você não tem jeito, assim com eu. Por isso eu entendo. Por favor, tente me entender também."

Esse é o que eu considero o entendimento básico necessário num relacionamento: não o faça se sentir culpado, só isso. Ele não faz com que você se sinta culpada nem pergunta por que você tem ciúme. Ninguém deveria sentir ciúme, mas isso não é o mais importante — saber o que as pessoas deveriam ou não deveriam sentir.

Mas não reprima esse ciúme; se reprimi-lo seu amor ficará envenenado. Se você tiver reprimido o seu ciúme, quando esse homem estiver segurando a sua mão, ela estará fria. Sua mão não terá um fluxo de energia, não transmitirá nenhum calor. Como você poderá ser calorosa com esse homem? Você sabe muito bem que ele está destruindo a sua felicidade, por isso, fica fria, distante. Ele pode amar você, pode estar fazendo amor com você, mas você continuará fria, não demonstrará nenhum sinal de amor. Você simplesmente suportará calada, como se estivesse, no máximo, tolerando toda essa bobagem; e você começará a se sentir entediada.

Isso será automático, pois o ciúme estará entalado na sua garganta — virará um veneno. É melhor você se livrar dele. Agora mesmo, tente se livrar dele ou superá-lo. Quando estiver sentindo raiva, fique com raiva! Não acumule raiva dentro de si, extravase-a. Sempre que ela brotar dentro de você, assuma-a. Isso não destruirá o seu relacionamento — fará com que ele fique mais forte.

Não se preocupe se esse relacionamento vai durar para sempre ou não; nada dura para sempre. Portanto, se ele vai durar pouco tempo, pelo menos faça com que fique ardente — por que fazer com que fique frio? Do contrário, antes mesmo de acabar, ele já estará destruído. Um dia, a escola da vida, a experiência de vários relacionamentos, fará com que você amadureça. O ciúme então deixará de existir. Você ficará feliz se esse homem se aproximar e quiser trocar energia com você, mas também ficará feliz se ele quiser trocar energia com outra pessoa. Ele tem esse direito; não há nada que você possa fazer a respeito. Somos nós que mandamos na nossa própria vida, ninguém mais, e ninguém deveria fingir que manda na vida de outra pessoa. Quando se respeita a liberdade do outro, o amor cresce infinitamente.

Portanto, neste momento, você só pode fazer uma coisa: não o faça se sentir culpado, só isso. Se tiver ciúme, diga a ele. Fique zangada, quebre um prato, bata a porta. Faça tudo o que for preciso... E ninguém precisa ensinar as mulheres a fazer isso — elas já nascem com esse dom!

Eu realmente não gosto muito de sexo e meu namorado fica aborrecido com isso. Quando refleti sobre o assunto, percebi que eu nunca tive um relacionamento em que me sentisse segura. Acho que sempre usei o sexo para prender a outra pessoa e fingia que estava gostando.

Na verdade, ao que parece, você nunca gostou do amor. Você assumiu uma postura política com relação a isso; está usando o amor para outros fins.

Às vezes, a pessoa se sente sozinha e finge gostar do parceiro só para não sentir mais solidão e ter uma companhia. Às vezes, ela se sente bem porque acha que tem o outro nas mãos. Então usa o sexo como uma isca. Outras vezes a pessoa se sente egoísta porque quer conquistar todos os homens ou todas as mulheres e nunca se satisfaz com nenhum. O amor acaba se tornando uma dominação. A pessoa gosta de ter o domínio sobre o outro, não do amor em si. É por isso que o problema está surgindo agora.

Quando uma pessoa assume um compromisso com alguém, surge o problema, pois ela não tem mais razão para fazer amor com essa pessoa. Você já a conquistou, então para que fazer amor com ela? Não existem mais razões políticas para isso.

Isso só acontece porque você tem uma atitude muito equivocada com relação ao amor. Você não gosta do amor pelo seu valor intrínseco; você o usa para conseguir outra coisa. Por isso, quando você assume compromisso com alguém, deixa de se interessar por sexo, pelo amor, por qualquer coisa. Você não faz nem questão que ela toque o seu corpo, mas então por que ela ficaria com você? Para quê? Se você não quer que ela toque o seu corpo, isso significa que você também não quer tocar o dela, pois isso é recíproco. Então para que ficarem juntos? Fique sozinha. Do contrário, todas as coisas tristes do amor ficarão e as belas deixarão de existir. Serão apenas duas pessoas estraçalhando os nervos uma da outra. Para quê?

Se vocês não estão sentindo nenhum prazer, se não estão profundamente satisfeitos com essa convivência, então para que todos esses conflitos, todas essas censuras e brigas? Isso pode ser tolerado caso exista algo bonito entre vocês — nesse caso, vale a pena —, mas, se não existe, por que continuarem juntos? Separem-se. Isso, no entanto, não vai adiantar nada. Depois da separação, você vai começar a fazer os mesmos joguinhos, pois estará livre novamente para dominar, paquerar, fazer conquistas e arranjar outros parceiros. Mas isso é iludir a si mesma. Se fizer essas coisas e fingir que ama, fingir que é feliz, toda essa felicidade se desvanecerá assim que você tiver conseguido o que quer.

Por isso, não adiantará nada acabar com o relacionamento. É preciso acabar com a mente política. O corpo é bonito. E, se seu parceiro ama você, ele tocará seu corpo. Por que sentir repulsa? Você odeia alguma coisa com relação ao seu corpo? Com certeza você odeia alguma coisa nele ou tem algo contra ele. Você não consegue entender por que esse homem quer tocar o seu corpo — um corpo sujo como esse. Você nunca o tocaria, mas ele está tocando e gostando disso! Então esse homem também é repulsivo. Mas a idéia básica na sua cabeça é a de que seu corpo é repulsivo. Muitas pessoas receberam esse condicionamento de que o corpo é repulsivo.

O corpo é a coisa mais linda deste mundo. Nenhuma flor pode competir com ele. Ele é o mais complexo florescer da natureza.

Portanto, ame o seu corpo, aprenda a apreciá-lo. Sinta prazer em tocá-lo. Sinta-se feliz em tê-lo. É um milagre que surja do nada, da matéria, tamanha beleza imaterial. E goste quando seu parceiro ama seu corpo. O sexo nada mais é do que a troca de energia entre duas pessoas. Só quando vocês começarem a se encontrar num nível superior é que o sexo deixará de existir. Existem níveis superiores, mas eles não são contra o corpo. É preciso ter em mente essa distinção.

Existem níveis superiores de fusão energética, mas eles não são contra o corpo — eles o transcendem. A pessoa transcende o corpo, vai além dele. Esses níveis estão baseados no corpo, têm raízes no corpo, mas são superiores a ele.

Portanto, ame. O amor físico é bom, mas não se contente com ele. Tente descobrir níveis mais profundos, mais elevados de comunicação. Assim, um dia, só o fato de darem as mãos já será tão extasiante que o orgasmo sexual não será nada perto disso. Ao olhar nos olhos um do outro, vocês serão imediatamente transportados para um outro mundo. Até o dia em que só a lembrança do ser amado — apenas a idéia de que ele existe — já será suficiente para fazê-la chegar ao orgasmo, para lhe proporcionar um arrepio de prazer, como se um raio tivesse traspassado seu corpo e lhe causado um frêmito, um lampejo do divino.

Essas camadas são possíveis, mas não serão caso você esteja contra o seu corpo. E esse é o problema que é preciso entender: a pessoa que está contra o próprio corpo nunca o transcenderá. A pessoa que é contra o materialismo nunca deixará de ser materialista, pois nunca conseguiremos nos livrar de alguma coisa enquanto formos contra ela.

Se você realmente quer transcender seu corpo, então ame-o a tal ponto que ele comece a mostrar a você suas câmaras mais secretas; comece a deixar que você o explore mais profundamente e diga: "Agora você fez por merecer — pode mergulhar um pouco mais. Não fique só na entrada. Agora todo o palácio é seu".

Por isso, em vez de acabar com o relacionamento, faça tudo o que for possível. Pois, se você não conseguir ter prazer fazendo amor, você nunca conseguirá rezar — nunca! —, pois rezar é como fazer amor com o todo. Portanto, seja reverente. Toque o seu corpo com reverência. Deleite-se com ele — ele é uma dádiva de Deus.

Mas é bem provável que você tenha algumas idéias cristãs. Alguns padres ou papas cristãos devem estar por trás de tudo isso, manipulando-a... vozes condenatórias, condicionamentos. Jogue fora todas essas bobagens. Dê adeus a todos os cristãos que você deve estar carregando dentro de si. Seja pagã — eu sou pagão — e aprenda muito com Epicuro. Simplesmente mude suas atitudes.

Eu sempre achei que você tinha uma ideologia muito rígida e isso faz com que seu rosto seja rígido, todo o seu corpo seja rígido. Deixe todo esse gelo derreter. Você não precisa ser tão fria. Seja um pouco mais quente.

Osho diz para o namorado dela:

Ajude-a a sair desse castelo. Ela vive num castelo, então, leve-a para fora. Ame-a mais. Ela só entenderá a linguagem do amor. E quero lhe dizer três coisas...

Primeiro, ame-a mais, mas não peça que ela faça sexo com você. Só faça se ela pedir; do contrário, não faça — pelo menos por um mês. Pois todo o seu empenho só servirá para criar mais resistência da parte dela. Então simplesmente ame-a, seja afetuoso, reverente, mas não peça para que ela faça sexo com você.

Muitas mulheres têm a idéia equivocada de que sexo é tudo de que os homens precisam, por isso o sexo se torna uma mercadoria. Elas só cedem com muito rancor, pois sabem que, quando consentem em fazer sexo, elas são usadas e não podem mais dominar o homem. Então elas começam a dominar o homem negando-se a fazer sexo; deixando-o à míngua. Ele, por sua vez, passa a rodeá-las como um cachorrinho abanando o rabo e elas começam a gostar disso. Elas descobrem que o sexo é algo que podem negar ao homem e deixá-lo maluco, a ponto de virar um escravo.

Nunca force uma mulher a fazer sexo; se agir assim, você se surpreenderá. Ela correrá atrás de você abanando o rabo, pois precisa de sexo tanto quanto você. As mulheres adoram sexo tanto quanto os homens — na verdade, gostam mais ainda do que eles, pois a mulher tem essa capacidade. Para o homem, o sexo é algo muito localizado. Para a mulher, o sexo é algo grandioso, muito maior do que ela mesma. O homem é um círculo grande e o sexo, um círculo pequeno dentro dele. A mulher é justamente o oposto: o sexo é um grande círculo e ela é um círculo pequeno dentro dele.

Ela gosta de sexo, mas não quer demonstrar que gosta, pois, se demonstrar, como poderá dominar você? Ela se mantém rígida, tensa e dura e tenta provar que não gosta nem um pouco de sexo. Ela pode ceder se você pedir, mas você terá de mostrar toda a sua gratidão por ela. Ela lhe fez um favor. Essa é a política.

Portanto, durante um mês, não peça para fazer sexo com ela. Assim ficará mais fácil para ela voltar a pôr os pés no chão e se aproximar cada vez mais de você. Para ajudá-la, basta que você pare de pedir. Seja apenas afetuoso. Se ela quiser, ótimo. Se não quiser, não insista. Apenas espere.

A segunda coisa. Ela tem uma atitude antagônica com relação ao sexo, por isso não toque o corpo dela com um sentimento de luxúria. Quando estiver com um desejo muito ardente, não toque o corpo dela. Apenas diga: "Não vou tocar o seu corpo. Estou excitado agora". Só toque o corpo dela quando estiver se sentindo reverente, meditativo e sem nenhum desejo sexual — só quando sentir afeto.

Entende o que eu quero dizer?

Quando você está excitado, você implora por sexo, você tem fome de sexo. Nesse momento, sua mente só pensa em sexo. Seu toque e tudo o que faz só visa à sedução. Mas a mensagem mais profunda é a seguinte: "Eu quero o seu corpo". Não, esse não é o momento certo — pelo menos neste primeiro mês. Quando você estiver muito feliz e satisfeito e não estiver sentindo falta do corpo de outra pessoa, toque o corpo dela com extrema reverência e ela ficará muito feliz. Ela perceberá que você não está ansiando pelo corpo dela. É assim que você a ajudará a se livrar dessa atitude condenatória, contra o corpo.

E a terceira coisa: Não fiquem muito tempo juntos. Isso é o que acaba com muitos relacionamentos. Tenha momentos só para você e deixe que ela tenha os dela. Às vezes vocês podem se encontrar, ficar juntos, mas não fiquem 24 horas por dia na companhia um do outro. Deixe-a sozinha para que ela possa sentir a sua falta; do contrário, ela não sentirá. Isso é o mesmo que ficar 24 horas olhando a comida na geladeira; você acaba perdendo o apetite.

Portanto, não fiquem muito tempo juntos. Os parceiros têm de ser extremamente parcimoniosos com relação a isso. Quanto mais tempo você ficar longe dela, mais ela sentirá a sua falta. Então, quando você vier, ela ficará mais receptiva. Por isso, abra o apetite dela, para que depois ela possa apreciar toda a refeição.

Faça essas três coisas e tudo terminará bem. Não se preocupe.

Eu com certeza ainda não transcendi o sexo. Por que, então, cada vez que faço sexo, é como se tivesse alguma coisa errada?

É como se tivesse alguma coisa errada porque você nunca se entregou ao sexo ou se entregou só até certo ponto, mas não o suficiente. Você, até hoje, só o praticou com uma mente condicionada. Não foi capaz de se dissolver no sexo nem por um único instante. Você o praticou com toda a culpa que os padres instigaram em você. Não o praticou com inocência; como uma virgem.

Você se surpreendeu com o modo como usei a palavra *virgem*. Virgem é a pessoa que pratica sexo inocentemente. Isso nada tem que ver com virgindade fisiológica; trata-se de algo absolutamente, profundamente psicológico, que quase toca a fronteira do espiritual. Virgindade significa praticar sexo sem ter na cabeça idéias que os outros impuseram.

Nesse sentido, é muito raro encontrar uma pessoa virgem, pois a sociedade contamina a todos. Transmitiram a você algumas idéias sobre sexo — que o sexo é pecado, que o sexo é feio, que o sexo é animalesco, que o sexo não é divino, que o sexo é uma barreira entre você e Deus. Com todas essas idéias detendo você, como é possível praticar sexo? Com tantos padres forçando-o a se conter, como você pode fazer sexo? Você só o pratica de modo parcial.

Mas, mesmo no momento em que o pratica, os padres não param de clamar dentro de você, não param de gritar com você e condená-lo. É por isso que você tem a consciência pesada. Essa consciência nada mais é do que as vozes dos padres dentro de você. Esse foi um dos maiores prejuízos que fizeram à humanidade ao longo das eras.

Agora os cientistas descobriram um método muito mais eficiente para fazer isso: eles colocam eletrodos no cérebro. E, se um eletrodo for colocado na sua cabeça, você nunca ficará sabendo, pois não temos sensibilidade dentro da cabeça. Você ficará surpreso, já aconteceu muitas vezes: na época da guerra uma pessoa levou um tiro na cabeça e não se deu conta disso; anos depois, a bala foi acidentalmente encontrada no cérebro dela. E a pessoa nem sequer tinha consciência de que levara um tiro.

Não temos sensibilidade no cérebro. Por isso, se puserem uma pedra dentro da sua cabeça, você não perceberá. Eles colocam eletrodos na sua cabeça. Um dos psicólogos mais famosos desta era, Delgado, faz esse tipo de experimento com animais. Ele colocou um eletrodo na cabeça de um touro para poder controlar o animal. Basta uma caixinha com alguns botões e reentrâncias para que o touro possa ser controlado. Por exemplo, para deixar o touro raivoso só é preciso apertar um botão. Ele recebe uma mensagem remota no cérebro e imediatamente fica furioso, por nenhuma razão em especial. Ninguém precisa provocá-lo, dar a ele um sinal ou mostrar-lhe um pano vermelho — não é necessária nenhuma provocação de fora. Basta que Delgado aperte um botão para estimular a parte do cérebro do animal que controla a ferocidade, a raiva e a fúria. O touro corre na direção de Delgado, louco para matá-lo.

Quando esse experimento foi realizado pela primeira vez, cinco mil pessoas foram assisti-lo. Todos ficaram absolutamente sem fôlego; nunca tinham visto um touro tão feroz. E o experimento foi feito na Espanha — eles estavam acostumados com touros e touradas. Mas nunca tinham visto tamanha ferocidade num touro; estavam certos de que Delgado seria morto. E ele não tinha proteção nenhuma, nada — só sua caixinha.

O touro começou a chegar cada vez mais perto; foi só quando ele chegou a menos de um metro e todos tinham certeza de que iria matar Delgado é que ele apertou um outro botão. O touro parou imediatamente, como se tivesse congelado.

Delgado afirma que se pode fazer o mesmo com um ser humano. Ele colocou um eletrodo no cérebro de alguns ratos e deixou ao alcance deles uma caixinha, de modo que os próprios ratos pudessem apertar os botões. O eletrodo foi conectado ao centro do sexo. Você ficará surpreso: os ratos ficaram malucos. Eles simplesmente apertavam os botões sessenta vezes por minuto! A cada segundo que tinham um orgasmo, todo o corpo deles estremecia de prazer. Eles se esqueceram de comer, esqueceram-se de tudo. Não dormiam dia e noite. Só o que faziam era apertar o botão, até que ficavam tão exaustos que entravam em coma. Nesse caso, não era preciso nem uma fêmea; não era preciso nada.

Na verdade, é isso o que acontece quando você faz amor. A mulher faz com que o centro sexual do seu cérebro entre em ação e o homem faz o mesmo com o centro sexual do cérebro dela. Delgado diz que esse método já está antiquado, fora de moda. Você, em vez disso, pode carregar no bolso uma caixinha, do tamanho de uma caixa de fósforos; basta apertar o botão e ter imediatamente um orgasmo profundo, total.

Essa é uma das descobertas mais perigosas de Delgado, pois será usada por políticos e ditadores. É possível implantar um eletrodo em cada criança e ninguém nunca saberá. Uma pequena cirurgia e um aparelhinho eletrônico do tamanho de um botão pode ser implantado na cabeça da pessoa e conectado a um centro que a fará obedecer. Isso é o suficiente.

Delgado viabilizou um fenômeno mais perigoso do que a energia atômica. As pessoas não entenderam ainda todas as implicações dessa descoberta. Ela mudará todo o futuro do homem — o homem, como existe hoje, pode até mesmo desaparecer da face da terra, pois ele pode perder toda a sua liberdade. Ele pode se transformar numa simples máquina.

É exatamente isso que os padres têm feito ao longo das eras. Seus métodos não são tão sofisticados, mas funcionam da mesma forma. Eles fazem com que você fique com a consciência pesada — o que é o mesmo que ligar você ao aparelhinho eletrônico. Desde a infância lhe ensinam que sexo é pecado. Na escola, na igreja, em casa — em todo lugar que vai, você ouve as pessoas falando mal do sexo. Isso cria um mecanismo em você. Repetida mil vezes, das mais variadas formas, essa idéia passa a hipnotizar você. Ela começa a fazer parte do seu eu interior.

Isso não é diferente do experimento de Delgado. Ele apenas usou um método mais científico, preciso e sofisticado — mas, na verdade, foram os padres que fizeram essa descoberta. Por cinco mil anos, eles manipularam a humanidade. E depois que essa idéia foi introjetada na sua mente, é como se os padres estivessem dentro dela. Você pode estar fazendo amor, mas não estará sozinho. Os padres estarão ali, influenciando você, sem que perceba; eles estarão dizendo: "Isto é pecado. Você vai para o inferno". Enquanto você faz amor, sua mente já o vê ardendo no fogo eterno. Como é possível fazer sexo dessa maneira?

Você diz: "Eu com certeza não transcendi o sexo..." Dessa forma você não consegue nem praticá-lo nem transcendê-lo, pois antes de transcender o sexo é preciso praticá-lo. Só aqueles que o conheceram a fundo conseguem a transcendência. Conhecimento, experiência, isso ajuda você a transcendê-lo. A experiência liberta.

O problema é que os padres não deixam que você conheça o sexo — sua beleza e a libertação e alegria que ele provoca; eles não deixam que você sinta tudo isso. E a mente pensa nisso o tempo todo. Aonde quer que vá, você fica num dilema: não pode conhecer o sexo a fundo, por isso você continua deixando de passar por essa experiência.

Quando você não faz sexo, a mente começa a criar fantasias em torno dele, pois ela precisa dessa experiência. Trata-se de um desejo natural, um anseio natural; a mente quer satisfação. E quando você procura essa satisfação, os padres o detêm. Isso deixa sua mente pornográfica; você começa a pensar em sexo, a sonhar com sexo e a se comportar de maneira sexual... o sexo começa a se sobressair em todos os aspectos. Seja de modo positivo ou negativo, você começa a exalar sexo. Mas sempre que o pratica, os padres fazem com que você se retraia. Sempre que o pratica, Delgado está ali, apertando o botão para fazê-lo parar. Quando está a menos de um metro, o touro pára.

Você acaba ficando frustrado. E essa frustração aumenta sua avidez por sexo. Esse é o dilema que os padres causaram à humanidade. Eles são de fato os maiores inimigos da humanidade.

Você nunca transcenderá o sexo. Você pode ter perversões sexuais, mas não pode transcender o sexo. A transcendência só acontece quando você conheceu o sexo a fundo, percebeu sua transitoriedade e constatou que, na verdade, não é o sexo que você tanto anseia, mas uma outra coisa. O sexo é apenas uma desculpa para chegar a essa outra coisa. Quando você pratica sexo de maneira plena, você toma consciência dessa coisa.

Que coisa é essa? No prazer orgásmico absoluto que o sexo proporciona, o tempo e o ego deixam de existir. É isso que você tanto anseia. Depois que você passou por essa experiência por meio do sexo profundo, essas duas coisas desaparecem — o ego e o tempo — e você passa a saber o que é eternidade. Você não se dá mais conta da separação, o ego sai de cena — é isso o que causa alegria. Depois que entender que é isso que lhe dá alegria, você fica livre do sexo. Você percebe que consegue fazer com que o ego e o tempo deixem de existir, sem que para isso precise do sexo. O sexo pode fazer com que o ego e o tempo desapareçam, mas só por um átimo; depois sobrevem a escuridão. No sexo, essa luz só brilha por um instante.

Mas, por meio da meditação, essa luz passa a ser uma realidade dentro de você. Você passa a viver fora do tempo e do ego. O que você sente por um único instante, durante o orgasmo, Buda vive 24 horas por dia. É por isso que ele não precisa de sexo. Isso é transcendência.

A transcendência só é possível depois que você conhece todo o segredo do sexo. O segredo é que o sexo é um dispositivo biológico, natural, que lhe torna consciente da meditação. É por meio do orgasmo sexual que se descobre a meditação. A primeira pessoa que descobriu a meditação certamente fez essa descoberta por meio do sexo; não existe outro jeito, pois o sexo é um fenômeno natural. A meditação é uma descoberta, não é um fenômeno natural. Ela vai além da natureza; é uma transcendência.

Você diz: "Eu com certeza ainda não transcendi o sexo. Por que, então, cada vez que faço sexo, é como se algo estivesse errado?"

Uma coisa depende da outra. Você não transcendeu o sexo e não transcenderá até que comece a sentir que não há nada de errado em se praticar sexo. A idéia de que sexo é errado é de Delgado. Essa idéia é da sociedade, da religião em que você foi criado. Trata-se de uma idéia que você aprendeu com outras pessoas, as quais, por sua vez, também aprenderam com terceiros.

Essa idéia provocou uma cisão dentro de você. Você continua fazendo uma coisa que o seu coração não aceita plenamente. Mas também não pode desistir de fazer isso porque seu coração também não a rejeita totalmente. Você é puxado em duas direções diferentes e começa a se desintegrar.

Lembre-se, o fenômeno é muito complicado. Sempre que uma coisa é reprimida, ela fica cada vez mais atraente. Você passa a praticá-la cada dia menos e a desejá-la cada dia mais. E chegará o momento em que você encontrará um meio de substituí-la — do contrário, sua vida simplesmente viraria do avesso!

Um amigo meu mandou-me um lindo poema humorístico:

Era uma vez um velho de Darjeeling
Que ia do Hyde Park até Ealing
Havia uma placa no portão:
"Não cuspa no chão."
Então, cuidadosamente ele cuspiu no teto.

O que se pode fazer? Se não pode fazer uma determinada coisa, você acabará fazendo o contrário. Se for proibido ficar de pé, você ficará de ponta-cabeça. *Sirshasana* — você tem de plantar bananeira —, a posição da ioga em que você fica de ponta-cabeça. Essa parece ser a conseqüência lógica da repressão.

A repressão não pode levá-lo à transcendência. Só a expressão pode fazer isso.

Suma com os padres. Você tem de se livrar deles, tem de se livrar de todos os sentimentos de culpa. E eu sei que isso não é fácil, pois essa é a base do seu modo de pensar e toda a sociedade apóia essa base. Toda a sociedade acredita nela. Você se sentirá muito sozinho e assustado se a jogar fora, pois você deixará de fazer parte da multidão. Não será mais uma ovelha; será um indivíduo. E é bem assustador ficar sozinho.

Por isso que as pessoas continuam seguindo o rebanho. Ele continua repetindo as mesmas bobagens, superstições e idéias sem sentido. Coisas definitivamente ruins continuam se repetindo, mas não deixamos de acreditar nelas, pois, se não acreditarmos, ficaremos sozinhos. E as pessoas têm muito medo de ficar sozinhas.

Essa é a coragem de que você precisa. A coragem de ficar sozinho; de viver a sua vida e usar sua energia vital sem nenhum tipo de impedimento. Deus deu a você essa energia: use-a para viver suas experiências a fundo.

O sexo é uma das experiências mais profundas que existe. E o que há de mais incrível no sexo é que, se você se dedicar a ele, vai conseguir transcendê-lo. É do sexo que vem o celibato; mas do sexo de verdade, do sexo autêntico.

Agora, esse é que é o problema. Eu só ensino você a mergulhar profundamente no amor e no sexo, porque esse é o único jeito de ir além. Minha intenção é ajudar você a ir além, pois, se não for, você ficará preso à terra, não conseguirá alçar vôo em direção ao céu. Se não for além, você continuará na prisão da biologia; continuará fazendo parte do reino animal. Não se tornará humano de fato — o que dirá divino?

Transcendendo o sexo, você transcende os animais. Transcendendo o sexo, você acaba com a cela biológica que aprisiona você. Transcendendo o sexo, você transcende a terra. Pela primeira vez, você começa a olhar o céu e as estrelas e luzes longínquas começarão a tremeluzir para você. Uma música distante começará a tocar. Você estará avançando rumo ao seu destino verdadeiro, rumo à realização de verdade.

Animal, humano, divino: essas são as suas três camadas. A camada animal consiste no sexo, a camada humana consiste no amor, a camada divina consiste na prece. Trata-se da mesma energia sendo expressa de forma cada vez mais elevada: o lodo, o lótus, o perfume.

Por favor, não continue cuspindo no teto. Cuspa no chão! Seja natural. E lembre-se do paradoxo: ser totalmente natural é o caminho para transcender a natureza e para entrar na supranatureza.

Sua mente foi pervertida pelos padres. Você tem de ficar muito atento a isso. O condicionamento é muito antigo; ele já dura séculos. E você aprendeu a respeitar tudo o que é antigo — quanto mais antigo, mais você aprende a respeitar; quanto mais antiga uma coisa é, mais respeitabilidade e crédito ela tem.

E, afinal, por que os padres são contra o sexo? Os budas nunca foram contra o sexo. Todos eram a favor da transcendência, assim como eu sou. Os budas eram a favor da transcendência — mas note: quando digo que é preciso transcender o sexo, as pessoas podem achar que eu sou contra o sexo, pois estou afirmando que elas têm de ir além dele.

Os budas sempre disseram: "Transcenda o sexo", mas nunca foram contra ele. O próprio sexo tem de ser usado como um meio para se conseguir isso.

Contudo, os padres nunca conseguiram entender o que os budas diziam. Eles os interpretaram do jeito deles. Diziam: "Evite o sexo, seja contra ele. Vejam o que Buda disse". Transcender o sexo, no entender dos padres, é antagonizar o sexo. Esse é um mal-entendido natural que sempre acontece. Eu digo uma coisa e você entende outra completamente diferente ou até diametralmente oposta.

Um antigo grupo de teatro encenava uma ópera numa cidadezinha distante. Um velho veterano entoava trêmulos mas estridentes versos de *I Pagliacci*.

Quando acabou a ária, um ouvinte ficou de pé e aplaudiu: — Bravo! Bravíssimo!

Um homem sentado ao lado ficou surpreso ao ver partir de um admirador de óperas tantos elogios a uma performance tão ruim. Ele então se voltou para o homem e perguntou: — Você gostou mesmo?

— Não estou aplaudindo a voz dele, mas seus nervos de aço!

É muito fácil interpretar mal — as palavras sempre podem ser mal interpretadas. E você vive num plano, num vale, num vale sombrio, e os Budas se transportaram para cumes ensolarados. O que eles dizem pertence aos cumes ensolarados. Quando isso chega até você já não é a mesma coisa. É só um eco longínquo do que disseram.

E as pessoas, os espertalhões que vivem entre vocês, passam a ser intérpretes; viram padres. Elas dizem: "Nós entendemos. Agora vamos explicar a vocês — eis o significado".

Os budas sempre foram mal interpretados e sempre serão. Isso é algo natural que não pode ser evitado, pois a língua falada nos cumes ensolarados não é a língua falada no vale sombrio da ignorância. A linguagem da manhã não é a mesma linguagem da noite.

Mas sempre existem espertalhões que viram mediadores. Eles dizem: "Nós sabemos o que Buda quis dizer; vamos interpretá-lo".

Mais uma razão: essa interpretação, a de que Buda era contra o sexo, dá aos padres um grande poder sobre você. Se você transcender o sexo, os padres deixarão de ser poderosos; mas se você for sexualmente reprimido, eles ficarão mais poderosos, pois, ao se reprimir, você se sente culpado, pouco natural, feio, em conflito, em contínuo conflito, como se gastasse toda a sua energia numa guerra civil. Você ficará mais fraco a cada dia que passa. E quanto mais fraco ficar, mas fácil será dominar, possuir você.

Os padres são poderosos não porque tenham poder de fato, mas porque você é fraco. O poder deles está vinculado à sua fraqueza. Quando você tiver mais poder, os padres perderão o deles automaticamente.

Na minha visão de uma humanidade futura, quando um novo homem de fato chegar à terra — poderoso, favorável à vida, cheio de reverência, alegria, segurança e atitudes positivas —, os padres deixarão de existir. Eles definharão. Quem se importará com os padres? A vida é mais do que suficiente para ensinar tudo o que você precisa aprender.

E quando aprende com a vida, você consegue entender os budas com mais facilidade, sem interpretá-los mal com tanta freqüência, pois, ao viver sua vida plenamente, você começa a ter algumas experiências de pico. Elas virão como relâmpagos e desaparecerão, mas você terá alguns lampejos dos cumes mais altos, das plenitudes da consciência. E os budas conseguirão falar com você com mais facilidade.

A comunicação ficará mais fácil entre você e os budas se os padres deixarem de ser mediadores. Eles não são mediadores, não são pontes; eles são paredes, são barreiras. Por isso eu sou contra qualquer tipo de sacerdócio.

Se você encontrar um mestre, fique sempre ao lado dele, mas evite os padres. Evite essas pessoas que não têm a verdade dentro de si, mas simplesmente repetem o que os outros dizem. Se alguém conhecer a verdade, se você encontrar alguém que tenha a presença e a fragrância da verdade, então fique sempre na companhia dessa pessoa. Não perca essa oportunidade, pois padres existem aos milhões, mas os budas são muito raros.

De vez em quando você cruza com um buda e talvez demore muitas vidas para que isso aconteça outra vez. Portanto, sempre que cruzar com um, não perca a oportunidade: arrisque tudo! E lembre-se, o homem de autoridade não é autoritário; o homem de autoridade é extremamente humilde. O homem autoritário não é um homem de autoridade — ele não é humilde; é arrogante. Na verdade, ele finge que tem poder, finge que é uma autoridade, mas essa autoridade vem dos Vedas, do Alcorão, da Bíblia. Essa autoridade não vem do seu próprio ser, não é fruto da sua própria experiência.

Jesus é um homem de autoridade.

Alguém perguntou a Jesus: — O senhor fala com base em que autoridade? Com base na autoridade de Moisés, de Abraão ou de Ezequiel? Com base na autoridade de quem o senhor fala? Na autoridade do Talmude? Na autoridade dos antigos profetas? Dos profetas judeus? Com base em que autoridade?

E Jesus disse: — Falo com base na minha própria autoridade. Antes que Abraão existisse, eu sou.

Abraão viveu três mil anos antes de Jesus, e Jesus disse: —Antes que Abraão... Eu sou a própria fonte, eu sou o próprio começo. Você pode mergulhar fundo no seu ser e chegar a essa fonte.

Quando você cruzar com alguém que seja uma fonte, faça o que for possível para ficar com essa pessoa. E lembre-se, ela nunca dirá a você: "siga-me". Dirá simplesmente: "Fique comigo" — e isso é totalmente diferente. Ela dirá: "Beba das minhas palavras", "Comungue comigo", "Deixe que surja uma ponte entre nós" — essa ponte consiste na arte do discipulado.

Se você deixar, o buda começará a destilar a energia que lhe é própria para dentro de você. Não é uma questão de comunicação verbal; essa comunicação ocorre no nível energético. Você então entenderá que os budas nunca são contra a vida. Eles são sempre a favor da vida. Vida é Deus — como eles poderiam ser contra ela?

Os padres são sempre contra a vida, pois eles só podem ter poder se você ficar fraco. E fazendo com que você fique contra a vida, eles o deixam fraco. Quando isso acontece, surge todo tipo de perversão.

Você ainda não sabe o que é sexo. Você pode ter amado alguém, pode ter se aperfeiçoado no gestual do amor, pode ter feito amor com algumas pessoas, mas o amor continua sendo fisiológico. Você ainda não conhece o amor espiritual. Você continua sendo um leigo; ainda não participa dos mistérios do sexo.

Você não sabe como participar, eis aí o problema. Não sabe a linguagem da participação, a arte de entrar em sintonia com a energia de outra pessoa, de se ligar com outra pessoa em todos os níveis energéticos possíveis — não só no nível do corpo, mas da mente, da alma; não só nos centros inferiores, mas nos centros superiores também.

Mas ninguém aprende sobre isso. E lembre-se: nos animais, o sexo é um instinto; no homem, é uma arte. No homem, tudo é uma arte; nos animais, tudo é instinto. Por exemplo, se você levar um búfalo para o pasto, ela só comerá certos tipos de capim e não tocará em outros. A escolha do búfalo é predeterminada; não é consciente. O búfalo não escolhe de fato; essa escolha é mecânica; o animal age como um robô. Ela é instintiva.

No homem, nada é instintivo. O homem escapou das garras do instinto e esse é um grande fenômeno. O fato de você não ser mais instintivo é uma glória. Você já tem uma certa liberdade.

É por isso que o homem come qualquer tipo de coisa. Nenhum animal se alimenta como o homem; os animais só comem um certo tipo de alimento. Só o homem come todo tipo de coisa, imagináveis e inimagináveis. Mal dá para acreditar! Eu fico observando os hábitos das pessoas ao redor do mundo e tenho a impressão de que não existe uma só coisa neste mundo que não se come num lugar ou noutro.

Comem-se insetos, comem-se cobras. Cobras? Mas é uma iguaria apreciadíssima na China. Comem-se formigas na África — elas fazem muito bem para crianças pequenas, que aprendem a catá-las do chão. Não existe uma só coisa neste mundo que os seres humanos não comam.

E também não existe uma só coisa neste mundo que não seja condenada. Tudo é condenado. O homem tem liberdade absoluta.

Tomando por base o instinto, o homem deveria ser vegetariano, pois seus intestinos provam definitivamente que ele foi feito para comer vegetais, não carne. Os animais carnívoros têm intestinos pequenos. O homem tem intestinos longos. Os intestinos longos são típicos dos vegetarianos, pois os animais carnívoros podem comer uma vez e depois ficar 24 horas sem comer.

O leão come uma vez por dia, mas o macaco come o dia inteiro; ele passa o dia comendo — pois quem come vegetais tem de comer em grandes quantidades. Grande parte do vegetal são fibras que têm de ser expelidas; só uma pequena parte é absorvida. A carne pode ser totalmente absorvida; ela própria já é uma coisa digerida. Algum outro animal já teve o trabalho de digeri-la; você está comendo uma coisa que já vem pronta. Mas, se você comer vegetais, leva mais tempo para absorvê-los; é preciso uma passagem mais longa pelos intestinos, por isso eles ficam mais tempo dentro do seu corpo.

Do ponto de vista fisiológico, o homem é vegetariano, mas não são mais seus instintos que decidem. Até o sexo deixou de ser um instinto. É por isso que você pode encontrar tantas variações no homem — isso não acontece com os animais.

Por que o homem tem tantas maneiras diferentes de se relacionar? Ele pode ser heterossexual, autossexual, homossexual, bissexual, além de poder fazer sexo a dois ou em grupo. O homem tem liberdade para escolher. E esse poder de escolha pode levá-lo ao estado patológico ou à condição de buda. Isso depende dele, do modo como usa essa liberdade.

A liberdade é um fenômeno perigoso — é extremamente importante, mas perigoso também. Você pode ficar abaixo dos animais ou pode se elevar acima dos deuses — esses são os extremos da sua liberdade. Nenhum animal pode ficar abaixo do estado em que ele está. Só Adão e Eva caíram e foram expulsos do paraíso; os outros animais continuam vivendo no jardim do Éden. Nenhum outro animal comeu ainda o fruto da árvore do conhecimento — nem mesmo a serpente que persuadiu Adão e Eva; ela mesma não tinha comido o fruto. Ela ainda está no Jardim do Éden. Você já ouviu falar da queda da serpente? Isso ainda não aconteceu.

O homem tem uma liberdade imensa, por isso ele pode cair. Ele não se baseia mais em seus instintos; ele está livre. Não é como uma árvore, enraizada no chão. Ele pode andar de lá para cá, ele é como uma árvore ambulante. Suas raízes não se prendem ao chão; elas florescem. Isso é maravilhoso, mas poucas pessoas sabem como fazer isso.

Você pode cair como Adão ou pode se elevar como Jesus.

O sexo é uma coisa que se precisa aprender. E não há ninguém para ensiná-lo nem existe nenhuma escola. Não deixaram que houvesse nenhuma escola! Todo mundo pode envenenar você contra o sexo, mas ninguém pode lhe ensinar o caminho certo para o sexo. Ninguém pode fazer do sexo uma arte requintada.

Houve uma vez um garoto que, aos 4 anos de idade, foi deixado numa ilha deserta e viveu ali por muitos anos, até que um dia, quando tinha 21 anos, uma loira maravilhosa apareceu na praia.

Eles se encontraram e a moça perguntou: — Quem é você?

— Ora — respondeu o rapaz —, sou o único habitante desta ilha.

— O que você faz o dia inteiro? — ela perguntou.

— Eu caço, pesco, subo nas árvores, sento no alto daquela pedra ali e atiro pedrinhas no mar.

— E como você se vira sem sexo? — indagou ela.

— Sexo? O que é sexo? — perguntou ele.

Então, no mesmo instante, ali na praia, ela lhe mostrou o que era sexo. Quando tinham acabado, ela disse: — E então? O que achou?

— Bom, é bem legal, mas olhe o que você fez com o meu atirador de pedrinhas!

O homem precisa aprender tudo. Ele não tem uma base instintiva, por isso tudo é possível. E se não lhe colocarem na direção certa, você pode acabar tateando no escuro.

Na escola de Pitágoras, ensinava-se como transcender o sexo mergulhando profundamente na experiência sexual. É por isso que ele foi torturado e perseguido a vida inteira, em toda cidade por que passava. Ele passou a vida toda mudando de uma ilha para outra. E acabou sendo obrigado a fazer desse conhecimento um segredo. Isso não era preciso, pois ele havia passado por experiências belíssimas. Pitágoras queria falar sobre elas às pessoas, mas elas nem ao menos ouviam o que ele tinha a dizer. Por isso, o conhecimento de como transcender o sexo acabou virando um segredo.

Esse segredo é só um dispositivo de segurança. Pitágoras tinha de fazer segredo. Depois disso, só aqueles que faziam parte do seu discipulado vinham a conhecer os verdadeiros segredos. E esses segredos eram transmitidos oralmente — ninguém tinha permissão para anotá-los por escrito. Nem mesmo Lísis mencionava-os. E tudo o que Pitágoras dizia era... Você vai ficar surpreso. Não parece algo que precisasse ser mantido em segredo. Ele dizia coisas simples como: "Cuide da sua saúde". Que segredo há nisso? Ou a regra de ouro: "Siga sempre o caminho do meio". Por que fazer disso um segredo? Você não encontrará um único segredo em todos os sutras, pois, se houvesse, eles já teriam sido queimados há muito tempo; você não encontraria mais os sutras em lugar nenhum.

No dia em que Pitágoras morreu, toda a escola foi incendiada. Os discípulos foram massacrados e toda a tradição secreta que ele mantivera no Ocidente pela primeira vez se perdeu. Durante anos ele empreendera uma busca no Oriente — devotou a vida inteira nessa busca. Todos esses segredos foram destruídos.

Sempre foi essa a atitude da multidão.

Ao homem é preciso ensinar tudo — comer, amar, viver. Se não lhe ensinarem, ele acaba virando uma criatura de segunda categoria; fica imprestável, indefinido, ambíguo — uma coisa incerta, sempre hesitante. Ele continua fazendo algumas coisas porque os instintos ainda estão vivos dentro dele. Mas ele não tem uma idéia clara de que direção tomar; não tem nenhum senso de direção.

Você terá que aprender o que é sexo. E quando digo isso, as pessoas acham que estou querendo dizer que você nunca praticou sexo. Não é isso; eu sei que você já praticou, mas o conhecimento que tem sobre ele é muito superficial. Esse conhecimento ainda não é uma arte, ainda não é uma filosofia. Talvez você também tenha filhos e ache que sabe tudo sobre sexo só porque tem filhos.

Ter filhos não significa que você saiba o que é sexo. Ter filhos é tão fácil quanto apagar e acender a luz. Só porque sabe apagar ou acender a luz, isso não significa que saiba o que é eletricidade. Ou você acha que sabe tudo de eletricidade só porque sabe usar um interruptor? Algumas pessoas pensam dessa forma, que de fato sabem o que é eletricidade.

Eu vim a conhecer a bela história do homem que fez a primeira lâmpada — Edison. Durante três anos, ele trabalhou duro até que finalmente conseguiu. Foi um milagre; pela primeira vez, a eletricidade era produzida por mãos humanas. Essa grande energia, esse tremendo poder era canalizado para beneficiar o ser humano. Edison havia trabalhado esporadicamente por trinta anos nesse experimento e três anos continuamente.

É claro que, quando a primeira lâmpada acendeu, ele ficou deslumbrado, absolutamente aturdido. Ficou sentado ali em frente à lâmpada, olhando. Metade da noite já havia se passado e ele continuava ali, sem sair do lugar. Então a mulher dele veio e disse: — Você ficou louco ou coisa parecida? O que está fazendo aí sentado, olhando essa luz idiota? Vá dormir!

Ela chamou a lâmpada de "luz idiota". E dizem que Edison, então, gritou: — Você chama isso de "luz idiota"?! Você sabe o que é eletricidade?

— Eu sei — respondeu a mulher, pois ela já havia observado o marido ligando e desligando coisas. — Eu sei, você liga e desliga as coisas. Isso é eletricidade.

Também ouvi uma outra história sobre Edison. Ele foi passar um feriado numa cidadezinha. A escola da cidade estava celebrando sua festa anual e as crianças haviam preparado várias coisas para exibir na ocasião. Edison ficou curioso para conhecer as invenções das crianças. Ninguém na escola sabia quem ele era. As crianças haviam feito alguns brinquedos elétricos e Edison perguntou ao garoto que mostrava os brinquedos — ele os havia feito e estava muito orgulhoso disso: — O que é eletricidade?

— O que é eletricidade? — perguntou o garoto. — Não sei. Vou perguntar ao meu professor; espere um minuto. — O menino trouxe o professor, um pós-graduado em ciências, e Edison perguntou: — O que é eletricidade?

— Ninguém faz perguntas como essas! — retrucou o professor. — O que é eletricidade? Eletricidade é eletricidade, ora! Mas espere um pouco que vou buscar o diretor. Ele é doutor em ciências; talvez possa explicar.

O diretor veio e tentou responder a pergunta da melhor forma possível. Mas como é possível explicar alguma coisa sobre eletricidade a Edison? Ele foi o primeiro homem que descobriu alguma coisa sobre a eletricidade, foi um dos maiores gênios da história, o único homem que fez no mínimo mil invenções. Mas o diretor não tinha consciência de que falava com Edison, por isso continuou dando explicações. No entanto, Edison disse: — Só quero que você me diga o que é eletricidade, *simplesmente*. Você não está respondendo à minha pergunta — está apenas enrolando.

O diretor começou a transpirar e uma multidão se aglomerou em torno deles. Edison então sentiu uma grande compaixão pelo homem. — Não se preocupe — ele disse. Sou Thomas Edison e nem eu mesmo sei o que é eletricidade.

O mero fato de dar à luz uma criança não significa que você saiba o que é sexo. O sexo é um fenômeno muito mais profundo do que a eletricidade — trata-se de bioeletricidade. Isso ainda não foi descoberto. Trata-se de um fenômeno completamente diferente. A eletricidade que você conhece é o equivalente material do sexo; o sexo é o equivalente espiritual da eletricidade. A eletricidade que você conhece é só um fenômeno morto. O sexo é vivo: é eletricidade dotada de vida. Trata-se de uma síntese muito superior — ainda não foi nem sequer descoberta.

Existem algumas pessoas trabalhando nesse tipo de pesquisa, mas elas são o tempo todo torturadas pela sociedade. Wilhelm Reich estudou a eletricidade sexual, mas foi condenado, preso num hospício e considerado louco. Ele não era louco — era uma das pessoas mais sãs do século XX. Mas como ele explorava os segredos que os padres e os políticos tanto temem... Ele mergulhou cada vez mais fundo nos mistérios que padres e políticos não queriam revelar à humanidade comum, pois essa revelação libertaria o homem. Reich foi perseguido a vida toda e, enfim, trancado num asilo de loucos. Ele morreu condenado como um criminoso, um homem louco — e ele não era nem uma coisa nem outra.

Esse também é o caso do Tantra. Durante três mil anos, a ciência se desenvolveu em fragmentos, mas a sociedade sempre a destruiu. Ela tem muito medo de revelar ao homem grandes segredos que faça dele um indivíduo independente.

Você não sabe o que é sexo. Por favor, diga adeus a todos os padres. Livre-se de todas essas bobagens que lhe ensinaram sobre sexo. Faça sexo de um jeito novo, inocente. Pratique-o com um estado de espírito meditativo — o sexo é uma prece. É uma das coisas mais sagradas deste mundo, pois é por meio dele que se geram vidas. E é por meio dele que você consegue chegar à própria fonte da vida. Se explorar o sexo a fundo, você encontrará a divindade. Você encontrará as mãos de Deus nas profundezas do mundo da experiência sexual.

O sexo tem de ser uma meditação e você tem de aprender a arte de fazer sexo. Cante, dance, celebre. O sexo não precisa ser uma coisa rápida, não precisa ser vapt-vupt. Saboreie a experiência sexual. Faça dela um grande ritual. É assim que se realizam os rituais tântricos. Prepare-se para o sexo. Fique mais sensível, mais aberto, mais silencioso. Quando você se prepara para fazer amor é como se estivesse entrando num templo. Entre apenas quando estiver reverente; do contrário, nem comece.

Não inicie a experiência sexual com luxúria, mas como uma prece — só assim você poderá conhecer o segredo do sexo. Não faça sexo para explorar a outra pessoa, mas para compartilhar com ela. Não pratique sexo como se ele fosse apenas uma válvula de escape — o que é a forma mais inferior de sexo. A forma mais superior não proporciona alívio, mas êxtase. Esse tipo de alívio é negativo.

Sim, o sexo faz com que você descarregue uma certa energia, mas, se essa energia for simplesmente descarregada, você terá deixado de viver a parte positiva do sexo. A parte positiva acontece quando essa energia revitaliza você; quando ela não é só descarregada, mas também revitaliza você, criando interiormente algo mais elevado. Se o sexo é praticado apenas como uma válvula de escape, como se fosse uma soneca no meio da tarde, isso é sinal de que você está praticando a forma mais inferior de sexo.

A forma superior é tremendamente criativa: a energia não é arrancada do seu ser, mas começa a circular por planos superiores. A energia levanta vôo, começa a pairar acima da gravidade. Ela começa a invadir os chakras superiores. Ela não proporciona alívio apenas, mas um tremendo vôo extasiante. E só então você saberá que, no momento mais profundo do orgasmo, o ego e o tempo deixam de existir. Depois que souber disso, você não precisará mais de sexo. O sexo terá revelado seus segredos, dando a você a chave, a chave de ouro.

Agora você pode usar essa chave de ouro sem ter de praticar nenhuma atividade sexual. Agora você pode se sentar silenciosamente em zazen, em *vipassana*. Agora pode se sentar silenciosamente, livrar-se do ego e esquecer o tempo. E você alcançará as mesmas alturas e permanecerá nessas alturas cada vez por mais tempo.

Embora você viva nos dizendo para praticar sexo e para se divertir com isso, eu em geral me pego fazendo sexo com muita seriedade e me sentindo meio morto, sem empolgação. Por algum motivo, eu tenho receio de fazer sexo apenas para me divertir. Você pode explicar isso?

Todo mundo entende isso, inclusive eu.

Trata-se do seu condicionamento. Disseram tantas vezes a você que sexo é pecado, que, sempre que faz sexo, imediatamente esse condicionamento vem à tona e fica entre você e a sua parceira. Você começa a se sentir culpado e a encarar o sexo com seriedade demais. Começa a pensar: "O que estou fazendo? Estou fazendo algo que é contra Jesus, contra Buda, contra Confúcio".

Você está fazendo algo que é contra todas as pessoas religiosas deste mundo. Você, um ser humano pequeno e insignificante, está sozinho; contra toda a história de milhares de profetas e messias de todos os países, de todas as nações. É natural que encare a coisa toda com seriedade e essa seriedade faça com que se sinta meio morto.

A seriedade pertence aos mortos. Você já viu algum morto dando risada? Ou mesmo sorrindo?

A risada faz parte da vida; a seriedade faz parte da morte. A pessoa viva está sempre brincando; não é séria. Fazer amor nada mais é do que uma diversão. Você ouviu dizer que sexo é pecado e eu estou lhe dizendo que é diversão. A diferença é tão gritante que você fica intrigado. Sexo não é pecado. Se fosse, a vida teria criado você sem a sua genitália. Para que você precisaria dela? A natureza descobriria outro jeito de se gerar bebês.

Se a existência quisesse que sexo fosse pecado, ela daria a você um outro jeito de gerar filhos. A existência não é contra o sexo. E você tem de ficar consciente do fato de que o sexo não acontece apenas entre os seres humanos. Os santos apreciam as flores — eles são ignorantes, não sabem o que estão fazendo. Eles estão apreciando o sexo, pois as flores não existem para serem apreciadas pelos santos; elas não têm nada que ver com os santos.

Sejam santos ou não, poetas ou não, as flores têm sementes. E, na planta, existem partes femininas e masculinas. É claro que essas partes não podem andar por aí e abraçar uma à outra, nem fazer amor, o que seria muito mais prazeroso. Elas têm de usar as borboletas para levar seu esperma aos óvulos femininos e deixá-los ali. Essas flores são extremamente sexuais.

Por que elas são tão coloridas? E por que têm tanto perfume? Não é para agradar você, pode apostar. O perfume é para atrair borboletas e abelhas. As cores também servem para trair a atenção delas. Se as flores não tivessem cor nem perfume, nenhuma borboleta ou abelha seria tola o suficiente para ir até elas. As flores têm de criar uma força magnética para atrair os insetos. Esse é um fenômeno sexual. Os pássaros, os animais, toda a existência depende do sexo para gerar vida.

As religiões são contra o sexo. Elas dizem que o sexo é pecado e que o celibato é uma virtude. E todo mundo sabe que tipo de celibato acontece nos mosteiros, que tipo de celibato existe entre os bispos e os padres.

Outro dia, eu soube que um ministro cristão recebeu a sentença de um ano e meio de prisão porque pregava o celibato e praticava sexo às escondidas com um rapaz de 15 anos. Agora outros meninos estão contando à polícia que o mesmo aconteceu com eles. Essas pessoas continuam falando de celibato e deixando você louco; eles querem levar toda a humanidade à loucura.

É por isso que eu digo que sexo é diversão, é brincadeira. Você não consegue aceitar essa idéia porque foi condicionado a pensar que sexo é pecado. Passar da idéia de que sexo é pecado para a de que sexo é diversão é um verdadeiro salto quântico! Mas o que eu posso fazer? É diversão!

Você terá de livrar-se de todo esse condicionamento. E você não perderá nada com isso, só ganhará, se jogar fora essa idéia de que sexo é pecado. Mesmo achando que sexo é pecado e que o celibato é uma virtude, você continua fazendo sexo. O que isso mostra? Mostra que essas idéias não conseguem deter a sua natureza, embora possam confundir a sua mente. Quando você faz amor, a sua mente fica confusa com todas essas idéias.

Os padres não conseguiram acabar com o sexo neste mundo, mas eles o corromperam. Homens e mulheres sentem-se divididos quando fazem sexo. A cabeça deles está confusa com todo tipo de teologia contra o sexo, enquanto seus corpos fazem amor. Nem um nem outro está ali, totalmente presente.

A ejaculação precoce, de que o homem é vítima, não é uma doença psicológica. É uma doença religiosa, pois a mente tem tanto receio de que está cometendo um pecado que trata de fazer tudo bem rápido! O ato começa e acaba em questão de segundos! Todo o crédito vai para Jesus, Maomé, Mahavira. Não é você o responsável pela ejaculação precoce; é a religião. Você não consegue ficar muito tempo em celibato; a natureza não deixa. Você também não consegue fazer amor com alegria e leveza, pois a mente está continuamente perturbando você, dizendo que você está errado.

Você deveria filmar você e sua esposa ou namorada fazendo amor e rever essa fita de vez em quando. Você ficaria surpreso ao ver o constrangimento estampado no seu rosto. Você parece que está com pressa. É como se estivesse sendo forçado, como se alguém lhe apontasse uma arma e dissesse: "Faça sexo, do contrário..." E observe o rosto da sua mulher; parece que ela está tendo uma síncope; o rosto dela se contorce. Isso não é orgasmo, é uma palhaçada.

A mulher acha que você é um velho fedorento. Como ela é sua mulher, faz sexo por obrigação. Cumpre a obrigação dela, sabendo perfeitamente bem que está cometendo um pecado. Como ela pode chegar ao orgasmo assim? Ela nem mesmo está ali presente! Está deitada ali na cama, mas é quase como um cadáver. E nenhum homem quer que a mulher seja muito ativa, pois assim ela deixaria de ser uma dama.

A palavra *lady* (dama, em inglês) significa *good lay* (boa posição): pacífica, silenciosa, morta — "Você faz o que precisa e ponto final". Você tem tanta pressa e sua cabeça está tão confusa que também não consegue chegar ao orgasmo. A ejaculação não é um orgasmo. É pura perda de energia.

E a mulher tem um ritmo diferente. Na natureza, machos e fêmeas seguem o mesmo ritmo. Eles chegam ao estado orgásmico ao mesmo tempo, pois os animais nunca ouviram dizer que sexo é pecado, por isso eles não têm pressa.

Sua cabeça é contra o que você está fazendo, por isso ela apressa você — você tem pressa em fazer sexo. Mas a mulher segue um ritmo mais lento. Ela tem um mecanismo muito mais delicado e todo o corpo dela é erótico. Nesse ponto, o homem é inferior. Só sua genitália é erótica; o corpo todo é ligado à genitália apenas para mantê-la funcionando.

Por outro lado, o corpo todo da mulher é erótico. Por isso que, naturalmente, demora mais para que ela comece a vibrar de prazer, comece a se excitar. Quando a mulher começa a sentir alguma coisa, o homem já está ressonando ao lado dela. Ele já terminou sua tarefa, fechou o arquivo e caiu no sono — e não apenas isso: já está até roncando! Muitas mulheres já me confessaram que, depois de fazer amor, caem no choro. Quem não cairia no choro com um homem desse tipo? A mulher nem começou a se excitar e o homem já está roncando!

Por causa dos ensinamentos religiosos, para o homem o sexo passou a ser uma espécie de pílula para dormir. Relaxado, exaurido, sua mente fica sem energia para mantê-lo acordado, por isso você cai no sono. Não é esse o propósito do sexo. Pílula para dormir? Você pode tomar um conhaque se quiser dormir — qualquer tipo que preferir —, não precisa de uma mulher. Isso é um insulto: fazer da mulher uma pílula para dormir.

Na Índia, talvez 98 por cento das mulheres não saibam o que é ter um orgasmo. Na língua hindustani, não existe uma palavra para orgasmo. No Ocidente, foi só nestes últimos trinta anos que a mulher tomou consciência do seu direito nato. Mas esse direito nato vai contra toda a tradição judaica e cristã. Se a mulher tem o direito inato de sentir o mais belo êxtase, o orgasmo, o desaparecimento do ego, a interrupção do tempo, o silêncio supremo descendo sobre ela — um prazer tão grande que ela mal pode contê-lo —, se esse é um direito nato da mulher, e de fato é, então o homem terá de aprender tudo outra vez.

Ele tem de aprender sobre as preliminares — sobre como brincar com o corpo da mulher antes de fazer amor —, para que ela comece a ferver e a tremer de excitação. E quando ela sentir que seu corpo todo está pronto, então ele poderá fazer amor. E enquanto estiverem fazendo amor, não deixe que a Bíblia fique entre vocês. Não acho que uma pessoa consiga fazer amor com a Bíblia entre ela e o parceiro.

Esqueça todas as bobagens que você já ouviu e que o condicionaram e faça amor com delicadeza e lentidão.

Você chamará um homem de idiota se ele beber toda uma xícara de chá num só gole. Ele queimará a boca e não sentirá nem o sabor do chá. Um homem assim não sabe tomar chá; o chá tem de ser tomado aos goles, não de uma só vez!

Vá devagar. Espere até que a mulher esteja pronta e deixe que ela sinta toda a própria feminilidade. Por favor, esqueça que ela é uma dama. Deixe que ela participe do ato, pois assim chegará mais depressa ao ponto do orgasmo. Mas deitada como um cadáver, não espere que ela consiga alguma coisa.

Lembre-se também de uma outra coisa: depois que tiverem chegado ao orgasmo e ambos estiverem satisfeitos, ainda faltará a última parte — o apêndice, o final. A mulher deu a você tanto prazer, mas você cai no sono sem nem agradecê-la por isso. A única forma de lhe mostrar a sua gratidão é brincar com o corpo dela novamente — depois do ato — e deixar que ela brinque com o seu...

E não pense que só as prostitutas assumem um papel ativo e brincam com o seu corpo. Toda mulher adoraria brincar com o corpo do homem, mas ela tem medo que a considerem uma prostituta. Você ainda não percebeu que todo homem que tem uma linda esposa ainda procura prostitutas. Por quê? Porque nenhuma prostituta é uma dama.

Veja que situação estranha eles criaram para si mesmos. A prostituta satisfaz muito mais do que qualquer esposa, pelo simples fato de que ela é paga para satisfazer os homens; ela é uma profissional. Sua mulher é amadora, assim como você é um amador.

Também existem garotos de programa. Portanto, não se preocupe; se você sai com prostitutas, a sua mulher também pode sair com garotos de programa — alguém que dê mais prazer a ela porque é simplesmente um homem — um profissional habilidoso que sabe como levar uma mulher às alturas. Mas qualquer homem deveria saber fazer isso!

No meu modo de pensar, se o sexo passasse a ser visto como um divertimento, não haveria mais prostitutas neste mundo. Não é preciso que nenhuma mulher desça tanto a ponto de vender o próprio corpo. É preciso deixar pelo menos uma coisa fora do mercado — o amor —, pois ele não é uma mercadoria. O amor não tem preço. Seu valor é inestimável, mas ele não tem preço.

O homem que sai com uma prostituta sente que está fazendo algo degradante. A mulher que se prostitui condena-se ao extremo, pois sabe que está vendendo algo que não tem preço.

Mas, lembre-se, os padres e as prostitutas um dia vão sumir da face da terra.

Foram os padres que obrigaram milhões de mulheres a se prostituir, pois eles criaram a idéia de pecado na mente das pessoas. Tudo isso está interligado. E eu sempre vou à raiz das coisas. É por isso que enfatizo: faça com que o sexo seja divertido, seja uma brincadeira.

Depois da invenção da pílula anticoncepcional, já não há mais problema; você não precisa se preocupar com gravidez. Agora o sexo é diversão de verdade, sem nenhum tipo de responsabilidade ou conseqüência. Aproveite! Deixe sua mente de lado. Mande para o inferno o padre que passa o tempo todo tagarelando na sua cabeça. Você está fazendo amor e o padre está fazendo seu sermão de domingo!

Não, o amor é um fenômeno tão belo que você precisa aprender a arte do amor, assim como precisa aprender a arte de viver.

Se possível, reserve um cômodo só para fazer amor, pois o amor é como um templo. E quando entrar no seu templo do amor, deixe os sapatos do lado de fora e a cabeça também; coloque-a dentro dos sapatos. E antes de fazer amor, tome um bom banho de chuveiro, lave-se. Medite por alguns minutos e tenha uma belíssima experiência.

Ilumine esse cômodo com velas em vez de lâmpadas. Espalhe pelo ar um perfume assim como se faz nos templos; queime um incenso fragrante. E no seu templo do amor nunca faça outra coisa que não seja amar — esse não é um lugar para brigas ou discussões. Se você não estiver de bom humor, então evite entrar nesse cômodo.

Existem muitas coisas das quais você não tem consciência... A mesma cama em que dormem marido e mulher é palco de discussões, batalhas, brigas de travesseiro e de atos de amor. Eles não percebem que cada gesto, pensamento ou sentimento tem um tipo de vibração. O cômodo usado para o amor precisa ficar repleto de vibrações de amor.

O amor deveria ser seu único Deus. E com Deus você não precisa ser sério demais. Você tem de ser espirituoso, cheio de alegria. É simplesmente uma questão de entender o que está acontecendo com você; isso basta para mudar a coisa toda.

Eu quero explorar o sexo a fundo com a minha namorada. Mas eu sinto que meus orgasmos são muito fracos e rápidos.

Na verdade, não existe um padrão e nem possibilidade de julgar se um orgasmo é rápido ou não. No Ocidente, em particular, pelo fato de se falar tanto em orgasmo, muitos problemas que nunca existiram antes agora afloram na cabeça das pessoas.

Algumas conseguem prolongar o ato sexual por alguns minutos, outras por horas e outras ainda apenas por alguns segundos. Agora, se você só conseguir prolongá-lo por alguns segundos e souber de alguém que consegue prolongar por mais tempo, você se sente inferiorizado, como se estivesse em desvantagem. Isso é tolice; você não está em desvantagem. Seu orgasmo, sua experiência de orgasmo não mudará só porque ela demora três segundos, três minutos, três horas ou três dias para acontecer. O orgasmo não tem nenhuma relação com o tempo de duração do ato sexual. O orgasmo acontece no término desse processo, por isso, o fato de ele durar três segundos ou três minutos é irrelevante. O orgasmo acontece numa fração de segundo. Esses três minutos ou três segundos não fazem diferença. Você está me entendendo? O orgasmo é o ápice final. Seu ápice vem antes do que o de outras pessoas, mas não há nada de errado nisso. O importante é que você chega ao ápice!

Agora você pode se comparar com outras pessoas e isso só é possível por causa dos Masters e Johnson e outros; existem muitas pesquisas em andamento, o que está criando uma grande confusão na cabeça das pessoas... O tempo necessário para se chegar ao orgasmo difere de uma pessoa para outra; o corpo de cada pessoa funciona de um jeito. Não há nada com que se preocupar. Se você se preocupar, o problema fica duas vezes mais complexo: quando você começa a se preocupar, sua capacidade de chegar ao orgasmo fica prejudicada. Quanto mais você se preocupa com o orgasmo, mais ele demora para acontecer. Ele não acontece com facilidade. Portanto, a primeira coisa a fazer é não se preocupar, não pensar mais nisso.

Todos os animais têm orgasmos, desde o menor dos camundongos até o maior dos elefantes, e nenhum deles se preocupa, porque não podem ler nenhum Masters e Johnson. E todos eles têm prazer! Na verdade, o homem é o único animal que fica impotente. Isso não acontece com nenhum outro animal, pois os animais não se preocupam com isso. A preocupação é a causa da impotência. Primeiro você começa a sentir que está fraco, pois se compara com outros homens. Então isso começa a incomodá-lo. Depois você acha que está em desvantagem — seu orgasmo não é como deveria ser. E aí, pouco a pouco, todo o processo é afetado.

Esses processos são inconscientes. Você não precisa fazer nenhum esforço para que eles aconteçam. O seu orgasmo e o tempo que você leva para atingi-lo são características suas. Cada pessoa tem seu próprio ritmo, portanto, não há razão para você se comparar a ninguém. Queime todos os livros que você tem e esqueça esse assunto.

Lembre-se também de que esses livros criaram um outro problema na mente ocidental: o homem se vê obrigado a satisfazer a mulher e a mulher se vê obrigada a satisfazer o homem. Agora ambos ficam preocupados. O homem então fica observando para ver se a mulher está satisfeita. Se ela não está, existe algo de errado com ele; ele não é homem de verdade. E quando começa a pensar dessa forma, você toma a direção errada — outras dificuldades começam a surgir. Você começa a ficar inseguro; começa a perder a confiança. E a mulher também observa se está ou não satisfazendo o homem. Se ela acha que o homem não está satisfeito ou se não está atingindo aquele êxtase de que se fala no mundo todo agora, ela começa a sentir que lhe falta alguma coisa como mulher. Agora ambos estão preocupados e um lindo ato de amor é corrompido.

Você não precisa se preocupar com esse tipo de coisa. Elas têm um curso natural. Se você ama uma mulher, você a ama. Se ela ama você, ela o ama. E tudo é gratificante quando existe amor. Não é preciso seguir nenhum padrão, pois não existem padrões. Esqueça isso, do contrário você só arranjará problemas. Simplesmente esqueça isso e aproveite seus momentos de amor. Não importa quanto tempo você demorou para chegar ao orgasmo. Se ele veio rápido, tudo bem. Esse é o seu jeito; seu corpo funciona dessa forma.

Às vezes acontece — a vida é tão complicada! — de o homem ter energia sexual demais e seu orgasmo vir rápido, pois a energia estava acumulada. Na juventude, o orgasmo acontece rápido. Na velhice, ele começa a demorar um pouco mais. O homem de uma certa idade sempre tem mais facilidade para satisfazer uma mulher do que o jovem, pois este não tem tanta energia acumulada. O orgasmo demorará mais para acontecer. Se você quiser ficar mais velho, eu posso fazer uma mágica e deixa-lo mais velho. Mas depois não reclame!

Agora você é jovem e saudável. Na velhice, surge outro problema — que dura bastante tempo! Não se preocupe. Existem algumas coisas que não deveriam ser feitas de modo deliberado; o amor é uma delas. Seja espontâneo e tudo o que for necessário acontecerá. O corpo é muito sábio e ele tem seus próprios caminhos. Simplesmente esqueça esse assunto por um mês; tire-o completamente da cabeça.

Quando você sentir vontade de amar, ame. E vá em frente com paixão! O tempo não é o mais importante. Antes de fazer amor, dance, cante e depois faça amor; e depois de amar, medite, pois esse é o momento mais belo para se meditar. Toda a energia é descarregada e a pessoa se transporta para um lugar diferente, um lugar lindo, criado naturalmente pela descarga sexual. Quando a energia sexual é descarregada, é quase como se você estivesse num templo, portanto, esse não é o momento de dormir. É o momento de ouvir uma música bonita ou de meditar ou de dançar ou de apenas sentar em silêncio e observar as estrelas. Fique simplesmente em silêncio e alerta.

Portanto, solte as próprias rédeas! Faça exatamente o oposto do que está fazendo; você está ficando civilizado demais. Não é uma questão de *know-how* e também não existe uma técnica de aperfeiçoamento. Todas as técnicas serão destrutivas. Depois que a pessoa começa a usar técnicas, toda a sua energia amorosa se dissipa; ela passa a ficar mecânica demais. Simplesmente aceite o seu ser; é assim que você ganha energia. Na verdade, você tem mais energia do que parece — você não é fraco.

Esteja você satisfeito ou não, essa não é uma questão com que você precise se preocupar. E a mulher também não precisa ficar preocupada em saber se você está ou não satisfeito. Pense simplesmente em si mesmo e, se estiver satisfeito, ótimo! E ela terá de pensar em si mesma — se estiver satisfeita, perfeito! Às vezes surge uma insatisfação; isso faz parte da vida. Às vezes você faz amor para agradar à mulher. Às vezes faz amor porque isso passou a fazer parte da rotina, tornou-se um hábito. Às vezes faz amor porque, se não fizer, sua mulher pode pensar que você não a ama, por isso o sexo vira obrigação. Às vezes você faz amor e nem sabe por quê. Talvez você não tenha mais nada que fazer ou a força tenha acabado e a televisão não funcione.

Isso aconteceu numa cidade norte-americana. Durante nove dias faltou luz e todas as mulheres da cidade ficaram grávidas. É verdade, aconteceu mesmo, pois não havia mais nada para fazer. Nada para ver — então, fazer o quê? Se o cômodo está escuro, o que resta senão fazer amor? Mas esse tipo de coisa nunca traz satisfação. Faça amor só quando existir um desejo ou uma paixão muito fortes; do contrário, diga simplesmente: "Desculpe-me, mas não estou com vontade". Fingir não é bom. Se parar de fingir, você vai perceber que o ato sexual fica muito mais profundo.

Também existe um outro problema: as pessoas fazem sexo demais. O sexo se tornou quase uma rotina. Os médicos passaram a elas a idéia de que o sexo é importante para a saúde. Se você não fizer amor todos os dias, algo pode dar errado. Agora eles estão dizendo que é possível ter até mesmo um ataque cardíaco caso a pessoa não tenha uma vida sexual regular. Eles continuam a afirmar todo tipo de coisa.

As pessoas podem viver anos sem praticar sexo. O amor não chega a ser uma necessidade. Ele é um luxo e as pessoas deveriam praticá-lo tendo isso em mente. O sexo deveria ser uma coisa rara, um banquete. Não deveria fazer parte da rotina; não deveria ser tão comum quanto feijão com arroz. Ele deveria ser reservado para algumas ocasiões raras, quando você estivesse realmente fluindo e houvesse um clima diferente. As pessoas deveriam considerá-lo um presente para momentos especiais; do contrário, a vida fica muito chata. Você faz amor assim como come todos os dias, bebe chá e toma banho. Isso faz com que você acabe achando o sexo entediante — ele é sempre igual.

Faça do amor uma coisa especial. Espere pelo momento certo. As pessoas quase sempre escolhem o momento errado. Eu percebo que os casais, depois de uma briga, em geral fazem amor. Primeiro eles ficam com raiva e brigam, depois começam a se sentir culpados por terem brigado. Em seguida começam a odiar a si mesmos por não se comportarem bem. E para compensar esse comportamento ruim, eles fazem amor. Isto é quase uma rotina: brigar e depois fazer amor. Você não poderia encontrar uma situação pior para fazer amor. Dessa forma, como ele pode ser satisfatório?

Espere pelos momentos certos. São poucas essas ocasiões, mas elas surgem; ninguém pode fazer com que aconteçam. Às vezes elas aparecem. São como presentes de Deus. Um dia, de repente, você sente que uma energia está correndo em suas veias. Você fica leve, como se estivesse voando. Um dia você sente que está tão aberto que tem vontade de dar tudo que pode à sua mulher; esse é o momento certo. Medite, dance, cante e deixe que o amor aconteça em meio aos passos de dança, à cantoria, à meditação, à prece. Esse momento então adquirirá um novo caráter — um caráter sagrado.

O amor também pode ter um caráter demoníaco — isso é o que acontece neste mundo, em 99 por cento dos casos. O amor pode ter um caráter divino e, ao menos que você torne seu amor divino, ele não vai lhe proporcionar nenhum contentamento. Você pode ter um ato sexual mais longo ou mais curto; isso nada adiantará. Quando o amor torna-se sagrado, ele simplesmente deixa você extremamente satisfeito e descontraído.

Portanto, durante um mês, não se preocupe com nada. E medite sobre tudo o que eu disse.

Eu não tenho muita sorte em meus relacionamentos com os homens. Sempre há muita tensão e muitas brigas e eu quase nunca consigo chegar ao orgasmo. Não sei o que fazer a respeito.

Você está prestando atenção demais no orgasmo; isso não é necessário. Faça uma coisa: simplesmente esqueça essa idéia de orgasmo por três meses. Faça com que seus momentos de amor sejam divertidos, sem pensar que eles tenham um propósito que não seja a diversão. Se pensa no orgasmo, você faz dele um propósito, um assunto sério e isso só o torna mais difícil. Este é o dilema: se você se preocupa em chegar ao orgasmo, fica mais difícil atingi-lo, pois toda a sua atenção está concentrada nesse objetivo e não no ato sexual. Sua mente está em busca desse orgasmo: você está imaginando se desta vez vai conseguir atingi-lo ou não, e esse medo paralisa seu centro sexual.

O centro sexual só pode se abrir de fato quando não existe medo, quando não se está atrás de um resultado, quando a atividade não tem um propósito definido, quando a pessoa não está pensando no futuro, mas só quando ela está simplesmente brincando. É maravilhoso brincar com o corpo de alguém e ter alguém para brincar com o seu corpo. Trata-se apenas de dois corpos dançando, cantando, abraçando-se e acariciando-se numa linda sinfonia. Não há necessidade nenhuma de se pensar no orgasmo. E aí ele acontece! Essa é a beleza do orgasmo — ele de repente acontece. Mas se ele acontece ou não, isso é irrelevante. Simplesmente esqueça isso.

Durante três meses, esqueça o orgasmo. Ele acontecerá muitas vezes, mas, mesmo que aconteça, não pense que você o teve, como se o tivesse provocado. Não pense antes e não pense depois; isso não é importante. E depois de três meses, conte-me o que aconteceu.

As coisas se ajeitarão. É a idéia do orgasmo que está causando todo o problema. Quando o orgasmo não acontece, você fica frustrada, sente-se como se não fosse amada, sente-se mal-amada, como se não estivesse com o parceiro certo. Então você fica com raiva e toda a sua energia começa a ficar violenta e agressiva. Trata-se da mesma energia: se você chega ao orgasmo, ela relaxa; se você não chega, ela fica tensa.

Quando você está tensa, a raiva é quase como um orgasmo. É um antiorgasmo. É a polaridade oposta; é um orgasmo raivoso. Assim como o orgasmo comum é amoroso, a raiva é um orgasmo raivoso. A pessoa fica tão furiosa que sente uma grande descarga de energia; essa descarga é produzida pela violência. Por isso a violência e o sexo estão profundamente relacionados. Se as pessoas forem de fato sexuais, elas serão menos violentas; do contrário, elas serão mais violentas.

É por isso que o sexo nunca é permitido no exército. Essa proibição é uma tentativa de fazer com que as pessoas fiquem violentas. Se os soldados tiverem uma namorada, eles não serão tão violentos. É preciso fazer com que esses homens fiquem furiosos, com muita raiva, de modo que sua energia comece a ferver e não encontre nenhum meio "humano" de expressão; isso faz com que eles fiquem desumanos. E todas as armas — a espada, o punhal, a bala — não são nada mais do que representações dos órgãos sexuais, que, ao ser projetados, tentam penetrar no corpo de outra pessoa. O soldado pode realmente sentir um orgasmo ao matar alguém; é isso que faz as pessoas matarem. Existem registros de casos em que o homem matou a mulher enquanto faziam amor. A intenção dele era atingir um duplo orgasmo, um êxtase mais profundo. Enquanto fazem amor e atingem o orgasmo, o homem mata ou estrangula a mulher. Trata-se de uma tentativa de atingir os dois extremos ao mesmo tempo: um orgasmo de amor e um orgasmo de ódio.

Durante três meses, desfrute apenas do amor. O orgasmo acontecerá naturalmente e as coisas mudarão de figura.

Depois que me divorciei da minha primeira mulher, deixei realmente de gostar de sexo. Desde então, não consegui mais chegar ao orgasmo, exceto depois de fumar maconha. Isso ainda acontece, mesmo agora que estou apaixonado por outra mulher.

Você acha que é preciso mesmo fazer alguma coisa a respeito?

Pois às vezes criamos problemas desnecessários e, depois que começamos a vê-los como problemas, eles não param de nos preocupar. Agora o fato de ter ou não orgasmos está se tornando um problema psicológico nos Estados Unidos, pois fala-se muito sobre isso.

Ao longo de séculos, isso nunca foi considerado um problema — ninguém se incomodava com isso. Mas nos últimos vinte ou trinta anos, muitas pesquisas foram realizadas por Kinsey e por Masters e Johnson, e essas pesquisas vieram a público. As pessoas estão lendo sobre as maravilhas e a grande experiência do orgasmo e sobre o grande relaxamento que ele proporciona, por isso elas ficam ávidas para atingi-lo, e esse é que é o problema. Não é só uma pessoa que está em dificuldades; é quase todo mundo.

A causa do problema é a comparação. A cada dia que passa você fica mais velho, por isso, se não resolver esse problema, ele vai se agravar cada vez mais e você ficará obcecado com ele. As pessoas, na verdade, só se interessam por essas coisas quando ficam mais velhas. Principalmente no Ocidente, as pessoas acham que sexo é a única coisa que existe na vida. Portanto, quando elas não têm mais sexo, acham que a vida acabou. É como se o sexo fosse sinônimo de vida.

Depois que a pessoa fica mais velha e sente que a energia sexual já não é mais como costumava ser, ela fica histérica! Quer fazer alguma coisa para mudar a situação — tomar remédio, fumar alguma coisa ou fazer exercícios como ioga, fazer isso ou aquilo; ou encontrar uma mulher melhor, que seja mais experiente, ou sair com prostitutas ou algo que substitua o sexo — mas fazer alguma coisa!

Começa a surgir uma certa agitação que aumenta dia após dia, pois você vai ficando mais velho; não há como ficar mais jovem. Quanto mais o tempo passa, mais você pensa no assunto e mais problemático ele fica. E se você pensa muito no orgasmo, então até mesmo o orgasmo natural que poderia acontecer acaba ficando impossível, pois para que ele aconteça é preciso que sua cabeça esteja livre de preocupações.

A mente é o problema. Por exemplo, se você está fazendo amor e, bem lá no fundo, existe um medo de que você mais uma vez não consiga chegar ao orgasmo, ele de fato não vai acontecer — agora ele vem... agora ele vem... e ao mesmo tempo surge esse medo, essa agitação; a mente e o corpo todo fica dividido — você não conseguirá outra vez.

Minha sugestão é que você deixe esse problema de lado em vez de tentar resolvê-lo. Simplesmente deixe-o de lado — é pura bobagem! Por que se incomodar com isso? Aconteça o que acontecer é bom — aproveite! E um dia você vai ver: de repente, ele acontecerá! O orgasmo só acontece quando você ama de um jeito despreocupado.

Você a ama e ela ama você, portanto, não existe nenhum problema. Quando nós nos amamos, aceitamos as limitações do outro também. Se ela o ama profundamente, saberá que agora você está um pouco mais velho e, por isso, evidentemente nada será como antes. Será um pouco diferente; o sexo não será tão freqüente. O amor, no entanto, descobrirá novas formas de intimidade. O relacionamento será menos sexual, será mais profundo.

Na realidade, quando o amor é sexual, ele nunca fica muito profundo. Ele nunca ultrapassa o nível físico. Quando o sexo corporal começa pouco a pouco a desaparecer ao longo do curso natural da vida, surge um novo caso de amor na mente do casal. Trata-se de algo mais profundo. E se você estiver meditando, passa a existir a possibilidade de um aprofundamento ainda maior: pode se iniciar um caso de amor fora da mente — fora da mente e do corpo. Essa é a verdadeira bênção.

Essa bênção não tem nenhuma relação com o orgasmo. Mesmo que ele aconteça, só dura um segundo ou dois e acabou. Mesmo que você atinja o orgasmo, não acontecerá muita coisa além disso. Mesmo que tenha um orgasmo perfeito, você não vai conseguir nada além disso. Os animais têm orgasmos perfeitos; todo cachorro tem um orgasmo perfeito, mas o que adianta isso? No máximo, você poderá ter um orgasmo perfeito assim como os animais.

Não estou dizendo que o orgasmo seja ruim — estou dizendo que não é nada com que você tenha de se preocupar. Você está fazendo muito barulho por nada. Mas a mente ocidental é desocupada e tem de se ocupar com alguma coisa; do contrário, a vida parece ficar sem sentido.

Você tem um carro, tem uma casa, tem uma bela conta bancária — agora tem de ter orgasmos! O orgasmo é uma nova religião. Agora Deus deixou de existir. Quem pode ter certeza? Pode existir vida após a morte, mas também pode não existir. Agora só se pensa no orgasmo, portanto, aferre-se a ele, segure-o e continue pensando nele até o último instante.

Minha sugestão é que você simplesmente se esqueça dele. Simplesmente deixe-o para lá. Diga: "Tudo bem. Aconteça o que acontecer, vai ser bom e eu vou ficar satisfeito". Um dia, quando menos esperar, ele acontecerá. E se acontecer, não fique ávido para que ele aconteça outra vez e outra vez... Se acontecer, ótimo; se não acontecer, tudo bem também. Não o tenha em tão alta conta.

Se ele acontecer, aproveite-o e esqueça. Do contrário, o fato de ele ter acontecido criará a idéia obsessiva de que ele poderá acontecer outra vez. Então ele aconteceu — agora deverá se repetir outras vezes.

Contentem-se com a companhia um do outro. Na verdade, as pessoas não deveriam nem tentar fazer amor sem necessidade. O sexo não é uma necessidade, não é uma obrigação. Às vezes, só o fato de vocês se sentarem juntos, darem-se as mãos e olharem as estrelas já é suficiente... e muito mais profundo!

Às vezes, só sentarem-se juntos, sem fazer nada, sem sequer pensar em alguma coisa, é melhor do que fazer sexo.

O sexo passou a ser encarado como algo que você precisa fazer. Você tem de praticá-lo, tem de prová-lo; do contrário, a mulher pensará que você não a ama; você começará a achar que não está fazendo nada por ela. Que tipo de amor é esse em que você é obrigado a fazer alguma coisa?!

Nunca faça nenhum esforço quando o assunto for amor. Contentem-se em ficar juntos, em cuidar um do outro e sentir a presença do ser amado. Meditem, rezem juntos, dancem e, às vezes, deixem que essa dança, essa meditação e essa prece os levem a fazer amor. Não que vocês sejam responsáveis por ele ter acontecido; ele simplesmente acontece; de repente vocês percebem que ele está acontecendo. Nessas ocasiões, o sexo adquire uma grande beleza.

Em momentos como esse, não são vocês que fazem amor — é o próprio Deus fazendo amor por meio de vocês. Vocês não ficam preocupados. Não é absolutamente problema de vocês! Se ele quiser ter um orgasmo ou não, isso é ele quem decide. Por que vocês deveriam se preocupar? Se ele quiser ter um orgasmo, ele pode.

Portanto, meditem, rezem, dancem, ouçam música, contemplem as estrelas e, assim, às vezes o orgasmo acontecerá naturalmente, espontaneamente... Não tente provocá-lo nem pense nele. Não fique na expectativa nem fique divagando no escritório, pensando que irá para casa e fará amor — isso é pura criancice!

Esqueça o orgasmo! Um dia ele acontecerá e por alguns dias simplesmente esqueça isso — é assim que deve ser o verdadeiro amor. Não há necessidade de se provar nada; a mulher sabe que você a ama e você sabe que ela o ama. Não é preciso fazer nenhum esforço extra. Assim você verá que seu ser começa a assumir um caráter mais sutil. Com ou sem orgasmo, vocês se amam e um dia a coisa começará a acontecer...

Não estou prometendo nada! Se eu prometesse, você começaria a esperar pelo orgasmo. Não estou dizendo que ele acontecerá. Estou simplesmente dizendo que ele é uma coisa natural. Mas só acontece quando você está despreocupado. É uma conseqüência natural. Se não existe tensão, então por que ele não iria acontecer? Ele tem de acontecer! Num sistema mente-corpo despreocupado, a vibração aumenta, assim como a excitação — você começa a pulsar.

Por isso, a primeira regra básica é: esqueça o orgasmo. A segunda regra básica é: se ele algum dia acontecer, aproveite-o, agradeça a Deus e mais uma vez esqueça o assunto. Não espere que ele aconteça novamente no dia seguinte.

A mente é extremamente gananciosa e, conseqüentemente, está sempre angustiada. Algo acontece hoje e a mente já começa a planejar o amanhã — isso tem de acontecer amanhã também. No entanto, a coisa só aconteceu porque você não estava pensando a respeito. Agora você está e isso muda tudo de figura. Amanhã não poderá acontecer. E se não acontecer amanhã, você entrará em pane; depois de amanhã isso tem de acontecer outra vez! Mas esse estado de espírito só tornará isso impossível.

Você viu uma flor e ela parecia linda. Você ficou encantado. Agora, 24 horas depois, você espera novamente poder contemplá-la. Você voltará para casa e irá correndo ver a flor. Sentirá o mesmo tremor de excitação. Mas eu digo que desta vez você não sentirá tremor nenhum, pois a repetição não pode provocar esse tipo de sensação. No dia anterior você a sentiu porque foi tomado pela surpresa. Foi um encontro inesperado — entre a rosa e você. Nem você estava esperando pela rosa e nem ela estava esperando por você. Foi um encontro repentino — vocês viram um ao outro e algo espocou dentro de vocês.

Agora sua mente esperta e ardilosa já antecipa o momento em que você irá para casa, olhará a flor e ficará feliz. Mas agora não será como da vez anterior e a culpa não será da flor. Ela estará preparada, pois não espera que você apareça outra vez. Poderia haver a mesma excitação — da parte da flor, nada impede que essa surpresa aconteça —, mas você fez alguma coisa errada.

Portanto, sempre que Deus se faz presente — proporcionando um belo momento, um momento de amor — aproveite, sinta-se grato e tire o acontecimento da memória. Nunca carregue consigo lembranças psicológicas. É por isso que as crianças são tão felizes e, à medida que vão crescendo, essa felicidade vai diminuindo. Isso acontece porque as crianças não têm expectativas; essa atitude é que lhes proporciona tanta excitação. Elas mantêm sempre o mesmo frescor.

Portanto, tenha sempre isso em mente... e saiba que não há nada com que se preocupar.

Quando esse sexo idiota pára de nos obcecar? Estou chegando aos 60 e o desejo continua.

O sexo não tem nenhuma relação com a idade; você pode ter 600 anos e mesmo assim o desejo continuará. O sexo tem que ver com a consciência, não com a idade. Lembre-se, envelhecer não é o mesmo que amadurecer. Você pode ter 60 anos do ponto de vista fisiológico e ter 12, 13, no máximo 14, do ponto de vista psicológico. É isso que cria essa dificuldade. A pessoa que, psicologicamente, tem 14 anos, fatalmente será obcecada por sexo e as pessoas em geral param de amadurecer em torno dos 13 ou 14 anos.

A idade mental média da humanidade é de 12 anos. É incrível como as pessoas podem ficar estancadas numa idade tão tenra. Por que isso acontece? E por que aos 12 e não aos 13 ou aos 14? Porque essa é a época em que a sexualidade irrompe em você e nenhuma sociedade quer que você passe desse ponto. Todas as sociedades querem que você continue ávido por sexo, pois uma pessoa assim é muito útil para esta sociedade doente. A pessoa ávida por sexo pode ser levada a seguir em qualquer direção, pois seu sangue ferve nas veias. Você pode fazê-la viver atrás de dinheiro: e o dinheiro, para ela, será um substituto do sexo, e toda a energia sexual dela, que está faminta, será canalizada para o dinheiro. O dinheiro será o bem-amado, o Deus dessa pessoa, e por toda a vida ela correrá atrás de dinheiro. É claro que a lembrança do sexo a perseguirá continuamente, pois o dinheiro não é capaz de satisfazer essa avidez. Você pode acumular tanto dinheiro quanto quiser, mas como poderá satisfazer seu impulso básico? A sociedade desviou esse impulso e, no lugar, deu a você um passatempo; um brinquedinho.

É assim que agimos desde o início: a criança chora porque quer mamar e damos a ela uma chupeta! A pobre criança começa a chupar a chupeta e acha que está sugando o seio da mãe. Como podemos ser tão cruéis? Isso é pura maldade! Você tem com a criança uma atitude política, diplomática, sagaz. A pobrezinha ainda não tem discernimento para diferenciar a chupeta do seio; ela é enganada. Agora, se mais tarde essa criança desrespeitar a mãe, odiar a mãe, isso não será nenhuma surpresa.

Você pode procurar qualquer psicanalista e perguntar: "Qual é o problema básico que aflige qualquer pessoa?" e você ficará surpreso ao ouvir a resposta dele. Não se trata de nenhuma neurose, psicose, esquizofrenia, histeria ou algo do tipo. Se você lhe perguntar qual é o problema básico de qualquer pessoa com distúrbios psicológicos, ele dirá: "A mãe". Mas por que a mãe? Porque ela é a primeira pessoa que começa a enganar o bebê. Ela é a primeira conquista do bebê neste mundo e ele não pode confiar nem mesmo nela. Não pode confiar nem na própria mãe, então como poderá confiar em mais alguém? E quando a criança chora e quer ser abraçada, a mãe não a pega no colo. A criança precisa de calor humano assim como precisa de alimento; essa é uma necessidade psicológica profunda que ela tem.

A ciência já provou que, se a criança recebe todo o alimento de que precisa, mas não recebe calor humano, ela definha até a morte. Ou mesmo que sobreviva, ela ficará retardada ou doente pelo resto da vida; isso deixará marcas profundas dentro dela. O bebê não precisa apenas do leite da mãe, ele precisa também do calor do seu colo, do calor do corpo dela. Agora se sabe que esse calor humano é absolutamente fundamental e necessário.

Mas quando a criança chora, ela não pode dizer: "Mamãe, quero colo!", pois ainda não sabe falar. No entanto, quando ela chora, está querendo dizer: "Abrace-me, beije-me, cuide de mim, deixe-me ficar bem próximo de você". Em vez disso, dão a ela um ursinho de pelúcia ou algum brinquedo que possa entretê-la. O bebê é enganado desde os primeiros anos: quando quer uma coisa, dão a ele algo totalmente diferente. É assim que começamos a distorcer as coisas.

Na época em que a criança chega à maturidade sexual, começamos a deixá-la ambiciosa. Começamos a lhe dizer: "Seja o melhor aluno da universidade, seja o melhor aluno da escola, seja sempre o número um!" Seja quem for, faça o que fizer, você tem de ser sempre o melhor! Incutimos na cabeça da criança uma vontade enorme de ser sempre a melhor onde quer que ela esteja; essa é uma forma de fazer com que sua energia sexual se desvie.

A sociedade está tentando desviar suas energias naturais. Começamos dizendo à criança: "A menos que você tenha o carro do ano, uma mansão e muito dinheiro no banco, você será um joão-ninguém". A pessoa então começa a ter sonhos grandiosos. Pode ser até que nem precise de uma mansão. Na verdade, uma casinha pequena e confortável pode ser muito mais bela do que uma mansão, pois é mais fácil mantê-la limpa. Além disso, ela nem precisa de uma casa com tantos cômodos. Mas uma idéia foi incutida na cabeça dela: "A menos que tenha uma imponente mansão, você será vista como uma pessoa fracassada". Para ela, a mansão vira símbolo de realização, o dinheiro no banco vira símbolo de realização, embora esses símbolos não tenham o menor significado. Lá no fundo, ela não se sente realizada; lá no fundo, ela continua suspirando por outra coisa. A consciência profunda lhe diz continuamente: "Seja natural, deixe que as suas energias naturais fluam de um jeito natural e espontâneo".

Você me pergunta até quando esse sexo idiota continuará obcecando as pessoas.

Por que você o chama de idiota? Você está com raiva de sexo. O sexo não é idiota — você talvez seja idiota! Sexo é simplesmente sexo. No que se trata de sexo, você pode ser idiota ou inteligente; a idiotice é sua, não é dele. E se você o xinga, se o condena, ele não deixará de existir só por isso. Você pode ter 60, 70 ou 80 anos — não fará nenhuma diferença. Na verdade, quanto mais fraco o seu corpo ficar, mais essa repressão sexual explodirá na sua consciência.

Ele não deixará de existir; não o chame de idiota. É você que está sendo idiota ao lidar com ele.

Aceite-o. Trata-se de um desejo natural, de uma energia natural, da própria fonte de toda a vida. Certamente que existe algo além dele, que existem espaços cheios de esplendor além dele. O sexo dá prazer e também causa dor. A dor e o prazer se misturam no sexo porque ele é uma mescla do céu e da terra, de corpo e alma; por isso ele provoca ambos — numa hora lhe dá asas e em outra lhe corta essas asas. Num momento ele lhe proporciona um grande êxtase, no outro o faz mergulhar numa agonia profunda. Num instante você está num cume ensolarado e no outro está gemendo num vale sombrio. O sexo é composto dessas duas coisas.

Mas é preciso aprender sobre os vales e também sobre os cumes. E isso se aprende por experiência própria, não pelo que os outros dizem, nem pelo que eu digo. Sua própria experiência sexual o libertará do sexo. Não estou dizendo para que você se liberte dele ou tente fazer isso, pois assim você nunca se verá livre dele.

O que estou dizendo é simplesmente que essa libertação do sexo é uma conseqüência, um subproduto. Não é possível consegui-la de modo direto, pois ela só acontece indiretamente. Você encara o sexo como uma diversão, com uma atitude meditativa, como se ele fosse uma dádiva de Deus, e pouco a pouco, de tanto viajar por vales e cumes montanhosos, um terceiro elemento surge em seu ser: a testemunha que observa o cume e o vale. Um dia nem um nem outro será importante. Sua consciência terá passado por uma revolução e você estará mais concentrado na alma que testemunha. Esse testemunho é *brahmacharya*, é o que provoca o verdadeiro celibato. Esse celibato não é contra o sexo, é algo que está além dele.

Se isso não acontecer, o sexo continuará perseguindo você até o fim da vida. Ao morrer, você não estará pensando em Deus, estará pensando em sexo. É por isso que, no momento em que morre, você imediatamente reencarna — você não perde nem mesmo um minuto, pois morre com a idéia do sexo na cabeça. Assim que deixa este corpo, surge o desejo de entrar num outro, pois a satisfação sexual só e possível por meio do corpo.

Nas terras ensolaradas do México, vivia uma velha tia com suas quatro lindas sobrinhas.

Um dia, Pancho Villa e sua quadrilha de bandidos revolucionários invadiram a casa da velha senhora. Ao abordar os moradores da casa no pátio, um dos salteadores disse: — Este lugar agora é nosso e vocês estão em nosso poder!

— Estamos perdidas! — exclamou uma das meninas. — Temos de nos submeter, mas, por favor, poupem a nossa pobre tia.

— Cale a boca! — exclamou a tia. — Guerra é guerra!

Isso não tem nenhuma relação com a idade — tem relação com a conquista de uma consciência mais elevada, mais profunda.

Torne-se uma testemunha e não diga que o sexo é idiota. Passe a ser mais inteligente, veja, observe, preste mais atenção. Tudo que é dado a você tem uma razão de ser, tem uma rima. Tudo que você conquista tem em si algo que o transcende. Você só é capaz de ver a parte inferior da escada, pois seus olhos não estão abertos e seu ser não está consciente; por isso você só vê a parte inferior da escada, que é o sexo. A parte superior é o samadhi. Se você pudesse ver a escada inteira, ficaria surpreso ao ver que o sexo é a porta do samadhi.

A própria idéia do samadhi surgiu graças àquelas poucas pessoas que conseguiram ter um prazer completo por meio do sexo. Essas pessoas perceberam que, no sexo, existe algo que não é absolutamente sexual. Durante um orgasmo profundo, o tempo desaparece, a mente desaparece, o ego desaparece. Neste momento essas coisas não têm nenhuma relação com sexo, mas, quando elas deixam de existir, a pessoa sente uma alegria e prazer profundos. Esse sentimento não tem nada que ver com o sexo; o sexo apenas contribui para que ele brote, pois ele proporciona um contexto para o desaparecimento do ego, da mente e do tempo.

Os primeiros que fizeram essa experiência — ninguém sabe o nome deles, pois viveram há milhares de anos —, os primeiros tântricos, foram as primeiras pessoas que chegaram ao samadhi por meio do sexo. Eles observaram, meditaram e viram uma coisa: o sexo é apenas o gatilho fisiológico de um certo processo que também é possível iniciar sem o sexo, apenas por meio da meditação. Não há necessidade nenhuma de se praticar sexo. Depois que essas pessoas descobriram que esse processo também poderia ser iniciado por outros meios — pelos métodos da Ioga, do Tao, do Tantra, do Sufismo —, depois que perceberam que é possível chegar a esse mesmo estado de não-ego, de não-mente e de não-tempo, sem a prática do sexo, elas descobriram a chave. Mas essa chave só foi encontrada depois que elas tatearam às cegas pelo mundo do sexo.

O sexo é a própria fonte da religião e a experiência sexual é a primeira experiência do samadhi. Não diga que ele é idiota, por favor. Pratique sexo com amor, com alegria, com uma atitude meditativa. Procure entender o sexo, pois a libertação só ocorre por meio do entendimento, de nenhuma outra forma.

Estou ficando velho e a cada dia que passa sinto menos interesse pelas mulheres. O que eu devo fazer?

Meu caro, continue perdendo seu interesse! Isso é ótimo. Não há nada de errado com isso. E não deixe que nenhuma mulher encontre você; do contrário, elas ficarão muito felizes.

Mas no Ocidente, principalmente depois que Freud abriu a caixa de Pandora, surgiu a idéia de que você tem de fazer sexo até a morte, pois sexo é sinônimo de vida. Por isso, mesmo que tenha 70 ou 80 anos, tem de continuar interessado em sexo. Se perder o interesse sexual, isso significa que você está perdendo o interesse pela vida, que você já não é mais necessário, que agora é inútil. Você pode cair morto ou ir para o parlamento, mas das duas formas será inútil.

Essa idéia de que o sexo é sinônimo de vida não tem nenhum fundamento. Sexo e vida só são sinônimos até certo ponto. Na infância, eles não são; na juventude, passam a ser; na velhice, deixam de ser novamente. Existem fases. A criança não se interessa por sexo, o jovem se interessa — esse é o único interesse dele.

Mas, no Ocidente, as pessoas fazem tudo para continuarem jovens; você não pode ficar velho. Elas continuam fingindo para si mesmas que ainda são jovens. Novas panacéias são inventadas todos os dias, novos tipos de elixires que conservarão a sua juventude para sempre. E as pessoas são tão tolas que estão sempre prontas para aceitar qualquer bobagem que lhes garanta a eterna juventude. A velhice é considerada uma espécie de doença. No Ocidente, ser velho é ser doente. Isso está errado.

A velhice tem uma beleza própria, seus próprios tesouros, assim como a juventude tem sua beleza e seus tesouros. E não há dúvida de que os tesouros de um ancião são muito mais valiosos do que os de um jovem. Pois o ancião já passou pela juventude, sabe tudo sobre ela, já viu como ela é e já a superou. Ele já viveu as ilusões da juventude e conheceu também as suas desilusões. Agora ele é mais sábio do que era; voltou a ser inocente. Quando o sexo deixa de existir, você adquire um outro tipo de inocência. Vira criança outra vez, e uma criança amadurecida.

No Oriente, temos uma visão totalmente diferente da vida. Nós respeitamos os mais velhos, não os jovens, pois os mais velhos estão no auge na jornada da vida, prestes a atingir seu objetivo. No Ocidente, os velhos são vistos apenas como uma coisa a ser descartada, a ser jogada no lixo. Vocês fazem casas de repouso onde os idosos vão sendo amontoados, ou asilos de velhos. Ninguém quer ter nenhuma relação com as pessoas mais velhas, como se elas fossem insignificantes ou inúteis. No entanto, essas pessoas já viveram uma vida inteira e aprenderam muitos segredos da vida. Elas podem ser grandes mestres — só os anciãos podem ensinar alguma coisa.

No Oriente, esta é a tradição: os mais velhos tornam-se professores dos mais jovens, pois eles já viveram, amadureceram e compreenderam a vida. Podem dar a você uma orientação melhor, com mais maturidade e mais clareza. A velhice é a época de nos prepararmos para a morte. E essa é a maior preparação de todas, pois você estará prestes a fazer a maior viagem da sua vida — rumo ao desconhecido. Se você continuar interessado em sexo, isso o desviará da morte. É isso o que acontece no Ocidente.

Os ocidentais não aceitam a morte como parte da vida. A morte é um tabu, assim como o sexo foi um tabu há algumas centenas de anos. Ninguém falava de sexo cem anos atrás. Era impossível falar ou escrever sobre sexo. Ele era um tabu tão grande que, na época vitoriana, as senhoras costumavam cobrir as pernas das cadeiras também, pois afinal elas também eram pernas e as pernas nunca deveriam ficar à mostra.

Freud causou uma revolução. O mundo agora espera que um outro Freud ponha abaixo um tabu ainda maior: a morte. Freud destruiu o tabu do sexo e o mundo ficou muito melhor depois disso. Ele foi um dos maiores benfeitores da humanidade. É preciso agora um outro Freud para pôr abaixo outro tabu, muito maior do que o sexo.

A morte tem de ser aceita. Com a aceitação da morte, você começa a aceitar a velhice. Essa aceitação faz com que você relaxe. E depois que você deixa de se interessar por sexo, toda a sua atenção pode se concentrar na morte. Lembre-se, sexo e morte são dois opostos. Se você continuar interessado em sexo, quando vai se preparar para a morte? Sua atenção continuará focada no sexo e você morrerá sem nenhuma preparação.

A meditação é uma preparação para a morte. Agora prepare-se para a morte. Medite. Você não está mais interessado em mulheres — muito bom. Agora passe a se interessar pelo seu próprio eu. A mulher é algo externo a você; o sexo é o interesse que você tem pelo outro. Ou, se você for do sexo feminino, então o homem é algo exterior a você; esse é o seu interesse no outro. Agora passe a se interessar por si mesmo. Comece a descobrir o seu eu, a empreender uma viagem interior.

Você me perguntou: "Estou ficando velho e perdendo o interesse pelas mulheres. O que devo fazer agora?"

Perca o interesse. Deixe que isso aconteça. Não tente reavivar esse interesse desnecessariamente. Se ele está diminuindo por conta própria, isso é maravilhoso.

Max, um homem de 75 anos, ao voltar para casa tarde da noite, deparou com uma jovem, com a aparência de uns 18 anos, revirando o lugar.

— Minha jovem, você é uma ladra! — ele exclamou. — Vou chamar a polícia.

— Senhor — ela implorou —, se eu for presa de novo, ficarei na cadeia por anos. Por favor, não chame a polícia.

— Sinto muito, mas eu tenho de fazer isso — explicou Max.

— Olhe — chorou ela —, eu farei qualquer coisa. Darei a você o meu corpo.

— Tudo bem — concordou o ancião. — Então tire as roupas e deite-se na cama.

A garota obedeceu e Max rapidamente deitou-se ao lado dela. Ele tentou, tentou e tentou por uns vinte minutos. Exausto e sentindo-se derrotado, ele finalmente desistiu.

— Não adianta — lamentou Max. — Não consigo. Vou ter de chamar a polícia.

E você me pergunta o que fazer?

Você quer chamar a polícia? Agora chega. Deixe de lado essa bobagem toda. Esqueça essa obsessão. Agora volte sua energia para a morte. Encontrar a morte é a maior experiência da vida. Quando encontrá-la, você saberá que é imortal. Enfrentar a morte é o único jeito de você descobrir que é imortal, que só o corpo morre; você nunca morre. E depois que tiver descoberto isso, você fica pronto, pronto para a viagem; quando a morte chegar, você a enfrentará rindo, dançando e cantando.

Um homem que consegue enfrentar a morte rindo, cantando e dançando, com uma atitude reverente e meditativa, descobre o maior orgasmo que existe neste mundo. O orgasmo sexual não é nada, pois durante esse orgasmo só uma pequena parcela da sua energia vital deixa seu corpo e você sente um grande relaxamento. Na morte, toda a sua energia vital deixa o corpo. Nenhum orgasmo sexual pode se comparar ao orgasmo cósmico, esse orgasmo total que a morte lhe proporciona.

Não evite a morte. Ela dará a você a maior dádiva da vida, a dádiva da partida. Mas são poucas as pessoas que recebem essa dádiva, pois ninguém está pronto para a morte. A morte pega você desprevenido. E você está tão assustado e tão preocupado com sexo que se prende à vida.

Você sabia que é isso que quase sempre acontece? No Oriente, esse é um dos segredos para se conhecer um homem. Quando morre um homem, se ele é muito apegado à vida e ainda se interessa por sexo, ele morrerá com uma ereção. Isso mostra que o pobre sujeito morreu sem nenhuma preparação — mesmo na morte ele ainda continuava cheio de fantasias. Isso é quase sempre o que acontece. A menos que você se torne um grande praticante de meditação, vai acontecer com você também — enquanto morre, você estará fantasiando sobre sexo, estará fazendo amor, pelo menos na sua imaginação.

Isso não é jeito de morrer. Dessa forma você insulta a morte, insulta Deus e insulta a si mesmo. Deixe que o sexo desapareça da sua vida — já é hora. Descontraia-se nessa ausência de sexualidade. Ela deixará você centrado em si mesmo. Pare de correr atrás das mulheres e saia em busca de si mesmo. Você não pode ter essas duas coisas ao mesmo tempo. E prepare-se. A morte pode bater à sua porta a qualquer momento; nunca se sabe quando ela chegará. Fique de prontidão. Pratique meditação sempre que possível. Transforme a sua energia sexual em energia meditativa; trata-se da mesma energia canalizada de forma diferente. Ela deixa de fluir para fora e para baixo e começa a fluir para dentro e para cima. Essa energia é que abre o botão da Flor de Ouro que existe dentro de você. É nisso que se resume todo o segredo.

Você chegou naturalmente ao ponto certo, mas me pergunta: "O que eu devo fazer?" Você está me pedindo uma receita para voltar a despertar sua sexualidade que está desaparecendo. Está me pedindo algo que a impulsione, algo que o ajude a continuar jogando na velhice o mesmo joguinho idiota que jogou a vida inteira.

É bom quando se é jovem, pois na juventude somos todos tolos. É muito difícil ficar alerta, consciente e meditativo enquanto se é jovem. Se conseguir, você tem um gênio raro. Mas se não conseguir assumir uma postura meditativa na velhice, então você é um perfeito idiota.

É bom ser um pouco tolo quando se é jovem. Essa tolice faz parte do crescimento; ela ajuda você. O outro, seja homem ou mulher, torna-se para você um espelho; ele reflete você, ajuda-o a ver quem você é. O amor é algo extremamente revelador. Mas chega uma hora em que a pessoa precisa se ver por dentro, não num espelho. Até mesmo o espelho tem de ser deixado de lado. A pessoa tem de ficar sozinha. E a pureza da solidão é infinita. A bem-aventurança que a solidão traz é eterna.

Agora chegou o momento. Deixe que esse interesse pelas mulheres desapareça e você perceberá que, de repente, um outro interesse brotará em você — acontecerá quase ao mesmo tempo: o interesse pela meditação. Assim você poderá receber a última dádiva que a vida pode lhe dar: a morte meditativa, uma morte em satori, em samadhi, em êxtase. Você conhecerá a experiência totalmente orgásmica. Essa experiência basta; depois dela, você nunca mais voltará a esta vida, ao corpo, a esta prisão.

No Oriente, este é o nosso objetivo: descobrir como não nascer outra vez, pois esse processo contínuo de nascimento e morte é muito tedioso; é absolutamente fútil. Em última análise, ele é apenas um sonho; não é nem mesmo um sonho agradável, é um pesadelo.

A sugestão que eu lhe dou é a seguinte: você já viveu uma vida, conheceu os prazeres do corpo, passou por vários relacionamentos e aprendeu tudo o que era preciso aprender com eles; agora é hora de se voltar para dentro.

Devemos contar às crianças todos os fatos da vida, independentemente da idade delas?

Esse sempre foi um problema — o que contar e o que não contar às crianças. Os pais se preocupam muito com isso. No passado, a estratégia era não contar nada sobre os fatos da vida, evitá-los sempre que possível, pois as pessoas tinham muito medo desses fatos.

A própria expressão "fatos da vida" é um eufemismo; ela esconde uma única coisa. Para não dizer nada sobre sexo e até mesmo evitar a palavra sexo, elas criaram essa metáfora: "fatos da vida". Que fatos são esses? Isso é só uma forma de não dizer nada sobre sexo.

Todo o passado a humanidade viveu com essa ilusão, mas as crianças, cedo ou tarde, acabam descobrindo tudo. E, na verdade, elas descobrem mais cedo do que mais tarde e de um jeito bem errado. Como ninguém que se preze está preparado para contar tudo a elas, são obrigadas a descobrir por si próprias. Elas coletam informações aqui e ali e viram verdadeiros detetives — e você é responsável por torná-las detetives. Elas coletam dados de todas as fontes erradas, das pessoas menos confiáveis. Carregam essas noções erradas pelo resto da vida e você é a causa disso. Toda a vida sexual desses jovens pode ser afetada por essas informações erradas que elas obtiveram.

Agora existem milhares de informações erradas sobre sexo disseminando-se por este mundo afora. Mesmo neste século as pessoas continuam a viver mergulhadas na mais profunda ignorância sobre sexo, mesmo aquelas que parecem saber um pouco mais sobre o assunto. Nem mesmo o seu médico sabe de fato o que é sexo ou conhece sua complexidade. Ele deveria saber, mas até os médicos vivem uma vida de superstições; eles também aprenderam as coisas na rua. Na faculdade de medicina, o sexo é um assunto à parte — um assunto tão amplo e importante e, mesmo assim, nada se ensina sobre ele. A fisiologia do sexo, não há dúvida, é conhecida pelos médicos. Mas a fisiologia não é tudo; existem camadas mais profundas: existe a psicologia, existe a espiritualidade. Existe a psicologia do sexo e a espiritualidade do sexo; a fisiologia é só a superfície. Muitas pesquisas estão sendo feitas nas escolas de medicina e, no século XX, aprendemos mais sobre esse assunto do que em qualquer outra época. No entanto, o conhecimento ainda não prevalece.

As pessoas têm medo, pois os pais delas também tinham medo e esse medo é contagioso. Você também tem medo e não quer falar aos seus filhos sobre sexo.

Você tem de falar sobre sexo com seus filhos; você deve isso a eles. E tem de falar a verdade. Não tenha receio da verdade — no final das contas, a verdade sempre acaba valendo a pena — e não minta.

— Mãe, é Deus quem nos dá o que comer?

— É, Bárbara.

— E, no Natal, é Papai Noel quem traz presentes?

— Isso mesmo.

— E, no meu aniversário, a fada boa me dá presentes?

— Hum-hum...

— E foi a cegonha quem trouxe meu irmãozinho?
— Foi.
— Então para que diabos serve o papai?

É melhor dizer a verdade! Mas não estou dizendo para agarrar as crianças e começar a dizer toda a verdade, quer elas queiram quer não. Agora é isso o que está acontecendo — o outro extremo — principalmente no Ocidente, pois os psicólogos não param de dizer que é preciso falar a verdade. As pessoas continuam falando a verdade, quer os filhos perguntem quer não. Isso é extremamente errado. Espere! Se a criança perguntar, diga a verdade; se ela não perguntar, não há necessidade de dizer alguma coisa; ela ainda não está interessada.

À mesa de jantar, um senhor quase enfartou quando seu filhinho de oito anos perguntou: — Papai, de onde eu vim?

Ruborizado, ele disse: — Bem, eu acho que chegou a hora de termos uma conversa de homem para homem. Depois do jantar eu lhe contarei sobre os pássaros e as abelhas.

A criança estranhou: — Que pássaros e abelhas? Um amigo meu aqui da rua disse que veio de Chicago. Tudo o que eu quero é saber de onde eu vim!

Portanto, espere um pouco. Eles mesmos perguntarão; você não precisa ter pressa.

Epílogo: Em busca da totalidade

A razão por que o sexo é tão condenado é que todas as religiões tinham de ser contra qualquer coisa que o ser humano pudesse apreciar. Era interesse delas fazer com que o homem continuasse infeliz, destruir toda e qualquer possibilidade de que ele encontrasse alguma paz, conforto, um momento de oásis no deserto. Era absolutamente necessário que o homem fosse destituído de qualquer possibilidade, de qualquer potencial de ter alegria.

Por que isso era tão importante para as religiões? Era importante porque elas queriam que os pensamentos dele se voltassem para outro lugar — para o outro mundo. Se ele fosse realmente feliz aqui, por que se importaria com o outro mundo? Sua infelicidade é absolutamente necessária para que o outro mundo exista. Esse outro mundo não tem existência própria; ele existe graças à nossa infelicidade, ao nosso sofrimento, à nossa aflição. Todas as religiões têm feito mal ao homem. Elas estão criando mais infelicidade, mais sofrimento, mais feridas, mais ódio, mais raiva — e tudo em nome de Deus, tudo em nome de palavras bonitas.

Elas falam de amor e destroem toda possibilidade de que você ame um dia. Elas falam de paz e criam todas as condições para a guerra. A estratégia é muito simples — elas não param de falar sobre coisas belas, mantendo a atenção das pessoas em palavras e ideologias e, enquanto elas estão preocupadas com essas palavras, ideologias e filosofias, elas continuam cortando suas raízes e arrancando-as do solo, acabando com sua energia vital.

Sua energia vital está enraizada no sexo.

Todas as sociedades têm consciência de que é somente o sexo que pode confrontar Deus. Se a pessoa estiver satisfeita do ponto de vista sexual, ela não precisa de Deus, pois a vida dela é plena. Então Deus passa a ser apenas Godot. Mas se o sexo é destruído, reprimido, condenado, se fazem com que você se sinta culpado por causa dele, então Deus pode viver para sempre. Ele absorve energia do suicídio do homem.

Ao mesmo tempo, é preciso admitir que as sociedades que reprimem o sexo estão ficando a cada dia mais civilizadas, cultas, prósperas, filosóficas e científicas. As sociedades sexualmente liberais — as aborígines, que hoje são raras — são pobres, incultas, incivilizadas. Elas não evoluíram do mesmo modo que as sociedades repressoras. Isso deu um grande impulso às bobagens religiosas, pois as religiões podiam oferecer provas de que as sociedades liberais nunca deixaram de ser pobres, famintas e miseráveis. E as sociedades repressivas tinham se desenvolvido de todas as maneiras possíveis. Quanto maior a repressão sexual, maior o desenvolvimento cultural. Essa foi a prova que as religiões tinham de que a repressão sexual é algo absolutamente necessário; do contrário, seríamos simplesmente bárbaros. E de certo modo, isso é verdade, é a realidade dos fatos.

Eu não sou contra o sexo. Para mim, o sexo é tão sagrado quanto qualquer outra coisa da vida. Não existe nada profano ou sagrado. A vida é uma só; todas as divisões são falsas. E o sexo é o próprio centro da vida. Portanto, você precisa entender o que vem acontecendo ao longo dos séculos.

No momento em que você reprime o sexo, sua energia começa a procurar novas formas de expressão. A energia não pode ficar estática. Essa é uma lei fundamental: a energia não pode ficar estática; ela é sempre dinâmica, é um dinamismo. Se você reprimi-la e lhe fechar uma porta, ela abrirá outras, mas você não conseguirá contê-la. Se o fluxo natural da energia for interrompido, então ela fluirá de algum jeito artificial. É por isso que as sociedades que reprimem o sexo enriqueceram.

Quando você reprime o sexo, tem de substituir o amor por outra coisa, por um objeto. Agora a mulher é perigosa, ela é a porta para o inferno. Como todas as escrituras foram escritas por homens, somente a mulher é a passagem para o inferno. E os homens? Se a mulher é a passagem para o inferno, então só os homens podem passar por esse limiar; as mulheres nunca irão para o inferno, pois a porta continua sempre onde está; ela não vai a lugar nenhum. Portanto, se as mulheres são a porta do inferno, então no inferno só deve haver homens; deve ser um clube machochovinista.

A mulher não é a porta do inferno, mas depois que sua mente está condicionada dessa forma, você vai projetar uma outra coisa; você precisa de um objeto para o seu amor. O dinheiro pode se tornar esse objeto de amor. Por que existe tanta ganância? Por que as pessoas vivem como loucas, apegadas ao dinheiro? Esse é o objeto de amor dessas pessoas. De alguma forma, elas conseguiram canalizar toda a energia vital para o dinheiro. Se você obrigá-las a se desapegar do dinheiro, mais uma vez estarão em apuros.

A política passa a ser o objeto de amor dessas pessoas. Cargos políticos cada vez mais altos passam a ser objeto de seus desejos. Os políticos visam à presidência ou cargo de primeiro-ministro com a mesma luxúria que o amante deseja sua amada.

Isso é perversão. A energia de uma pessoa pode ser canalizada de outras maneiras, como a educação; nesse caso, os livros se tornam o objeto do amor. Ela também pode seguir uma religião; então Deus passa a ser o objeto do amor. Se você analisar a vida dos chamados santos, ficará realmente intrigado. Sempre fico surpreso ao pensar que um homem como Freud deixou de perceber isso. Ele deveria ter analisado primeiro a vida de Madre Teresa, de Santa Meera e de outras santas, pois as mulheres são mais diretas. As canções de Meera são cheias de luxúria, pois ela se negava a aceitar a companhia dos homens; Deus se tornou seu único companheiro. É claro que isso era só uma fantasia, mas, em suas fantasias, ela é absolutamente romântica. Ela fala de Krishna, seu Deus; ela dorme com Krishna — é claro que ela nunca pode encontrar o Krishna verdadeiro, por isso, sempre que dormia, deixava uma estátua de Krishna próxima ao coração. O jeito como ela canta suas canções sobre Krishna pode, sem sombra de dúvida, ser interpretado como erótico. Ela diz: "Sou casada com você, meu senhor. Só posso ser sua e de mais ninguém. Você é o meu coração e eu estou esperando por você, esperando por você. E esperarei por toda a eternidade. Preparo o leito todos os dias com lindas flores e continuo esperando, enquanto você não vem". Agora, existe alguma dúvida de que, na cabeça dela, Krishna tornou-se um objeto de amor? Se tivesse estudado Meera e a vida dela, Sigmund Freud teria encontrado grande corroboração para sua idéia de que, se você reprime o sexo, ele se desvia por outros caminhos.

Mas a energia não pode parar. Ela pode tomar um caminho religioso; aí os padres ficam felizes. Pode se tornar acadêmica; e aí os acadêmicos ficam felizes. Pode se tornar científica; e aí os cientistas ficam felizes. Ela tem de se tornar alguma coisa — é por isso que as sociedades que reprimem o sexo desenvolveram-se em tantos campos diferentes.

Não há dúvida de que elas se tornaram muito cultas, polidas, civilizadas, educadas, científicas, tecnológicas. Mas a que preço? Elas perderam toda a alegria, toda a paz. Perderam todo o silêncio. Perderam todo o amor.

Você pode projetar o seu amor num objeto imaginário, mas ele não vai lhe trazer realização. Você pode continuar escrevendo poesias sobre Krishna ou Cristo, mas essa poesia não vai lhe proporcionar a experiência do amor. Você continuará sedento de amor. Então a sociedade continuou enriquecendo de todas as maneiras possíveis, mas o indivíduo morreu. Para que a sociedade tornou-se culta, civilizada, educada, tecnológica? Para quem? O indivíduo está morto.

Esta sociedade não passa de cadáveres ambulantes — cadáveres muito cultos e bem-educados, é claro. Todos falam inglês com sotaque de Oxford. Mas são cadáveres, mesmo que falem inglês com sotaque de Oxford, ainda assim são cadáveres. Eles se tornaram grandes políticos, tornaram-se grandes líderes religiosos, mas olhe essas pessoas por dentro: elas estão vazias. Não existe nenhuma substância interiormente, nenhuma alma. Se elas não conseguem ir numa direção, começam a seguir em outra.

As sociedades que não reprimiam o sexo continuaram subdesenvolvidas pelo simples fato de que estavam satisfeitas. Não sobrou às pessoas nenhuma energia para sair em busca de dinheiro, da política ou de Deus. Não, elas dançavam, elas cantavam. Tinham uma arquitetura modesta, mas bonita — cabanas, mas de grande beleza. Viviam uma vida muito limpa; não havia crimes, pois não havia energia para o crime. E agora você tem de entender como as coisas estão relacionadas. Se não existe crime, para que serve a prisão, para que serve o tribunal de justiça, para que serve a polícia? Se todo mundo está feliz e satisfeito e não existe nenhum sentimento de culpa com relação a essa felicidade, por que iríamos procurar um padre católico para confessar: "Estou me sentindo culpado".

Quando as pessoas forem felizes e não se sentirem mais culpadas porque alguém disse a elas que a felicidade é pecado, os padres, as catedrais, os templos e as sinagogas desaparecerão naturalmente. É por isso que não existe nenhuma cultura — aos olhos de vocês. O que vocês entendem por cultura não existe nessas sociedades, portanto, é claro que elas são "incultas". Elas não têm uma religião, não têm livros sagrados, não têm universidades, não têm bibliotecas — como poderiam ser chamadas de cultas, de civilizadas?

Mas elas demonstram um grande contentamento.

Eu vivi com pessoas como essas e nunca as ouvi reclamando de coisa alguma. Elas não têm nenhum problema. Aceitam a vida como ela é e a aproveitam ao máximo. Vivem com alegria e morrem com alegria — sem nenhum medo da vida ou do que acontecerá depois da morte. Elas não se importam, não há energia para essas coisas. Tudo bem, elas não produzem um George Bernard Shaw. A própria vida dessas pessoas é um drama belíssimo, não é preciso um George Bernard Shaw. Elas pintam, mas suas obras não se comparam às de Picasso; elas não têm energia para tanto. Só pintam pequenos objetos em casa. Elas compõem músicas, mas suas músicas são simples — apenas tambores. De vez em quando elas se reúnem e dançam. Seus instrumentos musicais não são sofisticados; elas não podem produzir um Yehudi Menuhin ou um Ravi Shankar; não há necessidade.

Meu problema é que eu quero que você fique vivo e tenha uma vida mais rica em todas as dimensões possíveis. Não estou pronto para escolher entre uma coisa e outra. Eu não gostaria que você fosse um aborígine nem gostaria que fosse um sujeito extremamente civilizado e culto, que só corresse atrás de dinheiro, poder e prestígio. Eu não gostaria que você virasse político ou padre. Mas gostaria que tivesse uma vida mais plena. E, para mim, qualquer coisa que se desenvolva a partir de uma vida plena é cultura de verdade.

Os aborígines têm uma vida plena, mas que não os sobrecarrega. As sociedades civilizadas do mundo têm todo tipo de desenvolvimento, mas o homem para quem elas desenvolveram essas coisas desapareceu há muito tempo. Elas continuam fazendo arranha-céus, mas esqueceram completamente para quem elas estão fazendo esses arranha-céus. Esse homem está morto — vocês deveriam fazer, em vez disso, pequenas sepulturas, não arranha-céus. Ninguém precisa de sepulturas tão altas; uns dois metros de comprimento por um de profundidade já bastariam.

Vamos continuar falando do modo de ser dos aborígines — eles estão vivos, mas essa vida não é intensa demais. Eles não sabem que a energia vital pode diminuir e pode se expandir. Você pode usá-la como ela é, como é encontrada na natureza, e você pode viver satisfeito — mas dessa forma você será pobre em vários sentidos. Você não conhecerá os arroubos da música. Não conhecerá os arroubos da pintura e da escultura. Não conhecerá os arroubos da meditação. Você viverá quase como um animal — contente.

Todos os animais vivem contentes. Você já viu algum animal insatisfeito, aborrecendo você e dizendo coisas do tipo: "Minha vida é uma droga — você pode me ajudar? O que eu devo fazer com a minha mulher? E as crianças estão crescendo..."? Não, os problemas não existem para eles. Eles estão simplesmente vivendo e vivendo muito melhor do que o homem civilizado, pois o homem civilizado parou de viver. Ele se sacrificou pela civilização, pela cultura, pela tecnologia.

Eu não consigo escolher entre essas duas coisas.

Eu gostaria que você se elevasse acima dos animais e o único jeito de fazer isso é encontrar maneiras de expandir sua energia. É isso o que eu chamo de religiosidade — a ciência da expansão da energia, que o leva a ser como Zorba, o grego, embora você tenha ainda a chance de ser também, ao mesmo tempo, um buda.

Zorba está vivo, mas não sabe nada sobre vôos mais altos. Ele é feliz rastejando na terra; é capaz de abrir as próprias asas — mas não tem consciência disso.

O chefe dele é um homem culto, bem-educado, rico, mas infeliz e continuamente preocupado. Zorba diz para o chefe: — Chefe, só há uma coisa errada com você: você pensa demais. Por que não vive? Não entendo aonde quer chegar — por que pensa tanto? Aonde vai parar com isso? Venha comigo!

Ele pega seu instrumento musical, senta o chefe num banco à beira do rio e começa a tocar e a dançar. O chefe fica ali, embaraçado:— Se alguém vir esse louco e eu aqui com ele, o que vão pensar? — Em vez de dançar, ele estava preocupado com a possibilidade de alguém vê-lo ali... Zorba o fez levantar e disse: — Comece a dançar!

— Eu não sei dançar! — respondeu o chefe.

— Ninguém precisa saber dançar — disse Zorba. — Dançar não é algo que você tenha de aprender. Simplesmente comece a pular e você verá. Eu lhe darei uma música — você simplesmente começa.

Vendo que o homem não o deixaria em paz, ele começa a se mexer e Zorba continua a incentivá-lo. E finalmente, à luz da lua cheia, o chefe esquece completamente sua cultura, educação e civilidade — e pela primeira vez percebe que também pode viver, que também pode dançar; suas pernas não tinham sido feitas só para andar. Ele tinha asas, Zorba o ensinara algo sobre a terra.

Eu sinto muito por Zorba, por ele ter morrido antes que eu pudesse encontrá-lo; do contrário eu teria lhe ensinado que existe também uma dança superior. E eu estou certo — não sei bem por que, mas estou absolutamente certo — de que ele entenderia. Como ele conhecia os degraus inferiores, podia entender a possibilidade dos degraus superiores.

Meu método de meditação ajudará você a expandir a sua energia. A energia é como uma semente.

Eu me lembro de uma história. Um velho de idade avançada e muito rico tinha três filhos; o problema é que os três haviam nascido ao mesmo tempo e tinham quase a mesma idade. No Oriente, o filho mais velho herda tudo que o pai tem. O dilema do velho pai era saber para quem deixar sua herança, pois todos os três tinham a mesma idade.

Ele perguntou a um sábio: — O que eu devo fazer? Como posso decidir quem ficará com a minha herança? — O sábio deu a ele um método e o ancião foi para casa. Ele deu, então, a cada um dos filhos mil moedas de prata, dizendo: — Vá ao mercado e compre sementes de flores.

Os filhos foram e compraram as sementes. Carroças e mais carroças começaram a chegar, cheias de sementes, pois mil moedas de prata, naquela época, era muito dinheiro e as sementes de flores custavam muito pouco... Quando todas as sementes chegaram, os filhos perguntaram: — E agora?

O pai então disse: — Vou fazer uma peregrinação. Pode levar um ano, dois ou três. Quero que guardem essas sementes com vocês e, quando eu voltar, eu as pedirei de volta. Isso também servirá como teste, pois receberá a minha herança quem souber administrar minhas propriedades com mais sabedoria; portanto, pensem bem no que farão. — Dizendo isso, ele partiu em peregrinação.

O primeiro filho pensou: — Que teste mais estranho. Se ele voltar depois de três anos, as sementes estarão simplesmente estragadas; e ele espera que eu as devolva intactas. Por isso, o melhor a fazer é vendê-las no mercado e guardar o dinheiro. Quando ele voltar, eu compro outras sementes — novinhas em folha. — Extremamente lógico e matemático, o filho fez exatamente isso.

O segundo filho pensou: — O que meu irmão fez não está certo, pois nosso pai foi bem claro ao dizer que queria essas mesmas sementes ao voltar. Portanto, eu as guardarei. — O rapaz então preparou o porão da casa para armazenar as sementes, colocou-as todas ali e trancou o cômodo à chave. Então disse para si mesmo: — Agora, quando ele voltar, eu lhe darei a chave e direi: "Eis as suas sementes, meu pai".

Mas o terceiro filho teve uma idéia diferente. Ele disse: — Essas sementes armazenadas no porão vão estragar; elas precisam ser plantadas na terra. Na época em que nosso pai voltar, elas não serão as mesmas sementes, pois estarão estragadas. Elas não poderão germinar — como poderemos afirmar que se trata das mesmas sementes? As sementes que nosso pai deixou podem germinar, podem se transformar em árvores. Uma semente pode produzir milhões de outras sementes; é por isso que ele as deixou conosco. Mas, se quando ele voltar, essas sementes não estiverem plantadas, não poderão mais produzir nem uma única semente, nem um único broto. Armazená-las não é a melhor alternativa.

Ele então foi até os fundos da casa — a propriedade era imensa — e semeou todas as sementes. A cada ano que passava, mais elas cresciam. Depois de três anos, quando o pai chegou de viagem, ele mal acreditou no que viu —todas as suas terras estavam repletas de flores! Ele disse: — Meu terceiro filho herdará a minha propriedade, pois ele sabe como expandi-la, como fazê-la crescer.

Uma única semente pode deixar toda a terra verdejante.

Uma pequena centelha de energia dentro de você pode encher toda a terra de dança, música e poesia.

Uma pequena centelha já basta. Se você sabe como expandi-la, ela pode se transformar numa fogueira. Ela pode ser apenas uma pequena chama dentro de você. A meditação nada mais é que um esforço para expandir a sua chama interior de modo que ela possa se transformar numa labareda chamejante, incandescente e transbordante.

Nós temos de conservar a inocência dos Zorbas, das crianças, dos aborígines. Temos de ser tão inocentes quanto Adão, quando chegou ao Jardim do Éden. E, embora tenhamos que aprender maneiras de expandir a semente da consciência, fazendo crescer campos luxuriantes a perder de vista, você só pode ver o seu próprio florescimento. Você pode sentir a sua fragrância 24 horas por dia. E não só pode senti-la como não pode evitá-la; terá de compartilhá-la com os outros. Queira você ou não, isso não importa.

Quando uma rosa desabrocha, seu perfume se espalha pelo ar. Ele não pede a permissão da rosa para se espalhar; não é preciso. O próprio desabrochar da rosa é a permissão para o perfume se espalhar em todas as direções, aonde quer que o vento o leve.

No momento em que a sua consciência floresce, na meditação, acontece uma grande explosão.

Sim, você terá música, mas ela terá um caráter espiritual. Você terá dança, mas sua dança não será erótica. Você terá poesia, mas sua poesia não será resultado de um desejo sexual insatisfeito. Ela será cheia de amor. Sua poesia será como os mantras dos Upanixades. Cada palavra que brotar dessa plenitude captará algo do que eu chamo de divindade.

Você terá uma ciência que será criativa e útil à vida.

Você terá tudo — mas com um caráter diferente.

Até agora, esses dois tipos de sociedade existiram. Nós não vamos ser de nenhum deles. Temos uma outra alternativa — proposta pela primeira vez neste mundo. Ninguém jamais ousou pensar num homem como Zorba, o buda. Nem Zorba fazia idéia da existência de Buda, nem Buda fazia idéia da existência de Zorba. Ambos eram um ser humano pela metade. Eu quero que você seja um ser humano por inteiro.

Sobre o Autor

Osho é um místico contemporâneo cuja vida e ensinamentos têm influenciado milhões de pessoas de todas as idades e de todas as camadas sociais. Ele foi descrito pelo *Sunday Times* em Londres como um dos "Mil Criadores do século XX" e pelo *Sunday Mid-Day* (Índia) como uma das dez pessoas – junto com Gandhi, Nehru e Buda – que mudaram o destino da Índia.

Sobre seu próprio trabalho, Osho disse que estava ajudando a criar condições para o nascimento de um tipo novo de ser humano. Ele costumava chamar esse novo ser humano de "Zorba, o Buda" — capaz de desfrutar tanto os prazeres terrenos de um Zorba, o grego, quanto manter a muda serenidade de um Siddharta Gautama, o Buda. Percorrendo todos os aspectos da obra de Osho está uma visão que engloba a sabedoria intemporal do Oriente e o mais alto potencial da ciência e da tecnologia do Ocidente.

Ele também é conhecido pela sua contribuição revolucionária à ciência da transformação interior, com uma abordagem da meditação que reconhece o ritmo acelerado da vida contemporânea. Suas inigualáveis "Meditações Ativas" servem, em primeiro lugar, para liberar as tensões acumuladas do corpo e da mente, de tal modo que seja mais fácil chegar a um estado de relaxamento e de meditação livre de pensamentos.

31

Retiro de meditação

OSHO COMMUNE INTERNATIONAL

A Osho Commune International, o retiro de meditação que Osho fundou na Índia para servir como um oásis onde podemos pôr seus ensinamentos em prática, continua a atrair milhares de visitantes ano após ano, vindos de mais de cem países do mundo todo. Localizado em Pune, na Índia, a um pouco mais de cem quilômetros do sul de Bombaim, suas instalações espalham-se por um terreno de 32 acres, numa região cercada de árvores chamada Koregaon Park. Embora o retiro não tenha acomodações para hóspedes, existem muitos hotéis nas cercanias.

Os programas de meditação do retiro baseiam-se na visão de Osho acerca de um novo tipo de ser humano, capaz tanto de participar prazerosamente do dia-a-dia quanto de relaxar em silêncio. A maioria dos programas é oferecida em instalações modernas, com ar-condicionado, e incluem desde cursos breves ou intensivos de meditação até artes criativas, tratamentos de saúde holísticos, cursos de desenvolvimento pessoal e esportes e recreação com uma abordagem zen. Esses programas são oferecidos o ano todo, em diversos horários do dia. O visitante também encontrará muito espaço para relaxar, jardins luxuriantes, piscina e a sede do Club Meditation.

Lanchonetes e restaurantes localizados nas propriedades do retiro servem pratos tradicionais da Índia e uma grande variedade de pratos internacionais, todos feitos com verduras e legumes orgânicos, colhidos na própria fazenda do retiro. O retiro também tem sua própria fonte de água potável.

Para mais informações: www.osho.com

Para informações sobre reservas ou para conhecer melhor Osho e seu trabalho, consulte www.osho.com, um website abrangente, em várias línguas, com o qual você pode fazer um *tour* virtual pelas instalações do retiro e conhecer o calendário de cursos, o catálogo de livros e fitas, uma seleção de palestras de Osho e uma lista dos centros de informação sobre Osho do mundo todo. Você também pode entrar em contato com a Osho Commune International por meio do endereço eletrônico: osho-int@osho.com